九巴——初創20年 1920s-1940s

文、繪：冼潔貞

1920 年代初，港島德輔道中只有電車行駛，未有巴士。

九巴於 1921 年成立，第一代總部位於彌敦道鼓油街交界。

1920 年代初期的巴士採用美國貨車底盤，車身為開放式設計。

早期九龍的巴士服務大部分從尖沙咀碼頭出發，乘客可乘渡輪往港島。

尖沙咀巴士總站鄰近火車站，圖中鐘樓於 1915 年建成。

因應政府要求，1927 年以後的九巴全部由英國入口。

九巴在 1927 年已經開辦服務九龍塘區的路線。

九巴第二代總部於 1929 年啟用，位置為現時旺角始創中心。

1930 年代初的尖沙咀，碼頭以外的交通不算繁忙。

1930 年代，一輛九巴行駛於彌敦道與佐敦道交界。

除了巴士，人力車仍是戰前的主要交通工具。

尖沙咀碼頭一直是九龍區的交通樞紐，愈來愈繁忙。

1941 年 12 月日軍佔領九龍，大批巴士停在街道上。

戰後的尖沙咀碼頭，右邊第一輛為由貨車改裝的巴士。

目錄

第一部份：1920 年代的香港

第二部份：
1930 年代的香港

1940s

序一

今年是九巴取得專營權，服務香港市民的第 90 個年頭。無論在世界上哪個地方、哪一家企業，能夠屹立不倒 90 年，都非常難能可貴。尤其是在香港，這段時間內經濟和社會急劇轉型，也發生過無數次大大小小的變動和挑戰，我很慶幸九巴都能夠一一克服，至今天仍繼續在香港的交通行業中，扮演著不可或缺的角色。

九巴與香港同步成長，並默默守在背後，提供城市發展所需的速度和動力。香港人口由 1930 年代的 80 多萬，增長九倍至現在的 700 多萬；城市化發展由香港島擴展至九龍，然後再推展至新界。九巴由專營權開始時期只有 100 多部巴士行走 18 條路線，增加至今天 4,000 多部巴士，營運 400 多條路線，每天接載乘客 260 多萬人。香港的交通市場也有巨大轉變，人力車已經退出歷史舞台，1967 年合法化的小巴和 1979 年通車的地鐵，改變了巴士獨大的格局，1990 年代初巴士行業不再受准許利潤保護，令整個競爭的模式出現徹底改變，經營者要以服務贏取市民和政府的支持。

回顧過去，在種種變遷中，有兩點從來沒有改變，首先是政府從一開始便決定以私人企業承辦巴士服務，這個定局是 90 年來一脈相承，從未動搖的。世界各地的巴士服務，大部分由政府經營或者有政府的高度參與，香港是罕有由私人營運巴士而取得成功的城市。雖然說政府透過專營權，也對巴士營運有非常具體的監管，但始終運作層面採用全商業形式進行。政府是透過專營權，確保一些虧本但有社會需要的路線不會無人經營，而需求高的路線也不會出現惡性競爭，導致擠塞及路邊空氣污染的惡果。

另一點沒有變的，是九巴始終秉持著一顆服務市民的心，我們時刻告誡自己，營運巴士不單是一盤生意，更是一個責任，一方面要向全港市民負責，提供安全、可靠、高效率及物有所值的巴士服務，讓城市暢順運作，為社會及經濟發展作出貢獻；另一方面，作為萬多名員工的僱主，我們背後支撐了這些家庭合共幾萬人的生計；作為良好企業公民，我們亦需要竭盡所能，減低巴士服務對環境的影響，邁向低碳及可再生能源的方向。

「九巴服務　日日進步」的承諾不是空言，路遙知馬力，市民可以從公司往績看到，我們是用實際行動來創造自己的方向。對社會建設的使命和承擔，一直是九巴的核心價值，90 年來雖然時代和人事已經過多番改變，這些基礎始終不變，一直承傳至今天。

然而，由於戰亂影響，很多九巴早期發展的資料已不可考，例如它在 1921 年創辦的經過、初創時期遇到的挑戰、如何在困難和挫折中累積經驗作出改善，從而在 1933 年取得九龍及新界的專營權，奠下九巴的百年基業等。由九巴前同事冼潔貞翻閱大量報章和政府檔案後撰寫的《九巴初創 20 年》一書，正好填補了這個重要時期歷史的空白，本書在九巴 90 週年的時候推出，整件事就更加圓滿，更有特殊意義。

冼潔貞在九巴工作了 20 年，曾擔任企業傳訊部主管，熟悉各個部門的運作，搜集及整合原始資料時能夠從專業角度判斷，分析個別現象背後的意義，觀點更精闢獨到。

透過本書，我希望讀者能感受到九巴一直堅持的管理哲學和心態，亦能體會經營巴士背後的複雜性和限制。另一方面，我亦希望達到以古鑑今的效果，讓我們虛心從歷史中學習，啟發我們管理層不斷思考公司未來的發展方向、提升服務質素，以及分析不同做法的後果和影響。

巴士是細水長流的行業，有些決策不是馬上能見到成果，需要用長遠目光來看。希望當今天成為歷史之後，下一個世代的人看到九巴，仍然像今日我們看它的初創時期一樣，是充滿朝氣、熱忱的企業，是驅動香港前進的動力之源。

陳祖澤

九巴董事會副主席

序二

跟港島相比，九龍半島在開埠最初的幾十年發展相對緩慢，除尖沙咀的貨倉碼頭及紅磡的船塢外，建設不多。1887 年，九龍人口只有 15,000 人，英國於 1898 年租借「新界」後，漸漸帶動九龍的發展。1911 年九廣鐵路通車，九龍與新界得以快速聯繫。當時九龍的人口已增至 56,000 人（如包括後來稱為「新九龍」的延伸部分，則是 69,000 人）。及至 1931 年，九龍半島的人口更大幅躍升至 50 萬人（不包括新九龍）。

整體來說，九龍地勢比港島平坦，政府從後者的育成中積累不少經驗，九龍的城市規劃遠較維多利亞城完善。得益於優越的地理環境，九龍的工業發展亦較港島為佳，一些需佔較大空間的工業設施如造船、發電和水泥廠等，均先後於九龍建立，並吸引工人往當地尋找工作機會，社區亦隨之而形成。

由於規劃得宜，九龍主要地區的街道遠較港島寬闊，並以網格形態開闢而成，這和港島如中上環的街道設計不可同日而語。

到了 20 世紀初，尖沙咀、油麻地及紅磡已具一定規模，後者且已成為香港最重要的工業區。另一方面，隨著英國租借新界，深水埗（原屬新界）的發展亦進入新階段，十數年間，由原來的傳統農村市集變成大型住宅區。同一時期，彌敦道多次擴展，尖沙咀、油麻地、旺角、大角咀及深水埗得以連繫起來；開闢青山道也把長沙灣和荔枝角連接至尖沙咀。在另一邊的九龍城，從 1910 年代開始亦出現巨變，開發啟德濱把現代化的步伐伸展至寨城外圍。到了 20 年代中期，亞皆老街已延伸至舊城外，一座座簇新的住宅相繼沿著新建的街道落成。

由於九龍並沒有像港島或其他大型城市般鋪設電車路軌，對市民來說，巴士遂成為九龍地區交通的命脈。自 20 世紀初，巴士已開始在九龍行走。

1924 年，有英文旅客指南預言，九龍半島不久便將成為一座擁有良好規劃的大型城市。預言沒有落空。

就在這樣的歷史背景下，九龍巴士公司踏上了歷史舞台。

以城市來說，九巴路線之多、覆蓋面之廣、規模之大，即使放眼世界，絕對首屈一指。那麼九龍巴士公司如何起家？創辦人是誰？如何從最初一般市民對汽車抗拒，繼而在芸芸競爭者中脫穎而出，發展並壯大起來？

本書作者以大量堅實的資料和原始檔案，娓娓道出一個和香港城市發展息息相關且引人入勝的故事。

高添強

自序

我與九巴有一段跨世代的緣份。

我出生時，爸爸正是九巴司機，直至最小的妹妹出生後才離職。結婚後，因緣際會下我加入了九巴，還一做 20 年，兩個孩子都在這時期出生。九巴的家屬乘車證，是我們一家三代人的回憶。

九巴的全名九龍巴士（1933）有限公司，由取得九龍和新界巴士專營權的年份算起，今年正好是 90 周年。而如果從它誕生的日子計算，那麼它已超過 100 歲了。

九巴始創於 1921 年，當時稱作九龍汽車公司。在那個年頭，香港島才是繁榮的核心，九龍不過是香港對岸的邊陲之地而已。巴士服務得以在這裡開花結果，是由於它投資額相對低、走線靈活，可以隨城市的發展無遠弗屆，正正切合當時政府的政策。

九巴成立後，巴士、租賃車、街坊車、野雞車尤如雨後春筍，野蠻生長，衍生出很多安全和秩序問題，令政府頭痛不已；幾番轉折下，政府終於在 1933 年決定批出專營權，結束混戰，這才有我們所知的九巴一統九龍，與中巴隔海對峙幾十年的局面。

可惜由九巴初創至成熟期的早段發展歷史，都在日本侵略香港的戰爭中被毀，蕩然無存，不復再為今人所知。

十年前，我參與由九巴出版、高添強先生撰寫的《九巴同行 80 年》一書，負責內部資料搜集和整理工作，當時我發覺有關九巴創辦時期及戰前的資料很有限，最早只能追溯至 1993 年，以下是九巴鑽禧 60 周年特刊的簡短介紹：

「1932 年 11 月底， 鄧肇堅、雷瑞德、譚煥堂、雷亮和林銘勳等五位本港居民聚集在一起作最後研究，向港府提出在九龍及新界開辦巴士服務的專利權。1933 年 1 月 13 日，申請終於獲得批准，而九龍巴士（1933）有限公司隨之而在同年的 4 月 13 日正式成立。」隨後還有幾句以要點形式列出的發展簡介，提到成立之時，車隊擁有 106（應為 110）部單層巴士；1941 年九巴車隊的數目增至 140 部；1945 年第二次世界大戰結束後，只餘下幾部巴士，只好從海外訂購巴士來港及將貨車改裝，權充巴士行走。

我亦嘗試從舊報章和書籍中拼湊九巴過去的印記，不過，由於同時兼顧的事務繁多，只能蜻蜓點水，無暇縱身投入無邊無際的史海去打撈。對於無法發掘到更多九巴早期發展的事跡，多年來總有點惋惜和遺憾。儘管如此，那次經驗亦開闊了我的眼界，讓我知道透過網上搜尋，那個世界再非遙不可及，我坐在電腦前已可以接通 100 年前的人和事，就像在我身邊發生一樣，感覺很震撼。

後來我轉職到了香港貿發局，每年舉辦香港書展時，都會因工作需要進入會場，有時碰上舊同事，還會特地跑到出版社的攤位前與《九巴同行 80 年》一書合照。去年書展剛好是我從全職崗位退下前幾個月，又在場中看到這本書，百般滋味在心頭，心想戰前歲月很多人很多事，湮沒了實在可惜，例如九巴創辦人各自是什麼背景？他們是如何聚在一起？為何要投身一個全新的行業呢？創業期間有什麼困難挑戰？九巴有什麼過人之處？為什麼政府會在眾多經營者中給予了它九龍區的巴士專營權？這些疑問驅使我決定發掘線索，解開謎團。於是我花了好幾個月，從默默躺在舊檔案、舊報紙中幾十年的原始素材中，像砌拼圖般逐一篩選、排列、整合，希望整理出一條有意義的脈絡，從九巴的成長故事，透視香港在 1920 至 1940 年代跌宕歲月中的滄桑和歷練。

我要感謝三名九巴創辦人的後人，包括雷亮的孫兒、前九巴總經理雷中元先生；雷瑞德後人、前九巴商務總監雷兆光先生，以及林銘勳後人林國富先生（已故），他們在過程中給予我大力襄助，提供了珍貴的家族背景和資料，以及部分親身經歷，助我探索創辦人之間的關係及結緣經過。

我把一絲一點的線索縫合起來，希望將九巴在創業階段如何抵禦大時代的衝擊、在競爭中脫穎而出，發展成今天香港交通中流砥柱的經過，盡量最貼近事實地重構，讓九巴頭 20 年的故事重現讀者眼前，並以此作為九巴取得巴士專營權 90 周年的獻禮。

我還要特別感謝九巴董事會副主席陳祖澤先生和《九巴同行 80 年》作者

高添強先生給予我的支持和鼓勵，並為本書撰寫序言。此外，我也衷心感謝資深出版人陳自瑜先生在巴士車款方面給我的意見和協助。還有就是感謝我丈夫、兩個女兒、父親、姊妹、家人和多位舊同事及朋友的支持，尤其是為我製作圖表的女兒 Joanne，和鼓勵我重拾畫筆繪畫插圖的妹妹 Corrina。

最後我必須強調，由於時代久遠，大部分當事人已離世，有些資料靠後人憶述，其他則根據當時報章及文獻為本，筆者雖然力求準確，並引述出處，但當中難免有錯漏之處，希望讀者諒解及包涵。

導讀

上世紀 20 年代的香港是一個危和機並全的年代，既有社會經濟大動盪的挑戰，也有科技革新和基建大開發帶來的繁榮，也是企業家致力開拓、勇於創新的黃金時代。

在歐美，1918 年第一次世界大戰結束後，各國瀰漫積極樂觀的精神，進入所謂「咆哮的 20 年代」（Roaring 20s），工業和科技急速發展，帶來翻天覆地的改變，戰前的極端奢侈品迅速平民化，汽車、廣播、電影的誕生以及現代建築的崛起，令人類高速向現代社會轉型。美國福特車廠的汽車於 1908 年大規模量產，旋即全球火熱，牽動一場機械驅動的交通革命，引發各國爭相仿傚，告別人力、畜力運輸的時代。汽車的優點是毋須昂貴的資金投入，卻能脫離軌道的約束自由行駛，縮短了地域距離，令城市邊緣可以隨人們的需要無限向外拓展。

這邊廂的中國，20 年代卻是在苦難中度過，1911 年辛亥革命之後，沒有換來國泰民安，反而陷入四分五裂的混戰，各處治安敗壞、盜匪橫行，驅使一波一波內地人士蒼惶逃難，避居英國管治下的香港，展開新生活、追尋新理想。他們當中有不少屬於菁英分子，學貫中西，亦有豐厚家財，也有白手興家，立志在香港闖一番事業；另一類則為在家鄉無法糊口，亦沒有一技之長的低技術勞工。此外，有一類是祖輩在晚清時出洋打工，其後致富的回流人士。他們不約而同匯聚在國境南端的一座小島——香港，正好為這裡馬上要展開的大開發，提供源源不絕的財力、專業知識和勞動力。

1921 年全港人口超過 62 萬，比 1911 年上升 36.9%，當中五成半，即近 35 萬人聚居港島。其時，香港島維多利亞城已建城近 80 年，是個很具規模的城市，也是遠東區著名商埠，無論國內外都一片讚譽之聲，然而慕名而來的人不斷增加，卻令小島漸漸不勝負荷。港英政府決心透過增加土地供應，解決人口膨脹以及樓價高企的問題。由於香港島容易發展的地段有限，政府便將眼光探向當時地廣人稀的九龍，以它作為港島市區的延伸，務求將現代化建設擴展至維港對岸。

截至 1921 年，九龍人口約有 12.3 萬，即全港人口兩成。九龍初時的發展只限於尖沙咀、油麻地至旺角一帶以及九龍城等，除了一些軍事、政府設施，就只有造船、倉庫、零散的工業、貿易及傳統華人的商貿活動。大部分地區仍處於原始狀態，加上基建交通配套不足，發展滯後，完全不能與維港對岸相提並論。

到了 1920 年代，九龍的發展加速推進，包括積極在荔枝角、深水埗、九龍城填海造地；鼓勵私人發展商在各地投地建屋，支持九龍塘及啟德濱興建大型花園城市項目等（早於 1916 年展開）。一系列的道路基建、公用設施和工務工程紛紛上馬，九龍大開發的雄圖大計蓄勢待發。

然而開發一處地方，並非興建美輪美奐的居所便能成事，要吸引市民入住，便捷的交通更是必不可少的關鍵因素。有別於早期港島區以纜車及電車作交通主力，港英政府選擇了當時最先進的新型集體運輸工具——巴士，作為九龍區的交通解決方案。

1920 年代九龍發展的迫切需要、政府的政策和取態，加上科技的突破，以及華人初創企業家的膽色與眼光，種種有利因素在特定的時空環境下有機聚合，這才造就了九龍首家以路線網絡方式營運的巴士公司——九龍汽車公司的誕生。

引言

本書分成 1920 年代及 1930 年代兩部分。

1920 年代，全球正處於以機械代替人畜運輸的轉捩點。香港的巴士發展亦於此時開始。本書首部分先描繪整個香港在 1920 年前後的面貌，提供大環境的氛圍，然後介紹機械運輸在香港的起步，繼而探討它與政府開發九龍如何緊密扣連，為九巴的萌芽提供土壤，以及重現運輸業以及巴士業在 20 年代高速發展和汰弱留強的過程。

1930 年代標誌著巴士行業進入由中巴和九巴各據一方的專營時期， 本書第二部分先描述 30 年代城市文明如何發達，人口怎樣劇增，產生對更高效運輸系統的需要，繼而帶出政府決定推出專營權規管巴士行業，亦會回顧中巴和九巴兩家公司中標的經過，以及他們如何在批評和質疑聲中站穩陣腳。之後又會介紹抗日戰爭和歐戰陰影下的香港社會，以及九巴在大時代中經歷的動盪和破壞。

第一部分

1920 年代的香港

1920 年代香港人口急增，令政府必須開拓新發展區域加以應付。當時機械運輸的急劇發展，尤其是巴士的誕生，加快九龍由荒野變成城市的進程。20 年代初，雖說香港的主調是發展，它也經歷了前所未有的兩次大規模罷工，幾乎令繁榮的商埠癱瘓，變作死城。猶幸香港自我修復力強，在工潮過後又再騰飛。

1920's

Chapter 1

傾斜的發展

香港由港島、九龍和新界三部分組成，分別在1842、1860及1898年歸入英國管治，到了1920年代，城市化從南面的港島向北輻射。最繁榮的自然是開埠時間最早的香港島，已經由海外荒島變成繁盛商埠，兼具南北交通樞紐的重任；之後是九龍，它將在未來20年急速發展，分擔接收城市人口的功能。城市化程度最低，亦即保留最多原始大自然風貌的是新界，繼續扮演市區腹地的角色。

本章回顧香港、九龍、新界三地分別在1920年的發展面貌，顯示三地如何處於發展的不同階段，為往後描述政府開發九龍及九巴誕生的章節提供背景作參照。

港島：璀璨遠東大商埠

「世間上沒有幾個城市可與香港競艷」[1]

「風中旗幟飄揚，各國遠洋輪船齊集港內，向我們行下半旗軍禮。香港獨特的山巒，在一個拐彎後驀然出現，彷彿碩大的舞台帷幔徐徐拉開。雲彩淡然點綴在它的頭上，陽光閃爍盪漾在它腳下，美麗的維多利亞城彷彿一顆明珠，在詩一般的景致中展現眼前。我真的不知道先從哪裡看你，巴不得從腦後長出眼睛來。轟隆隆禮炮聲在群山中迴盪——我們已經到了香港！」[2] 這是匈牙利隨軍醫官兼旅行家 Dr. Dezsö Bozóky 在 20 世紀初遠東遊記中對香港的描述，也反映了西方旅者和商人的普遍看法。

「在短短一代人的時間內，從島上荒涼的花崗岩懸崖上創造了一個真正的天堂，感覺就像來到了一個奇幻世界……，如果仙女突然出現，我可能不會感到驚訝。」[3] Dr. Dezsö Bozóky 短暫留港期間住在山頂，正好讓我們以高級洋人的視角看這個城市。

香港於 1842 年鴉片戰爭後開埠，基於它在東西航運路線中的戰略性地位，漸漸發展成繁忙的海港，它的倉庫設施及多元化的商業服務，令它在 20 世紀初已經成為遠東地區馳名的商埠，也是華南與世界各地商品的重要轉口港，很多商船、軍艦都會以香港為中途站。根據 1921 年的香港政府行政報告[4]，年內到港的歐洲船隻中，有遠洋輪船 5,226 艘、內河輪船 3,775 艘、不超過 60 噸的汽船 3,336 艘。日均船舶數量為 33.8 艘，而 1920 年為 29.4 艘，1919 年為 20.1 艘，可以看到 20 世紀初它的港口位置很吃重。

香港其時幾乎已經達到文明世界的所有指標，無論在哪個排行榜，它都肯定佔前列位置：它是亞洲最早有電力供應的城市之一，早於 1890 年港燈已在灣仔建發電廠，以兩台英國進口的 50 千瓦蒸汽發電機，為首批街燈供電，燃亮了燦若繁星的夜市[5]；從海濱往山上看，富麗堂皇的歐洲式建築鱗次櫛比，一層一層往上延伸，在陡峭山岩上巍峨矗立，這就是維多利亞城獨有的標誌。

除城市建設以外，香港的最高學府香港大學在 1912 年開辦，與一系列採西式教育的中學形成知識階梯，培養中英兼擅的精英，作為社會棟樑。醫療方面，國家醫院和東華醫院分別提供高水準的中西醫療服務，到了 20 世紀初，隨著傳染病控制取得進展，社會整體對於衛生認識也有顯著的提昇。生活在城裡，如要上班、上學、訪友甚至遊玩的話，有分別建成於 1888 年的亞洲最早的纜車系統和 1904 年的電車代步；到世界各地公幹或旅行，可以乘搭遠洋郵輪。總而言之，維城是繁榮與現代化的指標，除吸引外國商人過來發展，亦繼續吸引著華人到來營商和居住。

然而，當時所指的維多利亞城，只包括香港島北岸由堅尼地城至北角、由西向東走的一條狹長核心商業都會區[6]，可供發展的土地始終有限。

凡人的世界沒有仙境

1911 年爆發的辛亥革命，改變了封建帝制循環的軌跡，國內持續的政治和軍事動盪，連年征戰不斷，令經濟生產以及社會治安受到破壞，不管富豪或普羅百姓，都免不了被狂潮沖擊，甚至有性命財產之虞。不少人無奈隻身或攜同妻兒子女離開家園，逃避戰禍，也有前朝遺老因與新政權理念相左，情願遠走他方，以國境南方一隅的小島為家。

在英國管治下的香港，雖然在地理、經濟和血緣上與內地相連，但政治上的分隔，對飽受戰亂困擾的驚弓之鳥而言，無疑是風雨中的避風港，加上香港自身繁榮所產生的引力，令湧港人口恍如決堤，香港人口在往後短短十年間，以驚人速度上升。

1921 年香港政府人口普查[7]顯示，當年全港人口共有 625,166 人，比 1911 年上升 36.87%。然而人口的分佈並不平均，絕大部分聚居在可享受現代生活和經貿活動集中的港島和九龍市區，佔七分之六，尤以維多利亞城人口最多，共有 323,273 人，即超過全港一半人口，比十年前大幅上升 41.88%，可以想像對城市原有的設施帶來多大的挑戰。

要應付突如其來的人口，政府唯有將維多利亞城向外推展，1911 至 1921 這十年中，東區（即由灣仔海軍船塢至北角）出現最顯著的增長，當時政府將一些大型貨倉、芬域工程院和法國修道院等紛紛拆卸，改建成住屋，加上將舊有房屋重建成兩層樓房，令當區多容納了 38,215 人，是 1911 年的兩倍多，主要闢作文員和其他低收入人士的居所。人口普查亦提及港島南端也有道路連繫，快將有發展了。

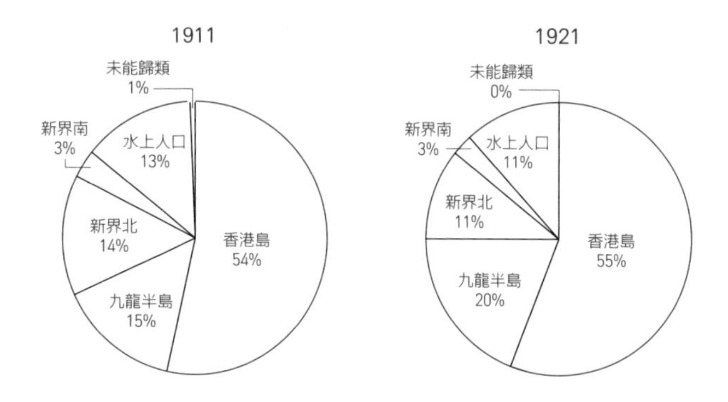

1911 與 1921 年全港各區人口分佈比較

至於港島其他地區，如筲箕灣的發展主要依賴太古船塢及糖廠；薄扶林的發展主要依賴牛奶公司；這兩處地方連北角在內，在 1921 年也有不少房屋在興建中。香港仔剛剛完成填海，其對岸的鴨脷洲準備填海，亦可以提供一些發展空間。

不過，港島的土地不能無窮無盡地發展，即使政府還批出了大規模的灣仔「海旁東填海計劃」（1921 至 1929）等待上馬，但與人口增長速度相比，始終起不了多大作用。

在 1920 年代，華人仍然大量湧至，居住問題成了當時香港人的困擾，也造就了不少社會問題，例如業主和租客間的矛盾。在供應少需求大的情況下，業主自然可以千挑萬選，因為他不愁房屋租不出，在業主主導的市場下，倒霉的自然是租客了。部分業主有「非眷莫問」政策，即只租給家庭客，不租給單身漢[8]，因為香港是繁榮之地，吸引不少人過來，當中恐怕有作奸犯科之輩，如租給他們，出了事會受到牽連；相對之下，家庭客始終有家慮，不會鋌而走險，因此業主們為了謹慎起見，往往將單身客拒諸門外。不少人隻身來港，沒有親友可以投靠，連工作都未找到，即使有工作也是工資微薄，不足以帶同家人來團聚。

那些始終租不到房住的怎麼辦？原來當時還有「睡騎樓底」[9]的怪現象。

1926 年《香港工商日報》有一篇讀者投稿，描述露宿者的苦況。文章說這是香港所獨有的情景，一些苦力、小販，每晚於入夜八、九時待居民休息之後，就會攜同寢具，在附近找騎樓底棲息，也有些人與同睡的淪落人交談至深夜；也有識唱曲的人，趁夜闌人靜，大唱特唱，自得其樂。在內地，就算比不上香港繁榮的城市，也總有地方可以搭建簡陋房屋棲身，很少像香港一樣要睡在路旁。每逢寒風暴雨之夜，他們更「瑟縮孤衾，不能安睡」。夏天蚊蠅多，露宿者要全身裹上薄布，雖汗濕也不敢露出頭來，有如陳屍街頭。第二天黎明，城市人未起床，他們便急於起身，趕忙收拾寢具，找地方收起來，再開始一天的工作。

以上的低下階層第一身感受，提供了觀照維城繁榮另一個角度，可見香港並非處處天堂，在城市越來越擠迫，人口不斷膨脹之下，如何改善外來人口的居住以及其他社會問題，是 1920 年代香港政府急於解決的優先事項。

九龍：未經雕琢的璞玉

九龍是香港的後援

既然香港地稠人多，以致樓價高企，政府當務之急是要加速覓地建屋，透過增加供應，平抑樓價和租金，令天下寒士不致露宿街頭。一海之隔的九龍半島，成了吸納過剩人口的當然之選。

遷居九龍的趨勢在 1911 年辛亥革命之後已經浮現。至 1921 年，上文說過港島維多利亞城在十年間人口上升四成多，不過要算增幅最大的地區，卻非九龍莫屬。1921 年香港政府人口普查[10]顯示，半島人口達到 123,448 人，比 1911 年增加了 55,951 人，比率接近 83%。如果比對它在 1891 年只有 9,021 名居民的話，可見這個地區的人口增幅是何等凌厲。雖然九龍實際人口總數比不上香港的維多利亞城，但由於基數低，增幅就更驚人。

九龍在 1860 年《北京條約》中已經割讓予英國，幾十年來沒有什麼發展，一直扮演著輔助港島的角色，默默在維港對岸支撐著香港的航運事業。當港島人口過剩的時候它就要派上用場，彷彿維多利亞城的邊緣擴展部分，承擔起分流的使命。

在 1920 年，九龍區的發展，是集中於南端至中部的商業活動地段，其餘大部分土地仍然屬於高低丘陵交錯的原始狀態。

為什麼說九龍是港島的輔助呢？當時香港的經濟支柱行業是造船航運業，九龍最早期的發展都是出於戰略和軍事需要，現時九龍公園所在地前身是英軍軍營，與港島軍營一同保衛維多利亞港航道的安全。而其他早期設施，包括建成於 1884 年的水警總部和天文台時間球塔，都和水域安全以及服務船隻進出有關。

至於紅磡就被劃作重工業區，1863 年成立九龍船塢，1899 年興建青洲英泥廠，1921 年中電發電廠落成，都是服務航運業以及協助地區整體發展必須的產業，在水路運輸發達的時代，臨近海邊的尖沙咀和紅磡距離維多利亞城中心並不算很遠，所以當維多利亞城已經擠得水洩不通時，開拓九龍區便是

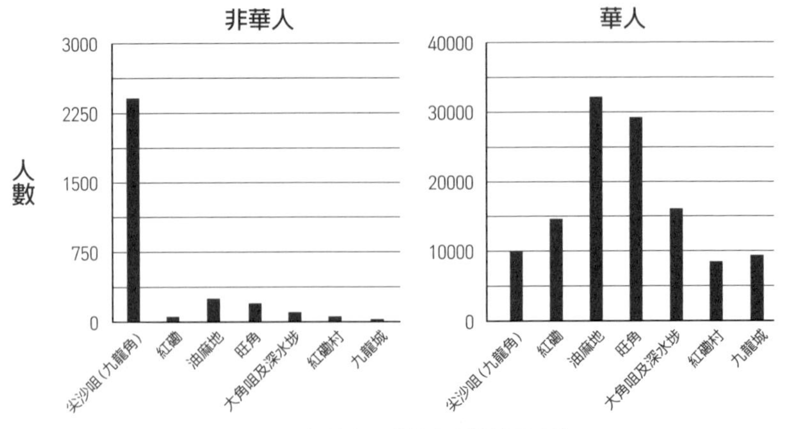

1921 年華人和非華人所住地區分佈

刻不容緩的事情。

1921 年的香港政府人口普查[11]數據指出一個趨勢，就是 1911 年以後，南來的富裕華人愛聚居在港島中半山一帶，那裡原本被劃作歐洲人住宅區，但在十年內幾乎已被富有華人取代，由於他們財力雄厚，半山租金瞬即被扯高。原本在當地居住的非華裔人士以葡萄牙人為主，他們無法負擔起高昂的租金水平，所以大量遷徙至九龍尖沙咀一帶，蓋起歐洲式房屋，令該區成為九龍半島最多歐籍人士聚居的地點。

華人社區大爆發

直到 1921 年，九龍已發展的地區只有尖沙咀（九龍角）、紅磡、油麻地、旺角，深水埗和九龍城一帶，由於這裡租金比香港島便宜，吸引不少低下階層的新移民到來，令這些地區人口急劇膨脹，與 1911 年比較，增幅最大的地區分別是旺角、油麻地和紅磡。

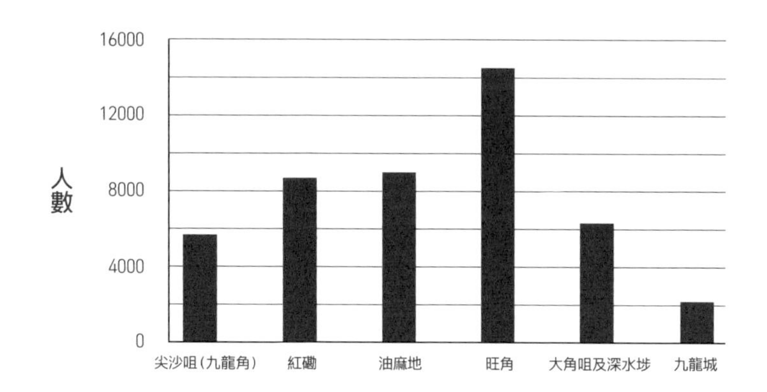

1921 與 1911 年九龍各區人口增長比較

相對於尖沙咀和紅磡是為了支持港島發展而開發，傳統以來，油麻地與旺角才是華人的住宅及商業區[12]。旺角以前叫芒角，因為那裡有一條芒角村，就在西洋菜街、通菜街及花園街一帶，這裡地勢平坦，且有水源，可以灌溉農地和種植農產品。

香港1842年開埠之後，芒角村中人會拿蔬菜和副食品運到港島去發售。1860年九龍併入香港版圖後，以界限街為中英邊界，在它以北的新界各村都會把農作物運到油麻地和旺角出售，再購買日用品回鄉，這兩區便漸漸形成一個市集。由於當時陸路交通不發達，市集多位於海邊，以便利於運輸貨物。久而久之，旺角和油麻地便成了華人在九龍的聚居地。

九龍城[13]是另一個歷史最悠久的居民聚落，它是因清朝政府於1847年興建九龍寨城而發展起來。由於1842年之後，香港島已屬英國人領土，與九龍只有維港之隔，為邊防需要，清朝於是在此建城，派兵駐守。而附近的宋皇臺一帶更被稱為聖山，紀念中國宋朝皇帝曾經在此地駐驛的事蹟，民國之後很多前清遺老都喜歡到此遊玩，抒發思古情懷，是當時出名的旅遊點。

1921年的香港政府人口普查[14]記錄了很多正在進行的填海、土地開發及建屋工程，都是圍繞著當時有戰略及商業價值的九龍半島南端，和中部的傳統華人聚居地。報告描述當時的發展包括：

紅磡：

1. 九龍船塢和電力公司在大環山建造新員工的宿舍，但除此之外，區內幾乎沒有建築物。九龍城道沿線有大量可供建築用途的土地，但英泥廠產生的塵埃污染，限制了它作為住宅用地的發展空間，除了在船塢及英泥廠上班的低收入僱員外，對其他人吸引力不大。

油麻地：

2. 大量樓宇在興建中，預計可再容納 10,000 人。警署前的填海工程已完成，是該區僅存的空置地皮之一。

旺角：

3. 建築工程隨處可見，大量的沼澤地帶已被填平，並開展建築工程。除了鄰近芒角村一帶以外，所有可用土地現已發展。若將低窪地帶平整，則旺角和油麻地火車站之間將有擴展空間。

大角咀和深水埗：

4. 大量長沙灣的茅屋以及深水埗的傳統村屋已清拆，填海區已建成不少寬闊的街道和三層樓房屋，深水埗變身為秩序井然的郊區市鎮咫日可待，這裡將有工業和住宅區，加上長沙灣、大角咀及九龍塘的大型填海或將低地填高的計劃現正進行，在不久將來，從尖沙咀碼頭至荔枝角，將連成一條延綿四哩的人口稠密帶。

九龍城：

5. 啟德濱開墾大型計劃已經進行了幾年（啟德濱發展計劃將在稍後章節詳述），雖然進展仍緩慢，填海區已經開始出現現代房屋；預計現時的中式古老房屋和狹窄小巷，將被現代化建築物取代。

1921 年的人口普查對當時九龍區的土地開發狀況提供了很多珍貴資料，令我們知道九龍半島的開發已經如箭在弦，大量土地在開發中或者已經完成平整工程。不過這些零散的發展地區，始終地處偏僻，與傳統的商業中心區距離很遠，就算有地都未必有人願意住。因此怎樣能夠聯繫市區與新發展區、怎樣提升新發展區的經濟價值，以及怎樣能夠將發展伸向更深更遠的九龍腹地，是當時政府要深思熟慮和解決的議題。

新界：中式農村風貌

一片天空兩個世界

在 20 世紀初，被九龍中部山脈區隔開來的新界廣闊土地，仍是被群山掩閉的社區，相較於高度城市化、商業化的香港島，它的氣質完全迥異。其傳統農村面貌，彷彿是另一個時空的另一個世界。

1912 年新界理民官 G. N. Orme 向政府提交了一份新界報告[15]，詳細從不同角度比對新界於 1898 年歸入英國管治後的情況， 他描寫說：「新界大約有 800 條村落，每條村落平均人口略高於 100 人。幾乎所有的地方旁邊都植有樹林，村前還有大片耕地，在過去的 12 年裡，幾乎沒有改變。」

新界的人口大致分為本地人及客家人，分別從宋、明、清三代陸續由中原南遷來香港，落地生根。早來的本地人在肥沃的平原上開基散業，晚來的客家人則跑到貧脊的山區開墾梯田，過著自給自足的生活。

除少數開店舖的小商人和和漁民外，所有人都務農，孩子們一能走路就去田裡幹活。婦女則在家打理家務，及從事針黹活動，在閒暇時還要到田間工作[16]。稻米是主要農作物和主食，此外他們還會種蔬菜、甘蔗、花生，荃灣一帶更盛產菠蘿。

米飯和蔬菜，加上一點魚或肉，便是日常食用。衣服都是由田邊種植的麻製成，副食品可以與鄰居互相交換，酒、醬油以及其他日常所需品可以在墟市買，所以他們無論衣食住行，幾乎都不假外求[17]。

在英國統治下，新界大地上星羅棋佈的村落被納入不同的警區，計有北面的屏山、坳頭、落馬洲、沙頭角、上水、大埔、沙田、西貢，以及新界南面的荃灣和大嶼山、長洲和南丫島等海島。從 1921 年的人口統計數據看，元朗屏山、坳頭人口最多，分別超過 11 萬[18]，緊接的是西貢和大埔，各自均超過 9 萬人。從總體人口分佈來說，1921 年比對 1911 年，新界北人口略下跌，不過變動十分輕微。

改變的巨輪緩緩啟動

港英政府也意識到隔絕的狀態不利管治，也無助貨物流轉，所以大力促成興建鐵路，聯繫九龍、新界以及廣東省的首府廣州，以帶動貿易。

然而，1911 年九廣鐵路開車後，效應卻不似預期。在 1921 年的人口統計報告中，有一段以略帶失望的語調提到，鐵路對新界幾乎沒有帶來什麼影響[19]，香港的主要供應仍然來自珠江三角洲，稻米仍然是最主要的農產品，沿火車路見不到太多歐洲式的建築物，通車初期建成的住宅，在市場也反應冷淡，留不住租客。相信由於可發展住宅的用地有限，加上交通始終不便，未能吸引市區的富裕人士前來置業作度假別墅。

以上的描述反映出當時的政府是如何看待新界的功能，其一是希望它成為市區的腹地，提供糧食或其他農產品，支持市區人口的需要；其二則跟現代人心態一樣，以土地作為生財的工具，希望利用鐵路概念，帶動物業市場的需求。但是，單靠一條鐵路是不夠的，儘管它是一條主幹線，還需要其他道路組成的支幹，才能聯成一個網絡，推動四方八面的人流物流，而這個網絡要往後幾年才漸漸形成。

可以說，絲絲點點的變化正在默默醞釀中，只是未匯聚成一個大趨勢而已。

自從新界併入香港範圍後，一些沒有足夠耕地的年輕人會出去城市碰機會[20]，或者當水手在船上工作，甚或去海外發家致富，再匯款回家鄉，另一些則趁政府陸續修築公路，將農產品帶到城市去賣。無論如何，他們與市區的來往漸漸增加，更多人踏出世世代代生活的鄉間，希望多賺點錢以及出人頭地，這份動力將拉動鄉村生活的轉變，令他們的物質生活更加豐盛。

G. N. Orme 觀察到截至 1911 年為止的十年間，食品價格大約翻了一番，令到務農的新界人生活改善了。隨著資金流入新界，鄉間的生活水平不斷提高。「他們可以吃上一日三餐，幾年前他們造夢也沒想過有午飯吃：體面的衣服、帽子和鞋子，以前是奢侈品，現在已成為生活的必需品。」

1912 年新界理民官 G. N. Orme 提交的新界報告中比較 1900 和 1911 年新界區的平均物價

	1900 ($)	1911 ($)
米每擔（優質）	4.00	8.00
米每擔（劣質）	3.50	6.50
雞蛋每打	0.10	0 .22
豬肉每擔	15.00	25.00
柴每擔	0.30	0.65
馬鈴薯每擔	0.40	0.90
鹽每擔	0.30	0.70
鮮魚每擔（在漁村）	10.00	20.00

由此可見增加對外聯繫，一方面能夠改善新界人民的經濟及生活，亦能夠為市區人口帶來農產品供應，有助香港整體發展。除了上述經濟角度之外，無論從軍事和行政管理的角度，港英政府也深知加強九龍及新界聯繫的重要性，所以一直大力推動鄉郊道路的修建，對舊有路段加以擴闊、維修，提升至現代化的水平。

在這個背景之下，大埔公路和青山公路分別於 1902 和 1920 年落成，環迴新界的道路網正式打通。這是一個具有重要歷史意義的里程碑，標誌著九龍與新界正式由道路連成一體，從此新界不再處於獨立封閉狀態，兩地的人民及物資來往更方便頻繁，令新界以至香港整體的發展邁進另一個階段。將來的巴士服務，也會沿著大埔道和青山道，由九龍貫通新界。

這一章主要介紹了香港、九龍、新界三地在 1920 年的發展狀況，希望展示一個綜合面貌，作為下一章介紹香港過渡至機械運輸時代的背景。

---

1 Dr Dezsö Bozóky, *Two years in East Asia, Travelling in Hong Kong 1907-1909* (University Museum and Art Gallery, The University of Hong Kong), 2016, p13.

2 Ibid, p14.

3 Ibid, p22.

4 "Shipping and trade, industries, fisheries, agriculture, and land", *Administrative report for 1921*, (Hong Kong Government Reports Online 1842-1941), p6.

5 *Home*. Home - HK Electric. (n.d.). Retrieved February 7, 2023, from https://www.hkelectric.com/

6 蕭國健，*簡明香港近代史*，香港，三聯書店（香港）有限公司，1998，頁 84。

7 *Report on the Census of the Colony for 1921*, (Papers laid before the Legislative Council of Hong Kong, Sessional Papers 1921, HK Government Reports Online), p151-153, 173, 174.

8 「對於『非舂莫問』之商榷」，*香港工商日報*，1927 年 6 月 24 日。

9 「騎樓底下之睡客」，*香港工商日報*，1926年12月2日。

10 *Report on the Census of the Colony for 1921*, (Papers laid before the Legislative Council of Hong Kong, Sessional Papers 1921, HK Government Reports Online), p154.

11 Ibid, pp153-154.

12 魯金，*九龍街道故事*，香港，三聯書店（香港）有限公司，頁249-264。

13 同上，頁14-15，80-81。

14 *Report on the Census of the Colony for 1921*, (Papers laid before the Legislative Council of Hong Kong, Sessional Papers 1921, HK Government Reports Online, digital Initiatives, HKUL), p154-155.

15 G. N. Orme, *Report on the New Territories, 1899-1912*. (Sessional Papers 1912, HK Government Reports Online), p44, 56.

16 *Report on the Census of the Colony for 1921*, (Papers laid before the Legislative Council of Hong Kong, Sessional Papers 1921, HK Government Reports Online, digital Initiatives), p159-162.

17 Patrick H. Hase, *The Six-Day War of 1899 Hong Kong in the Age of Imperialism*, (Hong Kong University Press), p39-44.

18 *Report on the Census of the Colony for 1921*, (Papers laid before the Legislative Council of Hong Kong, Sessional Papers 1921, HK Government Reports Online), p173.

19 Ibid, p160.

20 G. N. Orme, *Report on the New Territories, 1899-1912*. (Sessional Papers 1912, HK Government Reports Online), p56.

Chapter 2

交通科技革命

數千年來，運輸都是靠人力或動物拉車，至 19 世紀初才有鐵路，帶來速度及運力上的突破。鐵路的缺點，是需要在固定路軌上行走，且投資費用高昂。直至靈活而自由的汽車在 20 世紀初期普及，從小眾玩意走進普羅百姓的生活，由小型汽車發展至重型貨車、巴士，一場翻天覆地的機動運輸大革命在全球迅速掀起。

本章回顧香港人力車時代的弊病、汽車引入初期的爭議，並介紹全港首兩條巴士線出現的經過。

人力車臭名遠播

「人力車簡直是香港之恥」

20 世紀初，香港的主要陸路交通工具包括於 1888 年通車，由中環向上行駛的山頂纜車；於 1904 年通車，橫向行走維城沿海商業區的電車；以及 1911 年通車，向北連接廣州的九廣鐵路。但這些交通工具都需要沿路軌行駛，有固定的走線，服務範圍有限，在網絡不能覆蓋的地區，唯有靠轎及人力車代步。

人力車源自日本，由一人操作，運作靈活，尤為適合地勢路窄彎多的香港，所以引進後很快普及。

但是人力車在衛生程度、車伕態度等方面經常受到批評。香港總商會主席、滙豐銀行主席何理玉議員（Hon. Mr. Holyoak）在 1918 年 12 月 31 日定例局（今立法會）會議上曾當場火爆說：「我相信市民大眾會覺得，人力車簡直是香港之恥」（A disgrace to the Colony!）[1]。

作為重量級洋行大班的非官守議員，竟然在議事大堂上大力鞭撻政府，可見他對人力車服務何等不滿。

服務態度及安全捱批

1920 年港島區共有人力車 2,400 輛[2]，在街上供乘客僱用的公車及私人擁有的私家車各佔約半數。九龍另有大約 700 輛，由人力車公司出租予車伕經營，按政府規定收費。

究竟它為什麼引起市民大眾的反感呢？其中一個問題是濫收車資，這類個案可謂無日無之，經常是報章的題材。

當時有報導說，人力車伕專喜歡向剛從省城（廣州舊有稱呼）來港，不熟悉香港狀況的旅客下手，有時甚至勒索幾倍車資[3]，如不給則污言穢語、恣意辱罵，甚至拳打腳踢。有次一名外籍女士從尖沙咀碼頭僱人力車往加士居道的住宅，到步後付了法定車資 1 毫，此時人力車伕馬上變臉，要求額外 5 仙，女士不允，車伕竟將 1 毫扔回去，還向她的臉上吐口水[4]。連審理案件的法官也說他自己是過來人，曾有人力車車伕要求額外打賞，他拒絕後被對方問候全家！

人力車伕的惡劣態度，到了一個連法官也反感的地步，可見他們在一般人眼中，是一個怎樣的印象。

○人力車夫之橫蠻

銅鑼灣壹帶之人力車價目向不遵規例往往對搭客勒索過額鉅資偶拂其意彼則肆行辱罵甚至糾率無賴多人向客爲難或以拳脚對待且所欺者多係婦女與省城客而該處巡警絕少雖鳴警笛亦無馳至干涉云噫勒索不遂竟爾行兇該處車夫可謂橫行無忌矣又聞省澳輪船碼頭之車夫每多索車價而後允客登車而於婦女者則任其登車到步時勒數倍之價不與則穢穢肆罵日夜船到港之客受其凌辱者不少望政府嚴懲壹弍庶知畏法也

報章時有報導人力車伕的野蠻行徑

罔顧安全也是人力車為人詬病的理由之一。人力車經常不肯守法到候車站排隊，而是在中環皇后大道鐘樓等重要地點前團團轉，一見客人便全體起動，飛奔過去爭奪，完全漠視路人的安全。

這種瘋狂的駕駛行為往往引起嚴重的後果[5]。有次，一名從內地來港十日、無牌駕駛的人力車伕，在港島西半山沿西邊街飛快下山，至山腳收步不及，撞倒一名剛下電車的商人，因衝力太猛，人力車手柄更插入商人的大腿，令他嚴重受傷。手柄陷得太深，要先從人力車上切掉一截，再從傷者腳上取出另一端，然後將傷者送院治理。由於其時香港與內地邊境完全開放，人人自由出入，不少車伕經常兩邊走，犯了事便離開，令執法更困難。

另一個常常惹人關注的就是衛生問題。有讀者去信報館[6]，狠批人力車是藏污納垢的溫床。椅上的白色蓋布看似清潔，但始終不能保證前幾轉可能載過患有傳染病的乘客。尤為可怕的是乘客座椅下其實是車伕的私人儲物室，那裡總藏有幾件濕透汗水、發出陣陣臭味的衣服及其他雜物；有一些車伕在候車期間，時常會在車上睡覺，他們會脫了鞋，赤著污穢不堪的腳，搭在另一輛人力車的乘客座椅上。

雖然以上事件非同時發生，但似乎多年來人力車的服務改善仍不足夠，以致出現上文提及何理玉議員的炮轟。

當這邊廂正在熱烈討論人力車的問題時，那邊廂另一個主角——機動自由車已經趕著登場了，由於人力車無論在收費、服務、效率方面都不能與機動運輸工具比較，所以當機動運輸時代來臨，人力車便漸漸走下坡了。

「自由車」橫空出世

汽車技術其實早在19世紀末已在歐洲發明，最初屬高檔消費品，產量也不大。

香港最遲在1905年已出現了汽車，基於汽車的奢侈品特性，早年發展非常緩慢，直到1910年，在政府登記的汽車類別（motor car）仍只有五輛。當時人們將它稱作電機車或自由車；稱為自由車，是著眼於它與火車、電車同樣快捷但卻不受軌道限制，走多遠都行；而稱為電機車，就強調它相對於人力、畜力而言的機械性能。

直到1908年美國福特T型面世，全世界迅速進入機動運輸時代[7]。這一股衝擊來到香港，令香港汽車的登記數量在1911年一年間增加四倍到20輛。

然而汽車在香港的普及過程並非一帆風順，1910至1920年是香港汽車運輸發展的關鍵期，人們反應兩極，有人充滿希冀，有人對它的破壞力感到恐懼。隨著時間的推移，社會由抗拒到接受，增長速度由慢變快[8]，踏入1920年代香港社會已經完全接受汽車時代的來臨。

下面先看看支持引進汽車的人的觀點：

難道要繼續用古代交通工具？

「香港是進步的社會，難道我們要滿足於早應放進博物館的古代交通工具嗎？」[9]這是1905年報章刊登的一篇讀者的質問，也反映了社會上不少人希望引進最先進的機械交通工具的聲音。支持加快引進汽車的人，都常是吸收國際資訊比較快，海外聯繫比較強的，他們知道汽車革命已經在地球另一端開始，他們非常希望香港可以快些趕上這個潮流，進入機動運輸的時代。

在未有車輛之前，無論是載人也好，運貨也好，靠的都是人力或者牛馬，有時直接馱在背上，在他們眼中，這種運輸方式主要有幾個問題：

一. 由於生物有速度和持久力的極限，這種古老方法沒法支撐城市往外擴張。因為人能走到哪裡，城市邊緣就得停止在哪裡，只有機動運輸工具能在短時間運送大量人口，往返人們的居所與生活所需的地點，包括辦公室、學校、市場、休憩、商業及公共設施[10]，提供了城市化的必要條件，就如身體裡面運送氧氣的血管一樣重要。

二. 從人文關懷角度看，高強度的人力勞動方式十分不人道，以前的香港，從事苦力的人包括兒童甚至老人。我們看那時候的文獻，就知道低下階層勞動的苦況：例如 30 到 40 名苦力，一同用長長的繩索拖動一輛重甸甸的兩輪車；也有男女苦力，一天到晚，氣喘吁吁地用扁擔挑著磚頭運上山，女的都光著腳，戴著大帽子，穿著寬褲子，不少還揹著孩子一同幹活[11]。有了機動運輸，才不會再出現體弱的老婦或瘦小的兒童用竹籮背著磚石，把他們壓得腰腿都彎的情況[12]。

三. 救死扶傷的時候，人力運輸速度不夠快。那時候有人受傷或患病，也是由苦力以手推車將傷病者送院，往往要在顛簸的路上，停停走走地等電車過，又或者閃避人力車、運貨車，實在費時失事，有時令本來可救活的人未送到醫院已經死亡[13]。

總之，支持機械運輸的人，視這種科技為文明和進步，是美好生活所依。他們不時在報章發表觀點，也不斷呼籲政府快些引進機動車輛於緊急和衛生服務，以至集體運輸服務，讓他們一切生活所需都可以便捷聯繫，享受城市種種便利。

華人恐慌大請願

但凡新科技在一個社區落地生根之前，總需要一段磨合時間，汽車帶來的震撼，也非一朝一夕可以被社會吸收過來。它的速度和力量有時也會造成慘劇，成因包括駕車者態度不夠謹慎，路人不夠危險意識。

汽車剛引入香港時，全港只有幾輛，分別屬於幾個社會知名人士，他們在港島駕駛多年，都沒有造成意外，所以一直相安無事[14]。到了大約 1911 年，汽車數目在一年之間以幾倍速度增長，由 5 輛升至 20 輛，引起社會關注，所以政府在 1911 年 4 月立法規管汽車的運作，這是首次有單獨針對汽車行駛訂立的法例。

○限制電機車　因近日電機車迭生事端政府已議例爲之限制料日間即行頒佈此例是限出道路俾此種車行走只許行皇后大道干諾道及海旁等處兼限出橫街幾處便得與此三路相通除此之外各路俱不准行其速率尙未議定聞是卽在城外亦不許每句鐘至二十英里以外至於於各種車來往炮台道亦同時定議

政府在 1911 年 4 月立法限制汽車可以行走的路面，這是首次有單獨針對汽車行駛訂立的法例。

法例限制它可以行走的路面，維城中只有皇后大道、堅道、干諾道及海旁等大道、幾條連接的橫街，以至域多利道等幾處，其他路道均不准行駛[15]；而車速亦有所規定，原則是港島中部必須慢行，行人疏落的地點可以快一些，維多利亞城以外可以快行[16]。

然而法例似乎起不到太大效用。從1911年1月至1912年4月30日期間，16個月內總共發生了28宗交通意外，導致四人死亡，四人嚴重受傷[17]。數字還顯示，涉及車禍的汽車，全部屬於幾間租車公司擁有。也就是說，駕車者並不是規規矩矩的駕車上班族，而是現代概念中的「假日司機」或「飆車一族」。

這個驚人的傷亡紀錄，引起香港華人社會極大恐慌，1912年5月18日報章記載[18,19,20]，幾名重量級華人奔走聯繫，收集了萬人簽名，向政府提交反汽車大請願，認為汽車對人的性命構成極大危害，最好全面禁止汽車使用，起碼應該加以嚴厲規管。

請願信中的措詞十分不客氣，首先是帶有道德批判，直指乘坐汽車的男女，均是遊手好閒，不三不四之人，至於反對汽車的主要論據則有：（一）香港道路狹窄，人車爭路，根本不適合汽車行走；（二）汽車司機駕駛態度往往瘋狂又魯莽；（三）有些人在夜半胡亂響號，對沿路民居非常滋擾。

正當這個議題在社會上鬧哄哄之際，時任輔政司（1912年3月至7月）金文泰（Sir Cecil Clementi, Colonial Secretary，1925年7月出任第17任港督）一天下午6時許，與一名海軍將領及其女兒於域多利道騎馬時，有輛汽車無預警下從彎位駛出，令他的馬匹受驚嚇，幸好駕車者來得及煞車，否則後果不堪設想。結果事件於1912年5月21日鬧上公堂，印籍汽車司機被控魯莽駕駛。可是法官指當時並沒有法例，要求轉彎必須響號，所以駕駛者最後脫罪[21]。事件令政府非常尷尬，亦令華人社區更不滿。

因此，行政局匆忙在6月4日通過，禁止所有汽車駛入堅道及域多利道兩條道路，並禁止車輛在午夜後行駛。

由抗拒到融合

那邊廂，車主和汽車業界對華人反汽車大請願的論點十分反感，一名租車公司負責人向傳媒反駁說[22]，華人的不滿並不是由於他們真心關注輪下亡魂，而是有些富有人家的敗家子太沉迷駕車玩意，在租車公司開設帳戶，欠下巨額租車費，其中一人便欠了他900元，其父母將不滿遷怒於汽車，藉機報復而已。因此，不能因一兩個家庭的不滿而犧牲整個行業的利益。

當然他的不滿，主要是由於政府禁止午夜行車的政策，令業界蒙受很大損失，因為晚飯之後才是租車生意的黃金時間，酒店住客也喜歡晚上駕車外遊，如駕車路段和時間諸多限制，自然會減低客人的租車意慾，影響生意。

代表車主立場的律師Bowley透過書信與政府商討，他提出車主的觀點[23]：（一）政府在沒有諮詢的情況下，突然禁止汽車駛入堅道及域多利道非常不合理，（二）限制夜間駕駛的規定亦非常苛刻，居住在偏遠地區的人士，晚上上戲院、參加音樂會或舞會的話，將有很大的不便，（三）要求放寬或給予特別批准，否則採取法律行動。

事件至此已纏繞多月，並引起社會分化，如果弄不好，還會有法律後果。考慮各方面因素之後，政府最後妥協。輔政司施勳（Sir Claud Severn,

Colonial Secretary）終於回信，答應繼續開放堅道及域多利道，並將行車的時間延長至凌晨1時。此外，警方亦會豎立警告路牌，在有潛在危險路段，提醒司機限制車速。

至此，一場紛紛擾擾的爭議終於落幕，社會亦逐漸在一場又一場意外帶來的深刻教訓中，學習與新科技融合。

自由車又傷人

汽車剛在香港出現時，人們習慣稱它自由車，之後十多年，每當發生汽車意外，報章經常用「自由車又傷人」作報導標題，細心閱讀的話，報導的細節更能鮮活地透視出當時社會的真實面貌，以及汽車在不同場景的作用。下面收錄了幾個片段，都很有時代特色。

首先要說的是1905年的一宗汽車交通意外[24]，這亦是報章最早關於汽車意外的報導。由於全港到1910年才只有五部私家車登記，因此當時涉案的汽車肯定是當時全港僅有的幾部之一。車主是居於中半山堅道的富有華人家庭，案情指他的家廚擅自從車棚取出汽車無牌駕駛，於軍器廠街撞傷一名外籍機械工程師。事發時，傷者獨自一人沿著軍器廠街步行，在海員之家對出，有汽車從後駛至，當時右邊有一輛人力車，傷者在中間，左邊則是被告駕駛的汽車。被告為閃避燈柱將傷者撞倒、拖行並摔於路旁的坑渠，意外中還扯破了傷者的西裝。被告最後被判罰款100元。

這個個案顯示當時已有富裕的華人住在中半山一帶，而且家裡還聘有廚師。但由於汽車是新事物，吸引力太大，廚師肯定不知道汽車操作的複雜性及潛在危險，所以不懂駕車的他，竟敢偷取汽車駕其「大膽車」。

第二個個案是自由車成為不法之徒的犯案工具。話說1919年[25]有幾名賊人，糾黨持械，乘坐一輛自由車，行劫德輔道西40號的新豐記錢銀店，之後更乘自由車到西環飲茶，並在茶樓和警方爆發槍戰，最後被警員制服，期間多名華差、華探、印差、英探、過路苦力、店舖伙記被擊斃或槍傷。法庭上有匪徒說，由於家鄉水漲，魚塘裡所有魚都被沖走，所以幾天前從省城來香港，想尋找工作，剛遇上同鄉，所以一齊犯案。也有人預先從澳門來港多日，與另一被告商量造大案。各人對行劫及開槍均直言不諱，但否認殺人，由於當時子彈橫飛，根本不知究竟死者是何人開槍打死。案件在當時極為哄動，法庭十分擠擁。由於以汽車協助犯案的手法非常新鮮，加上案情曲折，匪徒火力猛烈而手法殘酷，令案件轟動一時。

從這個個案可見當時香港流動人口比例很高，人們很多時到香港後都聯絡鄉里，一同幹活，這裡是一個冒險家的樂園，不管是走正路還是走歪路。此外我們還可以看出，到了1919年，懂得開汽車的人漸漸增加，連匪徒當中都有人掌握這門技術，並想到用來犯案，殊不簡單。

第三個個案是關於自由車如何玩出禍，1921年發生的元旦自由車慘劇，便是一個例子[26]。當日下午，南洋煙草公司一名職員與朋友乘坐當時非常出名的飛龍租車公司的自由車遊玩，駛至大道西附近的酒樓及妓院時，幾家酒樓正燃點一丈長的串炮，而妓女則倚在騎樓的欄杆前，見汽車駛過，更興奮地投擲地雷砲玩耍。當時響聲如雷，濃煙密佈，伸手不見五指，樓上的人樂得呵呵大笑。駕車者想停車戴上太陽眼鏡作防護時，有一名女童衝出，駕駛者慌忙閃避，但由於眼鏡還未戴好，地雷砲的沙射入眼內，他下意識用手擦眼睛，分心之下汽車直撞入酒樓，撞倒多名騎樓底的小販及觀看燃放炮竹的路人，其後汽車衝力未減，再直衝出馬路，另外撞倒十多人，最後釀成五死九傷的慘劇。

這宗意外，顯示一般人對爆竹、地雷炮等爆炸品的危險性認識不足，也對汽車的速度和力度可能造成的破壞不夠敏感，一心只顧捉弄別人取樂，沒有想到後果和影響，結果樂極生悲。

終於落地生根

無論如何，機動汽車在香港慢慢被接受，數量持續增長[27]，1918年之後上升速度開始增快，到1920年，全港共有380多輛汽車，1921年更突破500。

買賣及租賃汽車也發展成為一門生意，有的漸漸轉型或兼營載客服務，來往固定地點。其實未有汽車之前，人力車或者轎都是收費載客的公共交通工具，所以這個概念本身不陌生，不同的只是交通工具本身而已。當社會一出現汽車，頭腦靈活的商人馬上將它用作載客服務。早在1909年，已經有來往九龍天星碼頭至紅磡九龍船塢的小型公共汽車服務，而且它的收費也是受到政府監管的。政府當年修訂公共車輛條例時[28]，規定這種服務每位收1毫，如全車少於三名乘客，則每位3毫。

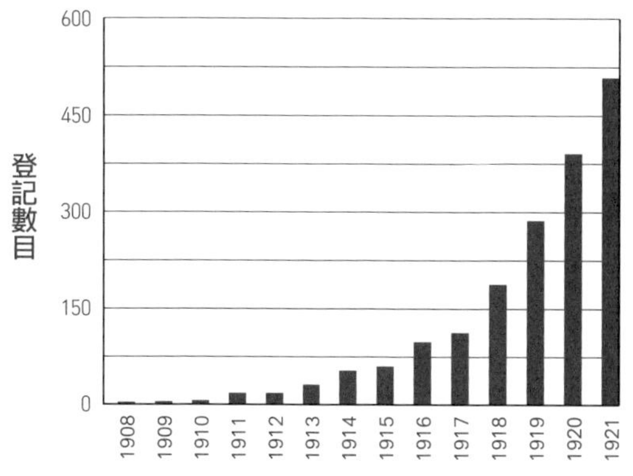

1908至1921年之間香港汽車增幅

到了接近 1920 年左右，重型車輛的技術也開始成熟，政府也開始引進重型機械車來提供各種公共服務。例如在 1920 年，政府就引進一輛機動救護車[29]，1921 年引進摩托運貨車[30]，由屠房運送肉食，利用它的速度及運載能力，替代人力推車。

政府除了希望透過機動運輸工具，提升緊急和公共衛生服務水平外，同時間，亦看中機械車輛在集體載客服務方面的優勢。到了 1920 年，世界上較為先進的城市陸續進入巴士運輸的時代，香港的機動無軌集體運輸工具——巴士亦是在這個背景下，被政府選為開發九龍的交通配套。

巴士定點服務試啼聲

香港最早的巴士服務始於香港島，第一條是配合淺水灣酒店開幕，於 1920 年 1 月 1 日開辦，行走中環與淺水灣；第二條則是 1921 年 7 月開辦，行走香港仔至西營盤的香港仔街坊汽車。不過兩條都是來往指定地點的穿梭巴士，而且規模很小，與後來九龍區以網絡形式營運的巴士服務不同。

全港第一巴士線華麗誕生

未介紹這條路線詳情之前，我們先看看淺水灣酒店的背景，以及為什麼它需要巴士服務。

淺水灣酒店是當時香港大酒店集團旗下的度假消閒式酒店，是發展港島南區的重要地標，由規劃至落成歷時多年，興建期間已經是注意力的焦點所在，常有關於它的奢華設施和建築進度的報導[31]。酒店採取當時最有格調的藝術建築風格，集高尚娛樂、高級餐飲、多元化消閒設施於一身，加上港島南區獨有的風景和海灘作招徠，打算吸引本地達官貴人、高消費一族以及外國旅客。另外，它開幕之後，幾乎每個星期都以不同名目舉行音樂會、舞會等，開拓不同類型的客路。

然而酒店所在的位置原本是一片荒地，距離維多利亞城很遠，所以它必須與維多利亞城建立固定、便捷的聯繫。首先是特別建造道路接連市區，其次需要自行建立載客量大又可靠的交通系統，接載顧客源源不絕到酒店來，因此興起了提供巴士服務的想法。

淺水灣酒店的巴士線，是由上文提及位於德輔道中的飛龍汽車公司（Dragon Motor Car Company）經營，提供由中環卜公碼頭及遮打道往返淺水灣酒店的服務[32]，來回程收費 2 元，由下午開出，車票要預先購買，如果不夠十名預訂乘客，班次將不會開出。從性質來看，它是屬於我們現在說的酒店穿梭巴士一類，根據固定時間表，由交通便捷的上車點接載乘客到酒店，是往返固定地點的巴士服務。

淺水灣酒店巴士線與酒店在同一天開始營業，從中環登車，來回程 2 元。當日服務時段由下午至晚上，以配合酒店的開幕儀式及舞會。車票需要在飛龍汽車公司預先購買。圖為報章上的廣告。

至於車資2元是貴是平，其實見仁見智。由於它的對象是高消費階層，所以價錢應該參照使用私家車、出租車的支出，從這個角度看。巴士票價是非常便宜了。

淺水灣酒店的開幕是城中盛事，由時任港督司徒拔（Sir Reginald Edward Stubbs）主禮，酒店開幕前一天，巴士公司舉行了一次特別體驗之旅，以當時警隊首長香港警察司（Captain Superintendent of Police）胡樂甫（Edward Wolfe）為首的貴賓團，聚集在中環香港大酒店（即現時置地廣場及中建大廈）門前乘專車，由中環駛往香港仔再折返，一眾乘客包括《士蔑報》（*Hong Kong Telegraph*）及《南華早報》(*South China Morning Post*) 的記者對巴士旅程都讚不絕口。

「昨天的旅程可以用可靠、舒適、安全來形容（reliability, safety and comfort），車程一點也不顛簸，非常順暢。」[33]《南華早報》記者對試車效果非常滿意，他描述當巴士橫過花園道的電車路軌時，避震系統完全發揮作用，轉彎時亦沒有搖晃的感覺，開行及停車都很流暢，只是換檔時需要減速。行駛至聖若瑟中學一個彎位時，一名小童從路中心走出，巴士司機火速將車煞停，可見機件性能良好。他認為毫無疑問巴士服務將大受歡迎，尤其在夏天，因為在巴士上乘涼的確是一大樂事。《士蔑報》記者則提供了較詳細的車廂佈局，他形容巴士的車廂寬敞，車身屬全覆蓋型，但仍可觀看車外風景，座位舒適，而且全部向前排列，車旁有拉簾供下雨時使用，入夜後車上更有電燈照明。

記者的第一身體驗讓我們知道，那時候第一次坐巴士的人，享受的是巴士的速度感帶來的涼風，關注的是車程是否暢順，煞車系統是否靈敏，還有車廂是否舒適。

以上就是香港第一條巴士路線的開辦經過，和試搭人士的觀感。硬件方面，淺水灣酒店車隊由五部巴士組成，其中三輛小型，兩輛大型，小型的載客 15 人，大型的載客 20 人。技術規格如下：

淺水灣酒店巴士服務技術規格——小型

製造商	美國 White Bus Company of Cleveland, Ohio
車身	本地裝嵌
製造年份	1920
載重	1 ¼ 噸
數目	3 輛
載客量	15 人
引擎	Overland 32 匹馬力
主減速器	Torbinson final drive
時速	15 mph 哩 / 小時
底盤重量	2,000 磅
車身重量	700 磅
制動器	Due principle and act on the drum internally and externally
懸掛系統	Half elliptic system

淺水灣酒店巴士服務技術規格——大型

製造商	美國 White Bus Company of Cleveland, Ohio
車身	本地裝嵌
製造年份	1920
載重	3,000—4,000 磅
數目	2 輛
載客量	21 人
引擎	Buick motors 45 匹馬力
主減速器	Torbinson final drive
時速	15 mph 哩 / 小時
底盤重量	2,250 磅
車身重量	1,000 磅
制動器	Due principle and act on the drum internally and externally
懸掛系統	Half elliptic system

與今日的型號相比，巴士無論從技術規格及外型來看都比較簡陋，但在當時來說，能運載 15 至 20 人的小型巴士，已經是個大突破。服務形式上，它相當於今天的酒店穿梭巴士，其實未算真正以網絡形式營運的公共巴士服務。

全港第二巴士線樸實出場

1921 年 7 月，淺水灣酒店路線開辦約一年半之後，港島第二家巴士公司開辦，專門行走香港仔至市區，它就是香港仔街坊汽車公司[34]。

為什麼香港仔要發展自己的巴士服務呢？

當年香港仔可以說是維多利亞城以外，港島人口較為密集的地區之一[35]，當時香港仔及鴨脷洲的陸上居民有 3,900 多人，不少建屋工程在兩地的新填海區內進行，人口陸續增長。由於它位於港島南端，被港島中部的山脈阻隔，進出不方便，只能靠渡輪來往市區。出現機動汽車後，提供了陸路交通，連接港島南至港島的市集和北商貿區，大大減少了往返時間，所以需求旺盛。而這種街坊車的形式，用現在的概念來說，類近於屋邨巴士。

它是由華人團體創辦，開始時只有兩輛載客 20 人的巴士，稍後才增加至四輛。該路線往返香港仔至西營盤鹹魚欄海旁，途經大學堂、大口環、雞籠環、基督教墳場、心光盲人院（當年被俗稱盲妹院）、牛奶公司畜牧場、薄扶林差館、華人永遠墳場及石排灣。票價方面：頭等 2 毫半，三等 1 毫半。此路線開辦以來深受歡迎，不過從目前有限的資料中，無法得知它第一代巴士的型號及技術規格，只知全部透過一家本地汽車公司購買。

香港仔街坊汽車公司廣告
啓者近年香港仔地方商務日興居民益衆坊衆往來香港日見繁盛敝公司為利便交通起見特置汽車數輛日夜行走惟自開辦以來所定車輛每被愆期故常川往來只得數架致令各界搭車有勞佇候實由敝公司辦理車務諸未完備對於搭客抱歉良多今敝公司同人會議均稱公司營業雖大虧折但因利便搭客特籌鉅款添購新式汽車共足恰七架務於原定時刻依限開行從此汽車往來既依時不誤勝友惠顧可無勞久佇矣伏望 垂青
貴客如急需車用請電知本公司便即開到本公司電話四叁九九號在香港仔西安路門牌壹號
今將本公司車徑址點開列
（日）由香港仔上早六點開到下午五點八止
由西營盤鹹魚欄海傍上午六點八開到下午六點四止
（夜）由香港仔下午七點開到下午九點半止
由西營盤鹹魚欄海傍下午七點半開到下午十點止
（日價）頭等弍毫半仙 （弍等）壹毫五仙
（夜價）俱是頭等車每位收銀弍毫 經過地點均可停車上落 大學堂 大口環 雞籠環 基督教墳場 盲妹書院 牛奶公司畜牧場 薄扶林差館 華人永遠墳場 石牌灣
香港仔街坊汽車公司 正司理伍明鑑 副司理王海濤
月廿五日

《香港華字日報》1923 年 10 月 18 日的廣告指出，香港仔街坊汽車公司將派新巴士，行走來往香港仔至西營盤的路線[36]。

香港仔街坊巴士由於有堅實的客量支持，生意愈做愈大，1927 年更被政府要求增辦來往赤柱及香港仔的巴士服務，每日來往各三班，由香港仔往赤柱的班次為上午 7 時 2 分、10 時正、下午 6 時正；由赤柱往香港仔為上午 7 時 40 分、10 時半、下午 6 時半。車費由香港仔至赤柱一律收 2 毫半、由香港仔往香港圍（黃竹坑）、深水打波樓（香港高爾夫球會）、淺水灣酒店則收 1 毫半，由淺水灣酒店往赤柱亦收 1 毫半[37]。

之後香港仔街坊巴士繼續穩步發展，直至 1933 年，港島專營權歸中華巴士公司所有，它才被中巴收購。

兩條巴士線都有一個共通點，就是位於港島南區，遠離市中心維多利亞城，如果沒有巴士路線，陸路只能靠私家車進出，否則只能夠靠海路。如果沒有巴士服務的出現，這些地區根本不可能發展起來，正好反映軌道交通的不足，以及巴士的靈活性。

總結全章，可以歸納出香港最遲在 1905 年已經有汽車在路面行駛，初時以私家車、出租車或載客汽車的形式出現，但增長緩慢。直至 1920 才出現較大車型的定點載客巴士，其時全香港所有機動車輛才不過 381 輛，可見巴士的出現與汽車的普及是相輔相成的。

---

1 *Report of the Legislative Council Meeting on 31 Dec 1918*, (Government Reports Online), p110.

2 *Police and Fire Brigade, Administrative reports 1920*, (Government Reports Online), K7.

3 「人力車夫之橫蠻」，*香港華字日報*，1916 年 8 月 10 日。

4 "European Lady's Trouble with Rickshaw Coolie" , *The China Mail*, 1918-10-11.

5 "Serious Rickshaw Accident Coolie Charged with Recklessness", *The Hong Kong Telegraph*, 1912-06-11.

6 "Hong Kong Vehicles Need for More Inspection", *The Hong Kong Telegraph*, 1914-08-03.

7 布萊克·傑洛米，*人類最精華 100 年*，台北，大是文化，2022，頁 110。

8 *Reports of the Captain Superintendent of Police and of the Superintendent of Fire Brigade, Administrative reports for the years 1908 to 1939*, Hong Kong Government Reports Online.

9 "Motor Car Ambulances", *The Hong Kong Telegraph*, 1905-11-17.

10 "Motor Vehicles. Buses and Trucks", *The China Mail*, 1920-05-18.

11 Dr Dezsö Bozóky, *Two years in East Asia, Travelling in Hong Kong 1907-1909* (University Museum and Art Gallery, The University of Hong Kong), 2016, p48-50.

12 "Motor Vehicles. Buses and Trucks", *The China Mail*, 1920-05-18.

13 "Motor Car Ambulances", *The Hong Kong Telegraph*, 1905-11-17.

14 "Motor Car Regulations", *The Hong Kong Telegraph*, 1912-08-10.

15 「限制電機車」，*香港華字日報*，1911 年 4 月 18 日。

16 「電機車限制例」，*香港華字日報*，1911 年 4 月 25 日。

17 *Report of the Legislative Council Meeting on 13 June 1912*, (Government Reports Online), p54.

18 "The Monster Petition Text of Protest Against Motor Car Traffic", *The Hong Kong Telegraph*, 1912-05-18.

19 "The Motor Car Petition", *The Hong Kong Telegraph*, 1912-05-18.

20 "Speed of Motor Cars Chinese Prepare Petition", *South China Morning Post*, 1912-5-18.

21 "Hong Kong's Absurd Laws Motors Need not Carry Horns", *The Hong Kong Telegraph*, 1912-05-31.

22 "The Motor Car Petition Another Side of the Question", *The Hong Kong Telegraph*, 1912-05-22.

23 "Correspondence", *The Hong Kong Telegraph*, 1912-08-10.

24 "Motor Car Humours in Hong Kong", *The Hong Kong Telegraph*, 1905-05-16.

25 「摩托車賊黨案近聞」，*香港華字日報*，1919 年 12 月 31 日。

26 「元旦自由車傷斃多命續誌」，*香港華字日報*，1921 年 2 月 13 日。

27 *Reports of the Captain Superintendent of Police and of the Superintendent of Fire Brigade, Administrative reports for the years 1908 to 1921*, Hong Kong Government Reports Online.

28 "Public Vehicles Amendments to regulations", *Hong Kong Daily Press*, 1909-07-26.

29 "Nearly 5 Millions to be Spent on Public works", *The Hong Kong Telegraph*, 1920-10-28.

30「改用摩托車代人力車」，*香港華字日報*，1921 年 4 月 25 日。

31 “Repulse Bay Hotel”, *The Hong Kong Telegraph*, 1919-12-23, 1918-11-30.

32 “Motor Buses Hong Kong’ s New Service”, *The Hong Kong Telegraph*, 1919-12-31.

33 “Hong Kong Motor Buses Service to Repulse Bay”, *South China Morning Post*, 1919-12-31.

34 “Hong Kong Aberdeen Bus Service”, *South China Morning Post*, 1921-07-20.

35 *Report on the Census of the Colony for 1921*, (Papers laid before the Legislative Council of Hong Kong, Sessional Papers 1921, HK Government Reports Online), p172, 174.

36「香港仔街坊汽車公司廣告」，*香港華字日報*，1923 年 10 月 18 日。

37「有街坊車來往香港仔赤柱」，*香港工商日報*，1927 年 6 月 27 日。

Chapter 3

九龍希望之城

上一章說過香港於 1920 年代已經出現巴士，本章會介紹巴士在九龍開辦的背景。在此之前我們會先宏觀一點，看看時代氛圍，就是九龍大開發的過程。到了 1920 年，維多利亞城已擠迫到令人窒息，剛巧汽車科技逐漸普及，大大縮短了來往遠方的交通時間。對土地開發情有獨鍾的新任港督司徒拔，以及一眾居住在九龍、想爭取自身權益的人，攜手建構理想新城市，巴士被選為配合九龍開發的交通選項。

本章會介紹 1920 年代九龍開發早期的重要諮詢組織——九龍居民協會的組成和影響；亦會介紹時任港督司徒拔對發展九龍、引進巴士的理念，再看看首次巴士專營權投標的條款及經過。

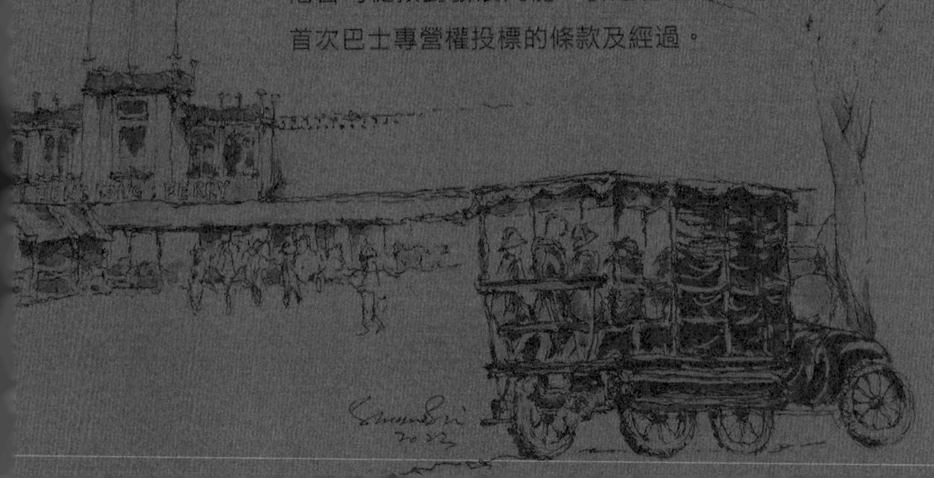

諮詢組織先聲奪人

九龍居民發難爭權益

當時的九龍，很大程度處於原始狀態，到處是高低不平的山丘，人口只有12.3萬多名[1]，以華人居多，非華裔人士約3,100名，以歐籍為主。他們主要集中在尖沙咀、紅磡等地，任職於政府設施、洋行、碼頭倉庫、工廠和船塢等。除了上班和居住之外，其他生活需要基本上依賴一海之隔的港島。然而1919年一場颱風，暴露了這種模式的弱點，令他們產生要將九龍改造成現代化城市的想法。

這場颱風於1919年8月22日來襲，香港天文台懸掛了當時最高級別的7號颱風訊號，歷時19個小時半之久[2]，是香港有紀錄以來懸掛最長的其中一次。事後報章報導說，海面上的船隻來不及躲避，尤其灣仔一帶的船隻奔走無路，呼救、慘叫之聲不絕於耳，加上汽笛警鳴聲，一片混亂，給施救帶來更大困難。到23日風雨停止後，到警局報告損失及失蹤的人絡繹不絕，颱風造成幾百艘漁船損毀，最少300人死亡，風力是十年來之最。嚴重時香港與九龍的渡輪全面停航，通訊斷絕[3,4]。

九龍居民在幾乎長達一整天的狂風暴雨中，陷入叫天不應叫地不聞的孤立絕境，可以想像對他們造成的心理衝擊有多大。風暴凸顯九龍自身的種種不足，諸如物資供應短缺、醫療設施嚴重缺乏等，激發起一群住在九龍的外籍人士決意凝聚力量，爭取這個新發展區應有的獨立基建和社區設施配套。剛巧第16任香港總督司徒拔在1919年9月30日履新，成為他們團結發聲，表達訴求的好時機。

◉風雨損失之調查　連日天氣酷熱非常識者
咸知有颶風將至昨廿一號下午黃昏時天文台
懸掛紅色風球表示廿四點鐘內有颶風到港至
六點大氣昏暗西北角發現彩雲斯時風勢尚微
約半時天文台改懸黑球而颶風驟至愈吹愈烈
港面船艇多有奔避不及者尤以灣仔海面為甚
蓋灣仔海面有多數船艇係前往起煤者一聞大
文台改升黑球而大風又驟至多走不及有當即
因風覆沉者有於風顛簸而支持不定者有小艇
七八艘無法泊岸只在離岸三十丈左右大呼救
命者一時海面響笛之聲與喊救命之聲大作當
時有艇兩艘欲託小輪拖往避風塘惟各小輪要
索九十元方允拖帶灣仔各艇以近日生意無多
異常冷淡多不能出此昂價灣仔海面之小艇沉
沒多少現時雖未知其確數然以當時情形測之
必在數十矣下午十點海旁東仍聞海面喊救之
聲不絕至昨早仍有多數小艇飄蕩海中至九點
鐘有美國水手多人用大纜拋擲海心使榜人各
扣緊其艇如連環船一般盡力牽曳各艇埋岸有
兩艇已被風打碎其餘七八艘一律得登彼岸各
蛋婦帶同子女登陸後齊向美水手俯首叩謝救
命之恩中環海面雖不致如灣仔之慘然破板隨
海飄流觸目皆是可知中環海面之艇亦被風打
壞不少矣○

《華字日報》報導 1919 年 8 月 22 日風災的破壞力，指有些小輪向小艇索取 90 元才肯將它拖往避風塘，而有美國水手多人則將大纜拋到海中心，將七至八艘小艇拉回岸邊。

「九龍居民的需要長期被忽略是不爭的事實，因此在新港督到任後向他反映，被視為不可錯失的良機。」[5]《南華早報》1919 年 9 月 4 日報導了一群熱心九龍居民籌備成立居民組織的心聲。

他們借用位於彌敦道、建成於 1902 年的九龍英童學校（古物古蹟辦事處總部現址）舉行會議，初步討論列舉出九大訴求，包括興建專為歐洲人而設的醫院、提供充足的供水設施、加速興建住宅單位、興建街市、提供康樂設施、提供足夠警力、設立電車或巴士的交通系統、興建大會堂及圖書館、加強與港島的聯繫。這些主張幾乎概括了未來多年九龍城市化的方向。

結果，他們在 1920 年 1 月組成了一個諮詢組織「九龍居民協會」（Kowloon Residents' Association），每月定期開會，大力推動各個議題，並與政府建立溝通渠道，就不同問題展開書信來往，然後在每月例會上向會員公佈政府的回應。他們提出的不少意見都陸續獲政府採納。在交通問題上，他們也積極爭取，曾在 1921 年 2 月 15 日的周年大會上透露，已致函輔政司符烈槎（Hon. Mr. A. G. M. Fletcher, Colonial Secretary），提交巴士服務方案[6]。

九龍居民協會 1920 年向政府建議的巴士服務詳情

路線	地點	班次（分鐘）	車資
1	尖沙咀至油麻地	10	頭等：5 仙 三等：2 仙
2 (a)	油麻地至旺角	10	頭等：5 仙 三等：2 仙
2 (b)	旺角至荔枝角	30	頭等：5 仙 三等：2 仙
3	旺角至九龍城	30	頭等：1 毫 三等：4 仙
4	尖沙咀至紅磡	10	頭等：5 仙 三等：2 仙
5	紅磡至九龍城	20	頭等：1 毫 三等：4 仙
6	油麻地至紅磡	10	頭等：5 仙 三等：2 仙
7	油麻地至何文田至旺角	10	頭等：5 仙 三等：2 仙

九龍居民協會的方案有幾個特點：（一）以歐洲人的需要為主導。信中開宗明義指出，該會目的是「發展合適的九龍邊遠地區為歐洲人住宅區」[7]（the development of desirable outlying districts as European residential centres），並且認為油麻地、何文田及旺角是理想地點。基於這種想法，他們提出的巴士方案，大部分路線都以這幾區為出發點向外輻射；（二）由於建議的車費比較低廉，巴士公司頭幾年一定不會有錢賺（will not be remunerative），故建議由政府提供財政補貼（financial aid）。

然而從後來的發展我們知道，政府對於他們這份路線計劃，以及補貼巴士營運的要求都不予支持。這一點在稍後會再解釋。

不過無論如何，九龍居民協會對交通問題表現出持續的關注，更作深入研究並寫成報告，向政府反映。在往後的日子，它亦能發揮其影響力。

社區配套如願以償

除了交通系統外，他們有關其他社區設施、基建等項目的意見，幾乎一開始便獲得了政府的重視。

在 1920 年，九龍居民協會成立第一年，政府在當年 10 月宣讀的財政預算案中[8]，有部分章節的新措施，是特別針對九龍發展的迫切需要，當中有些與協會的部分訴求相呼應：

> 醫院——政府承諾興建一間醫院，這就是現時位於九龍城的九龍醫院，當然政府不認同它是專為歐洲人而設。
>
> 供水——改善九龍供水設施，並預留款額興建過濾床，改善九龍城渠務設施。
>
> 填海——繼續撥款於九龍城、深水埗、荔枝角的填海及相關工程，開發土地建屋。
>
> 警力——興建新的油麻地警署，並在旺角興建一所警署，配合日漸增加的人口。

從財政預算案中的內容可見，九龍居民協會創會時的多個訴求，均獲得政府正面回應，餘下的議題也在往後日子慢慢獲得政府關注及跟進。

諮詢組織及壓力團體混合體

港督司徒拔在任內不止一次在定例局（後改為立法局，1997 後改稱立法會）會議上，點名稱讚九龍居民協會的貢獻，例如 1920 年宣讀財政預算案至尾段時[9]，特別表示「欣賞協會就涉及九龍地區利益的廣泛議題提出建議，而經雙方溝通及磋商後，往往可達致雙方面都滿意的結果。」

從以上所見，它成立一年已經獲得政府器重，並與政府有固定的溝通渠道，表明它在反映會員意見及影響政府政策方面扮演了一定角色。

雖然協會首次提出的巴士方案沒有被政府接納，但可以證明巴士是九龍居民和政府都共同心儀的交通選項。該會對交通議題表現出持續的關注，往後日子曾經提過不少意見，都獲得政府接納，包括設置巴士站，及反對在九龍發展電車系統等，稍後章節將詳細介紹。

後來由於會內華人數目漸漸增加，協會亦不再以歐洲人利益為先。協會最遲在 1926 年已經有華人成員參加管理架構[10]。基於其影響力大，九巴成立之後，也與他們保持緊密的合作關係；取得專營權後，也加入該會的管理架構，之後更成為主席。由於交通是該會關注的主要議題之一，九巴能夠進入協會的核心，對於往後了解相互的立場、加強溝通、盡早解決矛盾有實際幫助。

總而言之，協會是一個從九龍半島商業及居民角度，就社區發展爭取利益的組織，由於它獲得居民和香港政府的重視，九巴作為區內公共事業，亦一直與他們保持良好關係，就像現代企業概念中「與持份者溝通」的功能。

政府全力開發九龍

在九龍，巴士的出現是為配合開發的需要。這政策由1919年到任的港督司徒拔提出，他提出開辦九龍區巴士服務之後一年，九巴便成立了。在這一節我們先看看他對土地發展、道路和巴士三者關係的看法。

前瞻的都市發展概念

本書第一章已介紹過，由於1911年辛亥革命後中國政局動盪，戰亂及治安問題驅使不少人來香港避難，令香港人口激增。畢竟維多利亞城不能無止境地擴張，覓地建屋到了刻不容緩的地步。在1912至1918年當港督的梅含理（Sir Francis Henry May）已經鼓勵填海造地，並開始發展道路網絡，到1920年，新任港督司徒拔更進一步，全速發展基建，大規模移山填海，加緊建造道路，將土地出售予私人發展商興建樓宇，作為施政的方針。

在他主政下的幾年被視為土地供應激增期（Land Boom），單是1920年預算案，他就撥出史無前例的近500萬港元，作為工務工程開支[11]。預算案勾勒出司徒拔對香港的藍圖大計，他的構思基本上主導了整個20年代的區域發展。

當年的財政預算案揭示了他對不同區域的發展計劃。首先港島的灣仔峽、淺水灣、黃泥涌和薄扶林開始陸續發展[12]。

九龍方面，則在深水埗繼續填海造地，連同九龍城（啟德）的填海區，一左一右，打造為華人區，並研究在九龍塘展開一項花園城市發展項目。（九龍塘及九龍城啟德兩大發展計劃，將在其他章節詳述。）

「政府將努力採取措施，確保合適建屋的土地不會被閒置。」（Taking steps to ensure that suitable land is not allowed to remain unoccupied.）[13] 這句說話可最好地概括他在土地供應方面的哲學，也是他對住屋問題的回應。

從以下摘自《由 1897 至 1926 有關香港發展的財務及其他統計數據報告》[14] 的資料可見，在司徒拔主政期間，土地供應直線上升，從 1921 年開始直至 1923 年到達頂峰，然後掉頭回落，並在 1925 年省港大罷工導致經濟轉差之後，才急速收縮。該段時間被稱為土地供應激增期，為政府帶來可觀的非經常性收益。

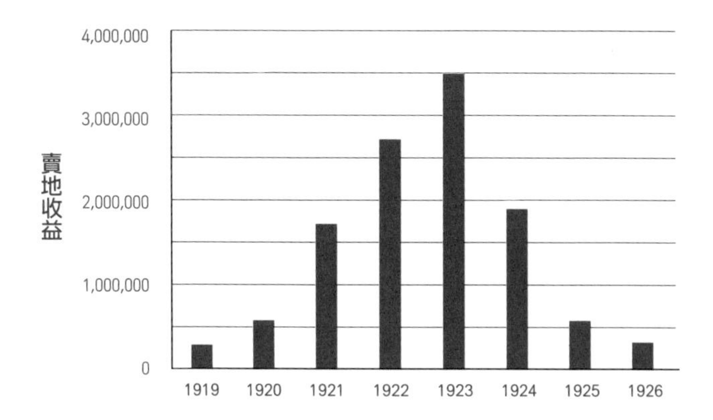

1919-1926 年的賣地數據顯示 1921 至 1924 年間香港土地供應激增

投資基建興建道路

好了，我們知道港督司徒拔喜歡開發土地，增加供應，但是跟巴士有什麼關係呢？

這是因為他知道一塊土地必須有基建配套，就好像現代政府要發展一個新市鎮，必須預早規劃交通系統。當年的九龍到處都是荒山野嶺，政府首先要興建的就是道路，有道路才能為新市鎮建立與市區的聯繫。於是他大力發展基建，開闢道路，有了道路就意味著可以用汽車來聯繫，這就為巴士的引進提供了必須條件。

司徒拔很有商業頭腦，深知道交通便利、四通八達的地方，土地就能以更高價賣出，到最後當然是增加庫房收益[15,16]。而且賣地不止帶來一次性的非經常性收益，土地上的樓宇落成賣出後，還會貢獻差餉和地租收入，將土地價值轉化為經常性收益。道路建築的開支，幾乎一下子就收回了。

有時他在偏僻的地方建道路，則屬於長遠投資，知道早晚會有回報的。這就等於我們現在說「現在沒有，將來會有」的概念[17]，百年後回頭看，證明他的眼光精準，決策很有前瞻性。

以巴士開發新區

司徒拔深信道路是提升土地價值的關鍵，而要發充分揮道路的作用，非有效的集體運輸工具不可，因此他在 1920 年財政預算案中，就對九龍的交通配套提出一個重要政策——招標開辦機動巴士服務「Motor Omnibus Service」。

很明顯政府以巴士作為九龍大開發的配套，目標是促進區內人口的自由流動，因此定價上必須人人都負擔得起[18]，而服務又要穩定，才能讓市民願意隨巴士路線走，為政府的區域開發大計服務。

司徒拔的想法很清晰，巴士需要是「廉價服務」（at cheap rates），而目的是「發展週邊地區」（with a view to opening up outlining districts），此外「服務不會由政府提供」（I do not propose that the service should be maintained by the government）[19]。

那麼為什麼採用專營權形式而不是自由競爭呢？其後律政司 J. H. Kemp 補充，批出專營權是為了更有效監管車輛、車資等，及確保在偏遠地方也能享用巴士服務[20]。相反，自由競爭的制度下，只有在繁忙時間賺錢的路線，才有人願意經營；那些虧本路線或者非繁忙時間的服務，便會無人問津。此外，營辦者之間出現惡性競爭，也會引致巴士超速以及互相搶客的弊端，影響行車安全。

由此可見，其實政府非常清楚交通服務自由競爭的缺點，所以從一開始已打算批出專營權規管巴士的發展，而它對於惡性競爭的種種預測亦不幸言中。但多年來因時局變化或經濟環境不利，政府多次遊走在自由競爭及專營權之間，直至十多年之後，才最終走上巴士專營的道路。

巴士專營權招標

就是在這個背景之下，政府開始了第一次巴士專營權招標，在 1921 年 3 月 11 日的憲報[21]刊登了政府對九龍區巴士的招標條件：

·牌照為期四年

·中標後，政府免費給予持牌人土地，以興建車廠、工場及辦公室，合約完成後將建築物移交政府。

其實政府早於同年 3 月 4 日已仔細訂出對巴士服務的構思，詳列在 1921 年《車輛和交通管制條例》中[22]。以下是其中一些重點：

·投標者要先向政府支付 1,000 元作抵押

·持牌人應提出每月擬向政府繳交的費用

·如果港督會同行政會議認為巴士服務不理想，持牌人會被罰款每天 25 元。

·持牌人要列出巴士的數量、尺寸、載客量、重量、速度、馬力和設計。

·司機和售票員須符合資格，並須穿上制服和展示編號。

·每輛汽車上以英文和中文列明路線上的分段、停車地點和時間表、車費和最高載客量。

·穿制服的警察和郵差可免費乘車

·巴士總數量不能少於 15 輛

·持牌人須保存以下記錄：

1. 投入服務的巴士數量
2. 每輛巴士每日行車里數和行駛轉數
3. 每輛巴士每程載客人數
4. 全程及分段車費收入
5. 詳細支出項目，包括資本、工資、固定開支和經常性支出

Kowloon Public Motor Service.

No. S. 72.—It is hereby notified that sealed tenders in duplicate, which shall be clearly marked "Tender for Kowloon Public Motor Service", will be received at the Colonial Secretary's Office until Noon on Friday, the 8th day of April, 1921, for a licence for the exclusive maintenance of a Public Motor Service in Kowloon and New Kowloon in accordance with regulations to be made by the Governor in Council under section 3 (9) of the Vehicles and Traffic Regulation Ordinance, 1912, Ordinance No. 40 of 1912, as amended by the Vehicles and Traffic Regulation Ordinance, 1921, Ordinance No. 4 of 1921.

The said Licence shall be issued subject to the said regulations and to all regulations made by the Governor in Council from time to time under the said Ordinances.

Subject to the said regulations the term of the Licence shall be 4 years from the time which the tenderer whose tender is accepted states in his tender that he is prepared to commence such Service.

Forms of tender may be obtained on application at the Colonial Secretary's Office.

The Government will be prepared to grant to the licensee, free of rent, the use of an area of land suitable for garage, offices, workshops, etc., near one of the lines of route.

The licensee would have to erect such buildings, as may be required for the carrying out of his Contract, of a design and character to the satisfaction of the Director of Public Works.

He would have to maintain and repair these buildings and any existing buildings on the area for the period of his Contract to the satisfaction of the Director of Public Works and to hand over the latter buildings to the Government at the completion of his Contract. Subject to his clearing the site to the satisfaction of the Director of Public Works he would be at liberty to remove any buildings erected by him.

A more detailed agreement on the above lines to be signed when final arrangements are made.

CLAUD SEVERN,
Colonial Secretary.

11th March, 1921.

1921 年 3 月 11 日政府刊憲邀請營辦商競投九龍公共巴士服務

政府 1921 年《車輛和交通管制條例》中要求的巴士技術規格

長闊高	長不超過 20 呎，闊不超過 7 呎 2 吋，高不超過 10 呎。
載客量	成人 19 名，包括司機和售票員。
重量	淨重 2 ¼ 噸
速度	每小時 15 哩
動力	滿載時可行駛每 1/4 哩斜度為 1 比 15 的路段
車廂設計	開放式車廂設計，固定車頂，設有防水簾。
座椅	橫排硬座椅，須易於清潔並保持衛生。前兩排座椅為頭等，其餘為二等。
輪胎	全部使用充氣輪胎，或前軸使用充氣輪胎、後軸使用實心雙輪胎，充氣輪胎闊度最小 5 吋，雙實心輪胎每個闊度 3.5 吋或總共 7 吋。
設施	巴士正面和側面須展示路線牌和地點

政府 1921 年《車輛和交通管制條例》中要求的巴士服務詳情

路線	地點	巴士數目	班次（分鐘）	服務時間	車程數目（每巴士每天）
1	尖沙咀碼頭至深水埗	4	10	上午 7 時 晚上 11 時半	25 來回程
2	紅磡至尖沙咀碼頭	3	10	上午 7 時 晚上 11 時半	33 來回程
3	紅磡至深水埗	4	10	上午 6 時 35 分 凌晨 12 時 5 分	26 來回程
4	紅磡至九龍城	1	30	上午 6 時 15 分 凌晨 12 時 15 分	37 來回程

政府 1921 年《車輛和交通管制條例》中訂定的分段和車資

路線		車資（頭等）	車資（二等）
1	尖沙咀碼頭至深水埗	1 毫半	6 仙
	尖沙咀碼頭至眾坊街	5 仙	2 仙
	眾坊街至大埔道	5 仙	2 仙
	大埔道至桂林街	5 仙	2 仙
	（隔班車須駛入何文田）		
2	紅磡至尖沙咀碼頭	1 毫	4 仙
	大沽街至加士居道	5 仙	2 仙
	加士居道至尖沙咀碼頭	5 仙	2 仙
3	紅磡至深水埗	1 毫半	6 仙
	大沽街至眾坊街	5 仙	2 仙
	眾坊街至大埔道	5 仙	2 仙
	大埔路至桂林街	5 仙	2 仙
	（隔班車須駛入何文田）		
4	紅磡至九龍城	1 毫	4 仙
	蕪湖街到馬頭角	5 仙	2 仙
	馬頭角到九龍城	5 仙	2 仙

從以上的招標細則、監管辨法、巴士技術、路線及收費詳情，可見政府對九龍的巴士服務要求，已經有一個極其心思細密的腹稿。很難想像在1921年，九龍連一部巴士都未有的情況下，政府可以定出這樣廣泛而完備的巴士服務計劃。相信這個框架，一定是借用英國的經驗，因為英國早於1903年已經開始有巴士服務[23]。

說回標書中的路線要求，政府設計的四條路線，涵蓋了當時重要的地區，包括油尖旺、深水埗、九龍城、紅磡；票價方面，政府把車資壓得很低。只要比對1921年政府憲報列出修訂的人力車車資[24]，不難發現以二等票價來說，無論長途短途，政府構思中的巴士服務，都明顯地比人力車便宜，加上巴士的速度比人力車快得多，可見政府心目中巴士服務是以基層市民的需要為定位。

1921年政府憲報列出修訂後人力車收費

5分鐘	5仙
10分鐘	1毫
15分鐘	1毫半
30分鐘	2毫
1小時	3毫
超過1小時每小時	3毫

計劃胎死腹中

雖然1921年4月8日已截標，但奇怪的是，政府一直沒有公佈招標結果，直至6月份，《南華早報》記者[25]忍不住追問政府，輔政司施勳（Sir Claud Severn, Colonial Secretary）才道出原因。原來政府覺得收到的標書，在車資問題方面都不合適，包括九龍居民協會的方案（見本章九龍居民發難爭權益一節），因此招標計劃已經停止，政府將不再考慮批出專營權。就是這樣，九龍區第一次巴士招標計劃便無疾而終了。

車資問題究竟是什麼意思呢？我們可以挑選「尖沙咀至紅磡」路線，比對政府和九龍居民協會的方案，便可了解施勳為何有這種評價。首先，九龍居民協會建議這條路線頭等收 5 仙，三等收 2 仙，但政府的要求是頭等 1 毫，二等 4 仙。可見九龍居民協會方案的票價更低，在政府無意對營辦商作出補貼的情況下，營辦商根本不能負擔，所以該會的方案最終不獲政府採納。

雖然專營權計劃流產，但政府轉而與一間公司展開磋商，純粹以私人企業形式開辦巴士服務。雖然他當時沒有說明，但我們知道這間公司就是九巴了。

政府一面計劃引進巴士服務，與此同時卻仍有意興建電車系統。電車公司對於龐大的九龍市場態度非常積極，頻頻採取主動，曾分別在 1914、1916 及 1918 年，三次向政府申請在九龍興建電車系統，但沒有被政府採納[26]。顯然政府仍然在觀察之中，想先試試用投資較少的巴士來看看市場反應，所以還未作最後決定。不過隨著巴士科技日漸進步，投資大但走線固定的電車，在往後幾年越發處於劣勢了。

回到巴士服務問題，在報章報導刊出後的一個月，即 1921 年 7 月底，再有報章報導九龍區巴士服務的進展，這階段，九龍汽車公司（九巴早期名稱）的名字終於出現了！我們將在下一章詳述。

---

1 *Report on the Census of the Colony for 1921*, (Papers laid before the Legislative Council of Hong Kong, Sessional Papers 1921, HK Government Reports Online), p173.

2 *Tropical Cyclone Data from 1917 to 1941*, Hong Kong Observatory (HKO),Tropical Cyclone. (2021, November 2). Retrieved November 17, 2022, from https://www.hko.gov.hk/en/informtc/tcsignaldb/index.html

3 「風雨損失之調查」，*香港華字日報*，1919 年 8 月 23 日。

4 "The Ravages of the Gale. Several Hundred Chinese Craft Wrecked" , *Hong Kong Daily Press*, 1919-08-23.

5 "Kowloon' s Needs. The Proposed Public Meeting" , *South China Morning Post*, 1919-09-04.

6 "Kowloon Residents' Association First Annual Meeting" , *South China Morning Post*, 1921-02-15.

7 Ibid

8 *Report of the Legislative Council Meeting on 28 October 1920*, (Government Reports Online), p52.

9 Ibid, p53.

10 "Kowloon Residents' Association a successful and useful year" , *The Hong Kong Telegraph*, 1926-02-23.

11 *Report of the Legislative Council Meeting on 28 October 1920*, (Government Reports Online), p50.

12 Ibid, p51.

13 Ibid.

14 Sessional Papers laid Before the Legislative Council of Hong Kong 1927, Financial and other statistics showing the development of Hong Kong during the thirty years 1897-1926, (Government Reports Online), p118.

15 Ibid.

16 *Report of the Legislative Council Meeting on 27 October 1921*, (Government Reports Online), p139-140.

17 Ibid, p140.

18 *Report of the Legislative Council Meeting on 28 October 1920*, (Government Reports Online), p51.

19 Ibid.

20 *Report of the Legislative Council Meeting on 17 February, 1921*, (Government Reports Online), p10.

21 Tenders Invited for the Kowloon Public Motor Service, 11 Mar 1921, *Hong Kong Government Gazette 1921 (Supplement)*, (Government Reports Online), p143.

22 *Draft Regulations proposed to be made under the Vehicles and Traffic Regulation Ordinance, 1912, Hong Kong Government Gazette (Supplement), 4 March 1921* (Government Reports Online).

23 "Motor Omnibus for London," *Hong Kong Daily Press*, 1903-05-12.

24 *Amendment of Regulations under section 3 of Vehicles and Traffic Regulation Ordinance, 1912, The Hong Kong Government Gazette, October 7, 1921*, (Government Reports Online), p395.

25 "Kowloon Motor Bus Service. Kowloon Residents' Association' s Scheme not Favoured" , *South China Morning Post*, 1921-06-11.

26 Ibid.

Chapter 4

九巴的誕生

1921 年，香港社會瀰漫著一片樂觀的情緒，九龍的發展被認為是未來希望所在。當時九龍的主要發展區是油尖旺、紅磡、深水埗以及九龍城等地，如果徒步走一遍其實也很費時，所以市民對巴士招標計劃心存期待。雖然計劃最終流產，政府還是發牌予一間小公司，讓其試營巴士——它就是九巴，起碼從無到有，已經是一大進步。然而九巴創辦之後，不到幾個月，便遇上種種天災及交通意外的歷練，既導致巴士損毀，員工受傷，亦造成路人死亡；隨後香港更陷入連串罷工潮，幸好巴士並非主要衝擊對象，因此沒有受到多大影響。

本章會透過幾份報章報導，重建九巴由籌備至開業的過程，並重新經歷當時九龍市民期待的心情；接著會介紹它開辦之初遇到的種種困難。

九龍汽車公司初現身

萬眾期待

上一章提到《南華早報》獨家披露港府正在與一家私人公司，商討開辦九龍區巴士服務[1]，另外三家英文報章[2,3,4]也不甘後人，對這宗大新聞繼續追蹤報導。幾家報章持續數月對同一主題連番追訪的手法，充分反映社會對議題的關注及市民的期待。

「九龍汽車有限公司」（The Kowloon Motor Bus Company Ltd）的名字，最早見於《德臣西報》（*The China Mail*）在 7 月份[5]題為「九龍終於有巴士」（At long last. Buses for Kowloon）的報導。同時首次出現的，是負責人名叫雷少鵬，原來早於 1920 年，他已經向政府申請在九龍開辦巴士，且展開一系列文書往來，但沒有多大進展。一年之後政府宣佈邀請有興趣的公司競投巴士專營權，九巴也入了標，可是政府後來卻煞停了計劃，最終兜兜轉轉，政府還是批准由它開辦巴士服務。

報導當時形容九巴鍥而不捨，面對重重困難挫折，仍不斷向政府爭取，單就其堅持不懈的精神，成功已是當之無愧（If only for the persistency with which they have pushed their scheme along in the face of hampering difficulties... the new enterprise deserves to succeed）。從以上的報導可以看到，當時九巴在創辦巴士過程中採取主動，而且很堅持，所以它能夠成為九龍第一間巴士公司，並非僥倖。

一獲得政府批准，籌備工作便如火如荼地進行，首先是組裝巴士。巴士由底盤和車身兩部分組成，有時候它們是一起進口，有時是分開由不同供應商提供，再加以裝嵌。當時九巴的情況屬於後者，底盤已經進口，車身則在上海製造，待工務司署（Public Works Department）審批了在彌敦道租用土地上興建車廠的設計後，車身會由上海運到香港裝嵌。

三個多月後的11月3日，另一份報章《士蔑報》[6]挖到多一點創辦人雷少鵬的資料，原來他在美國和中國多個城市有類似的營運經驗。此外九巴總部的外貌亦首次出現在報導中，它位於彌敦道，內裡有光猛的維修工場、停車場、洗車台和一片大空地，四周圍上高牆，辦公樓位於豉油街和彌敦道交界。

萬事俱備

再過兩周後，輪到《孖剌西報》（*Hong Kong Daily Press*）[7]有內容更具體、更豐富的報導，記者還有機會親眼看到巴士，字裡行間掩不住興奮的情緒。

首先，他描述車廂前排是司機座位，旁邊還有兩個乘客座位，設間板分隔，因此不會妨礙司機駕駛。背後有三排座位，每排四名乘客。車頂以木製成，車身以及車尾採取開放式設計，並備有防水捲簾。登車要靠左右兩旁一級由車頭延伸到車尾的台階。

除了詳細介紹車廂外貌和設施之外，作者還加上個人觀感，例如建議應該在車身加設防護圍欄，避免乘客從面向馬路那邊跳車，否則其他道路使用者，尤其電單車駕駛者，一看見巴士駛過便會驚嚇不已。

記者亦批評台階距離地面20吋，實在太高，還要再踏18吋才能進入車廂。他幽默地說，對於時興穿窄身裙的女士而言，這種爬山般的動作恐怕有撕破裙子之虞，所以婦女最好在家中自行練習，先踏上椅子再踏上桌子。當然他明白這個設計也有其理由，如果多伸出一級台階的話，會增加車身闊度，轉彎時隨時會觸碰行人路，構成意外。

由於是新服務，警方對此非常重視，除所有司機要通過考試之餘，巴士在正式營業前幾天，將進行不載客的路線訓練，讓司機熟習實際操控，亦方便公司收集行車時間、營運成本以及耗油量等資料，對營運細節作詳細記錄，可見認真程度。

《孖剌西報》記者在 1921 年 11 月 18 日介紹九巴創辦時的路線和收費詳情

路線	主線：尖沙咀沿彌敦道駛至深水埗	6 部巴士	註：另一部作後備
	支線：彌敦道駛往紅磡 (乘客可憑轉車票轉乘紅磡段)	2 部巴士	
收費	頭等 1 毫		註：日後再調整
	二等 5 仙		

綜合《德臣西報》、《士蔑報》及《孖剌西報》關於九巴首批巴士的資料

車隊數目	9 輛
車型	福特貨車
重量	1 噸
載客量	16 人 (連司機及售票員)
底盤產地	美國 (底特律)
車身製造	上海 Universal Motor Car Body Works (由 Messrs Alex Rosa & Co 代辦)，經 s.s. Wenatchee 輪船運送到港
輪胎	Goodyear 充氣輪胎
軸距	124 吋

迴旋圓周	46 呎
照明	電燈

綜合《德臣西報》、《士蔑報》及《孖剌西報》關於 1921 年九龍汽車有限公司創辦時的資料

股東人數	3 人
股東國籍	華籍
負責人	雷少鵬 (Mr Louie S. Pang)
總資本	5 萬元
總公司兼車廠位置	旺角彌敦道近東方煙廠 (即彌敦道豉油街交界)

矚目登場

九巴的籌備工作進展非常順利，公司正式開幕時間亦提早至 1921 年 11 月 26 日（星期六）在總公司舉行[8]，熱鬧非常，嘉賓眾多，以華人為主，亦有外籍人士。九巴派出全數九部巴士，穿梭於尖沙咀碼頭及彌敦道，接載賓客參加典禮。儀式上更有來自本地中學的銅管樂隊吹奏音樂，並有茶點招待，可見規格十分隆重而且西化。

典禮上由雷兆鵬致歡迎辭，有點意外的是，演辭重點並非圍繞九巴業務的前景，或者鼓勵員工等，而是痛惜中國交通運輸落後，窒礙工商業發展，即使有優質農產品或工業製品，也難以運送到遠方的市場，期望中國快些發展現代化交通系統，走上富強之道。從投資角度，他則看準火車或巴士均大有可為，會帶來豐厚利潤。

在開幕禮致詞的還有中華基督教會合一堂的張祝齡牧師，他當時在社會上有崇高的地位和影響力，同樣以火車運輸的重要性為題材，發表演說。

從兩位講者歡迎辭中的內容，可以見到社會有識之士已經洞悉交通運輸對地方發展的重要性，而九巴創辦人更預視這個行業的盈利前景豐厚，的確眼光精準。

還有一點值得注意的是，1921 年正是中國歷史上有關鍵意義的「五四運動」之後兩年，當時社會上瀰漫一片民族主義愛國情緒，華商與內地的關係非常密切，他們都關心祖國的發展，演辭內容反映出這一點。這種情懷在本書所覆蓋的 20 年代至 40 年代間，香港多個關鍵的歷史時刻，起著不同的作用，我們在以後的章節會詳細討論。

另外，從以上一系列延續多個月的報章報導可見，九龍開始有巴士服務，在當時來說是一件居民期待已久的大事。特別之處是，（一）創辦人是華資公司，有別於山頂纜車、電車等交通工具，可見華資公司在香港經濟的影響力日漸擴大；（二）資本額為 5 萬元，門檻不算太高，因此很快引來競爭者加入。（三）從九巴開辦時的規模看，比當初政府構想有不少落差（見上一章），如政府當初預期有四條路線，最終落實的只是一條主線加一條支線，收費結構也全部劃一，沒有政府預期中的分段收費，因此短途客要付的車資比較高。可見政府當時構想的巴士服務，在商業上並不可行，所以與入標者無法取得共識，以至批出專營權的計劃流產。

從 1920 年 1 月全港第一條往返淺水灣酒店的巴士線成立，主要服務洋人社區，至 1921 年香港仔街坊巴士（7 月）及九龍巴士（11 月）的開辦，巴士服務已經由純粹西方人的高尚體驗，變成服務普羅大眾的一種交通工具，普及化的速度可見一斑。

第一批九龍巴士——福特 Model TT

九巴這種低成本企業可以在1921年開辦，實在得益於當時汽車業界的突破，能製造出平價而承載能力高的重型汽車，即福特貨車就是九巴第一批巴士的型號[9]。

汽車本來是非常昂貴的科技產品，在1908年，美國福特車廠（Ford）生產出福特T型汽車，真正做到價格實惠、操作簡單而且性能超卓，也是最先以生產線方式批量製造的汽車，在世界交通史和工業史上都有革命性意義。它以震撼價格出售，令世界各國陸續進入機械動力運輸年代，到20年代初，世界上超過一半的註冊汽車是福特汽車。福特自誇這款車「為世界裝上車輪」（Putting the world on wheels）[10]。

技術上，這車款創造了許多個第一[11]，包括：

（一） 軚盤置於左側，方便乘客上下車

（二） 引擎（engine block）和曲軸箱（crankcase cast）鑄成一個整體

（三） 配備可拆卸氣缸蓋（removable cylinder head）以便於檢查及維修

（四） 使用輕身但堅固的合金釩鋼（vanadium steel）

（五） 靈活的變速箱讓每個人都能輕鬆換檔

福特T型更於1917年推出一款重達一噸、承托力更強的貨車底盤Model TT[12]，使用更堅固的車架、更重的後軸，並增加了兩個後彈簧，售價也不過是600美元。福特只出售引擎和底盤，由買家因應不同用途定製車身。這就是九巴第一批引進並改裝成巴士的底盤。

福特 T 型貨車板面世後四年，九巴成立，可見兩者的關聯性，科技革命的影響力可想而知。當然企業家的眼光和膽識亦是一個決定因素。

為什麼說投資巴士是眼光長遠呢？從 1920 年代華人社會的權力中心——東華醫院總理們從事的業務可見，華商主要經營匹頭綢緞、銀號、押店、燕梳（保險）行、金山莊（美洲貿易）、南北行（東南亞貿易）、米行等。本來，商人大可以繼續從事那些熟悉的行業，換取穩定的回報，又或者用來買地建屋收租，那時候 5 萬元已經能買到很大的面積了。舉例說在 1921 年，拿 1,300 多元已經可以買到港島南區大潭 26,000 呎地皮[13]，呎價才 5 仙。然而投資在巴士上，除了眼光準確，還需要一些冒險精神，因為這是個全新行業，沒有往績可作參考。無論在任何時代，但凡投資新科技、經營初創企業，失敗率都是非常高的。

另一方面，我們也看到香港不少華人已經與世界聯繫密切，具備國際視野及經驗，才能獲得關於汽車及巴士科技發展的最新資訊，支持他們作出商業決定，亦能讓他們周旋於政府管治圈子，取得政府的信任。

承投官地 大潭篤田莊地段第一百七十六號面積二萬六千尺經於星期一日開投由羅文錦律師照底價一千三百七十五元投得即每方尺五仙士云

1921 年 9 月 15 日，《香港華字日報》報導官地拍賣結果，著名律師羅文錦以每呎 5 仙的價錢，投得港島南區大潭灣一塊地皮，當然這是由於它位置偏遠。

九巴的車隊和服務在成立後不斷擴展，到了 1922 年已經有四條路線，連接尖沙咀、深水埗、何文田、油麻地、九龍城等商業區及人口密集區[14]，分別是每天服務的（一）尖沙咀碼頭至深水埗線、（二）尖沙咀碼頭至何文田線、逢星期一至六服務的（三）油麻地往紅磡線，及（四）紅磡往九龍城線。至 1925 年省港大罷工前夕[15]，九巴已經擁有 30 輛巴士，為剛成立時三倍多，業務增長得非常快。

初創歲月之天災人禍

巴士在路上行駛，總會遇到各種形式的突發情況，或因巴士司機警覺性不足，或因乘客胡亂跑出馬路，又或者巴士編配、維修、員工訓練等方面出現問題。也有一些考驗非關自身問題，而是由天災或者政治環境改變所觸發。總之巴士公司需要累積很多經驗，不斷改良，才能製訂出一套運作指引，應付各種不同的處境。

維修欠妥應變不足

1921 年創業不久，九巴便因維修及員工訓練不足，惹來猛烈批評，在 1922 年 2 月 6 日的一宗報導[16]當中，記者就對以上兩個領域嚴詞譴責。

首先，維修問題從兩宗火警反映出來。第一宗在 2 月 3 日發生，當時一名巴士售票員氣急敗壞地衝進尖沙咀的九龍消防局，大聲叫喊「火」、「火」，消防員問他在哪裡發生時，他卻答不出，最後消防員才弄清楚，起火的地點位於彌敦道與加士居道交界。

更甚的是，這個職員在火警發生後進退失據，留在現場等候，最後登上相反方向的巴士去尖沙咀消防局求救。由於延誤了不少時間，當消防趕到現場時，整部巴士木製部分嚴重焚毀。事後調查顯示，事件起因是燃油外溢。兩日後，另一架巴士又在彌敦道發生火警，這一次是由於電線短路引致；消防接報到場展開灌救，成功阻止巴士進一步損毀。

記者把兩宗意外一齊報導，文章對於九巴的維修保養水平甚是不滿，由於兩宗都涉及機件問題，因此推斷是維修人員大意所引起。他還批評巴士上沒有擺放滅火筒，防火意識明顯不足。

事發之時九巴只是開業兩個多月，在車隊九部巴士中，已經有兩部因火警而損毀，不可謂不嚴重。事件暴露了公司在維修保養流程、緊急應對步驟、員工培訓方面均有不足之處。

時至今日，巴士的維修保養及通訊已經有很大進步。巴士每月要通過例行檢查，每年進行全面的年驗。此外巴士車長也要接受應急訓練，如果發生交通意外，會首先通知公司的控制室（俗稱電台），若發生火警，則需要馬上關閉引擎及疏散乘客。每輛巴士上亦備有滅火器，方便車長在可能的情況下試行滅火。

超載嚴重被罰

另外一個經常發生的情況是超載。1921 年 10 月，報章報導一名九巴司機被控駕駛一輛巴士，在尖沙咀彌敦道行駛時，載客量超出人數上限五人[17]。巴士的正常載客量合共才 16 人，但是案發時載有 21 人，即大幅度超載近三分一。法官也認為案情嚴重，為了帶來阻嚇作用，最後判罰款 10 元。

從這個案例可以見到當時巴士需求十分殷切，服務沒辦法滿足乘客的需要，所以乘客一見到巴士到站便不顧一切，拚命擠上去。不過超載近三分一，實在是非常危險，如有什麼意外，後果不堪設想。然而判罰歸判罰，由於九龍人口暴漲，供求失衡，超載情況往往禁而不絕。

現時巴士基本不會超載，只是乘客喜歡擠在車頭，會出現客量分佈不平均的情況。所以巴士上會播放預先錄製的聲音檔案，呼籲乘客走入車廂。

索償案挺司機護原則

1923 年九巴因一宗在上海街發生的嚴重交通意外，導致一名八歲女童死亡，女童父母控告司機疏忽，要求賠償 1,000 元[18]。案情爭論點是，究竟是司機開車太快撞倒路上的女童及其家人，還是死者原本來得及走避，只是見到巴士駛近，因為驚慌而突然往回跑，才遭巴士撞個正著。

案情最特別之處，是控方計算女童家庭損失，定出索賠金額的辦法，反映出 1920 年代一般女孩子的成長命運，和備受擺佈的人生。

女童當時八歲，父母指當她 13 歲離開學校之後，會安排她進入香煙廠工作，每日賺取薪金 5 毫，全部會交到父親手中。由於女兒非常漂亮，長大之後一定會有個好歸宿，父母可以獲取 1,000 元嫁妝，假如嫁給有錢人作妾侍，嫁妝更會高達 1,200 至 1,300 元，所以才會索取 1,000 元賠償。這種說法明顯強詞奪理，辯方律師猛力質疑女童是否有這樣的賺錢潛力。巴士司機作供則直指案情關鍵處，表示該名母親拖著女兒突然往後跑，走到巴士面前，才不得已撞到女孩。最後法官也裁定九巴方面的版本較為可信，司機獲判無罪。

辯方律師指出本案對九巴來說非常重要，因為涉及原則問題，公司必須在法庭上討回公道，保障司機，如果九巴接受家屬的索償要求，那麼以後油麻地區居民肯定會有更多荒謬的申索。

從以上案件我們知道，在煙廠上班，每月工資是5毫，一星期六天工作計算，一個藍領工人在1920年代每個月工資大約13元左右。

此外，我們還可以看到法庭的審訊程序，包括控辯雙方各有律師代表出庭，以至會傳召證人等，與現時的做法基本一致，可見法治傳統的根基深厚。另一方面，個案展示的傳統華人婚嫁觀念、女性地位、經濟及民生面貌，都與今天完全迥異，顯見時代的進步。

1922 工潮初萌芽

九巴早期，除了發生交通意外或者違反交通規則以外，開辦未滿一年，便遇上第一次罷工的考驗。

話說1920年代初期，香港勞資關係緊張。由於第一次世界大戰之後出現嚴重通貨膨脹，加上港元貶值了一半，只有歐籍工人獲得加薪，但華籍工人的工資卻沒有增長，加上在1919年「五四運動」之後，中國工運澎湃發展，影響所及，香港亦進入了工運活躍期[19]。

其中一次影響較大的是海員大罷工，由海員工會發動。他們由1921年起多次向資方要求改善待遇，但不獲回應，於是在1922年1月12日發起大罷工[20,21]。剛一開始已有90艘輪船及約1,500海員參與，直到2月中，同情海員的人數越來越多，罷工聲勢持續壯大，因罷工而停泊在香港海域的各國輪船共有166艘，參與罷工的除海員20,000多人外，其他不同行業的工人亦陸續響應，令全港總罷工人數增至30,000人以上。

對應罷工的情況，香港政府在1月16日宣佈戒嚴，並於2月1日封閉了海員工會及另外三家運輸工會組織，並逮捕工人。政府的強硬態度令事件繼續升溫，3月1日全港工人舉行同盟罷工，參加人數上升至十萬多人，工種涉及郵局、銀行、酒店、洋務、煤炭、餐廳、報館等等。

3月4日，大批罷工工人由香港徒步前往廣州，途中於沙田被英兵攔截及開槍掃射，造成四死和多人受傷，進一步激化工人的情緒。工人更組成糾察隊，封鎖了前往香港的所有口岸，切斷香港的糧食及物資補給。

由於航運及國際貿易是當時香港的經濟命脈，海員罷工對航運業構成嚴重打擊，及後罷工迅速擴展到各行各業，市面店舖大多停市，經濟幾乎陷入癱瘓狀態，令香港由繁榮的港口頓變死城。

香港政府終於在3月6日答應海員的復工條件，增加海員工資15%至30%，恢復各個被解散的工會、釋放工人領袖，並發放撫恤金予死難者，事件才告平息，整個罷工歷時56天。

雖然海員罷工已經結束，但工人爭取權益的意識高漲，以後數月，不同行業的工潮如火如荼，紛紛透過罷工向資方施壓，要求改善待遇。

九巴的僱員也在1922年向公司要求加薪[22,23]，《孖剌西報》在6月22日報導，當時司機每月工資為40元，他們要求再提高，並設立花紅制度，令司機每月收入增加約三分一。九巴董事會在6月21日研究後，認為花紅制度的附帶條件過高，難以辦到，故加以拒絕。試想九巴當時開業才半年多一點，仍在投資期，而員工加入公司時對薪酬待遇應該有仔細的考慮，感到滿意才加盟，然而半年左右便要求加薪三分一，實在難以負擔得來。

由於談判破裂，工人表示將在 6 月 28 日日集體辭職，然而九巴先發制人，反過來即時解僱所有員工，所以第二天起九龍已經沒有巴士行駛。同時九巴馬上加緊聘請新司機，以便一兩天內恢復正常巴士服務。之後報章的確沒有九巴工潮的後續報導，相信事件很快告一段落，亦沒有對九巴構成持續影響。

九巴於 1921 年 11 月底開辦，距離這一次工人罷工只有七個月左右，當時公司規模不算很大，而司機 40 元的月薪已經很不錯，要吸引新司機替補不算太困難，九巴的罷工威脅就是這樣獲得解除。

1923 年癸亥風災受創

經營巴士，總會遇上緊急情況，需要有臨時調動資源或

九龍汽車工人又罷工　九龍汽車有限公司工人前曾提出向東家要求加薪已經東主研究但以附帶條件為難辦故久未解決各工人於昨日起一律罷工昨日已無汽車來往而乘車則生意驟增應接不暇聞昨日下午九龍汽車公司董事會議辦法議另僱新人云

1922 年海員大罷工觸發員工要求增加工資時，九巴才創辦半年多一點，《華字日報》也刊載它透過聘請新的司機替代離職司機的新聞。

疏導大批乘客的方案，颱風期間的應變安排也是一樣。然而這一套秘笈，是從過去的無數失敗中累積經驗而換來的，付了不少「學費」。1923年的癸亥風災，就是九巴成立以來經歷的第一次颱風。

8月18日（星期六）上午9時30分，時速130英里的颶風襲擊香港[24]。水面損失很大，怡和公司旗下的隆生號斷纜向西漂行，不久在中環海面沉沒，此外多艘中外船艦或擱淺或受損。

在陸上行人絕跡，街上磚瓦招牌飛舞，浪花飛濺至臨海建築物的二樓，德輔道上的一些店舖水浸一呎多。大風使九龍及香港交通一度中斷，天星小輪在早上8時半左右已停航，山頂纜車和電車亦由於害怕電纜被風吹起的雜物破壞，構成危險，預早停駛。

九龍彌敦道大約每30碼左右便有大樹橫亙路中，其中一棵倒下的樹根部豎起便有20呎高。電話線及電線桿亦被倒塌的樹木扯斷，纏繞在樹上，更有苦力因觸電而死。在大角咀有一棟三層樓高的樓宇倒塌，有人被埋於瓦礫中死亡。有記者描述眼前所見，令他聯想起第一次世界大戰時，法國北部被敵軍轟炸後滿目瘡痍的狀況，那震撼的破壞景象，和今日如出一轍[25]。

九龍的巴士以為安全，繼續行駛，結果有八部巴士翻側及損毀，包括在九龍城有五部，一部更被風吹落稻田。在油麻地則有三部巴士翻側，幸好司機及乘客及時疏散，無人受傷。

從以上的報導可見，百年前香港建築物簡陋，防禦風災能力低，遇上正面吹襲的颱風，損毀及傷亡往往很嚴重。癸亥風災是九巴成立以來首次面對颱風威脅，繼續行駛的結果是大量巴士翻側，幸好司機和乘客無恙，算是不幸中的大幸了。

現時香港天文台會在懸掛 8 號風球以前提早通知市民，而巴士會先維持正常服務一段時間，才陸續轉為有限度服務，最後全面停駛。10 號風球的話，則所有巴士服務停止，每個階段都會透過傳媒及網上通知乘客。至於風球快將除下，巴士恢復行駛前，巴士公司會由各車廠派出車務員工，視察各區道路情況，包括個別地區風速、有沒有樹木或棚架倒塌、水浸、山泥傾瀉等阻礙行車的情況，再判斷不同路線恢復行車的次序和時間。

九巴開辦初期，面對了種種天災人禍的試煉，一面發展一面累積營運經驗。不過挑戰不限於此，它在九龍獨家經營的時代很快便結束，因為新的經營者——啟德巴士和中巴在 1923 年陸續出現，九龍即將變成群雄逐鹿的局面。

---

1 "Kowloon Motor Bus Service. Kowloon Residents' Association' s Scheme not Favoured" , *South China Morning Post*, 1921-06-11.

2 "At Long Last. Buses for Kowloon" , *The China Mail*, 1921-07-27.

3 "Kowloon Bus Service. Private Company' s Venture" , *The Hong Kong Telegraph*, 1921-11-03.

4 "Motor-Bus Service for Kowloon. The Preparations" , *Hong Kong Daily Press*, 1921-11-18.

5 "At Long Last. Buses for Kowloon" , *The China Mail*, 1921-07-27.

6 "Kowloon Bus Service. Private Company' s Venture" , *The Hong Kong Telegraph*, 1921-11-03.

7 "Motor Bus Service for Kowloon. The Preparations" , *Hong Kong Daily Press*, 1921-11-18.

8 "Kowloon Motor Bus Inaugural Ceremony" , *South China Morning Post*, 1921-11-28.

9 Davis Mike, *The buses of Kowloon Motor Bus, The Bus Fleet History of The Kowloon Motor Bus Co (1933) LTD*, Surrey, DTS Publishing, 1995, p1.

10 2020 Ford Motor Company. (n.d.). *THE MODEL T*. Ford. Retrieved November 16, 2022, from https://corporate.ford.com/articles/history/the-model-t.html

11 Ibid.

12 *Ford Model TT truck*. National Museum of Transportation. (2020, June 11). Retrieved November 16, 2022, from https://tnmot.org/collection/ford-model-tt-truck/

13「承投官地」，*香港華字日報*，1921 年 9 月 15 日。

14 "The Kowloon Motor Bus Company Limited. Time Table", *Hong Kong Telegraph*, 1922-04-13.

15 "Kowloon Bus Service", *Hong Kong Daily Press*, 1925-07-08.

16 "Kowloon Motor Buses on Fire", *Hong Kong Daily Press*, 1922-02-06.

17「九龍汽車載客逾額被罰」，*香港華字日報*，1922 年 11 月 1 日。

18 "Kowloon Motor Bus Company Sued for Damages," *Hong Kong Daily Press*, 1923-02-08.

19 John M. Carroll, *A Concise History of Hong Kong*, Hong Kong. Hong Kong University Press, 2007, p96.

20 陳昕、郭志坤主編，*香港全紀錄卷一遠古至 1959 年*，香港，中華書局（香港）有限公司，1997，頁 167-168。

21 湯開建、蕭國健、陳佳榮，*香港 6000 年*，香港，麒麟書業有限公司，1998，頁 388-390。

22「九龍汽車工人又罷工」，*香港華字日報*，1922 年 6 月 23 日。

23 "Kowloon Motor Bus. No Service Today", *Hong Kong Daily Press*, 1922-06-22.

24 陳昕、郭志坤主編，*香港全紀錄卷一遠古至 1959 年*，香港，中華書局（香港）有限公司，1997，頁 397。

25 "In Kowloon. Nathan Road a Bewildering Sight", *Hong Kong Daily Press*, 1923-08-20.

Chapter 5

戰國時代

1920 年代初期，政府大力開闢道路網絡，汽車業爆發式成長，提供不同檔次及運輸模式的選擇。而廉價的巴士服務，就更加廣受市民大眾歡迎。九巴的試驗成功後，在 1923 年九龍及新界共有三間巴士公司加入戰團，分別是啟德、中巴和振興。此外，這幾年間民意急劇逆轉，由支持興建電車系統到反對，政府的招標計劃最後無疾而終，電車亦從此緣盡九龍。

本章先回顧道路網絡的發展，然後探討不同檔次機動汽車服務的生態、駕駛訓練方式，然後介紹巴士業的新經營者，以及概述政府放棄在九龍開辦電車的經過。

汽車交通飛躍生長

在介紹九龍及新界區的新巴士公司前，我們先看看為什麼他們全部在短短幾年內出現。其實汽車運輸業發展有兩個元素：一是道路網絡完備，二是汽車產業本身興盛，兩個因素都在 1920 年代初期齊集，帶動汽車運輸業進入百花盛放時代，引來很多人對經營巴士的興趣，包括九龍的啟德、中巴及新界的振興。

道路網絡驕人成就

上文說過，港督司徒拔大力發展基建，並建立道路網。結果，他任內完成了一個貫通港島及九龍新界的全境公路網絡，包括 1922 年建成環繞新界公路的最後一段、1923 年筲箕灣至石澳的公路通車、1924 年黃泥涌峽至淺水灣公路和經皇后大道東至山頂的公路落成[1]。從這時起，不同地區已經有基本的道路連接，令到區域之間的交往更便利，有利社會、經濟發展。

截至 1925 年，香港九龍及新界已經建成超過 160 英里的汽車道路，比十年前翻了一倍[2]。道路的開闢，令到本來遙不可及的地方，驟變咫尺之遙，而高質素的道路網，亦令香港贏得國際讚譽。

1925 年一份報章比較過去 20 年汽車道路的興建速度後作出讚美：「如果數一樣東西最值得香港驕傲的，必定是汽車道路網絡無疑。當我們知道興建工程有多艱鉅，更反映成就的偉大。」[3] 這不單是一個人的意見，類似的讚美在 1926 年一篇讀者來函也看得到：「香港的部分路面屬東方世界中最佳的，實在值得慶賀。」（The Colony can congratulate itself on having some of the best traffic road surfaces in the East.）[4] 原來到了 1920 年代中，香港的道路網已經有很大的發展，而且質素已經達到國際水平。

而另一點值得注意的是，九龍區道路的總長度已經超越港島區[5]，由於有道路代表有土地開發，並會帶動人口增長，對運輸業來說就意味著市場需求，因此九龍的道路網增加，表示九龍的交通服務將大有可為。

1905 至 1925 年香港汽車道路興建狀況比較

年份	哩數
1905	75
1915	80
1925	162（另有 12 哩在興建中）

1925 年不同地區汽車道路哩數比較

地區	哩數
港島	72
九龍	90

香港汽車產業形成

1920 年代，機械運輸在全球極速普及，亦見證了香港汽車行業興旺發展。汽車相關產業包括車輛銷售、租賃、停泊、維修清潔等，莫不如雨後春筍。單是汽車登記數量，就由 1920 年的 381 部急增至 1924 年的 1,256 部，五年間增幅超過兩倍多[6]，反映需求的旺盛。以下我們會看看當時報章上車輛專版的報導和廣告，了解汽車產業各個環節在 1920 年代中期之前的狀況。

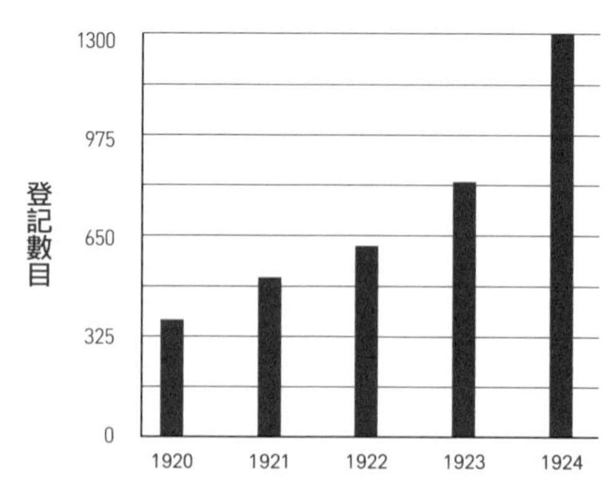

1920 至 1924 年之間香港汽車增幅超過兩倍

首先我們看看汽車銷售。有經濟能力的人，開始購買車輛代步，各大汽車品牌都在報章上大賣廣告，針對這一類高級消費者。透過廣告，我們知道在 1924 年，汽車售價視乎品牌、功能及大小而異，每輛由 1,000 元至四、五千元不等。如美國品牌的 Studebaker 汽車，售價 2,700 元，屬一般水平。

1924 年 7 月 14 日《華字日報》刊登香港大酒店的汽車銷售廣告，當時香港大酒店也經營汽車買賣。一輛美製 Studebaker 型號六座位汽車，售 2,700 元。

要成為有車階級，除了購買汽車的金錢之外，若想要找地方停泊，以及請專人打理，每月另外還要付出一筆額外花費。報章上經常有不同類型車輛服務的廣告，例如一張廣告顯示泊車和清潔的費用要每個月 20 元，已超過普通人一個月的工資了。

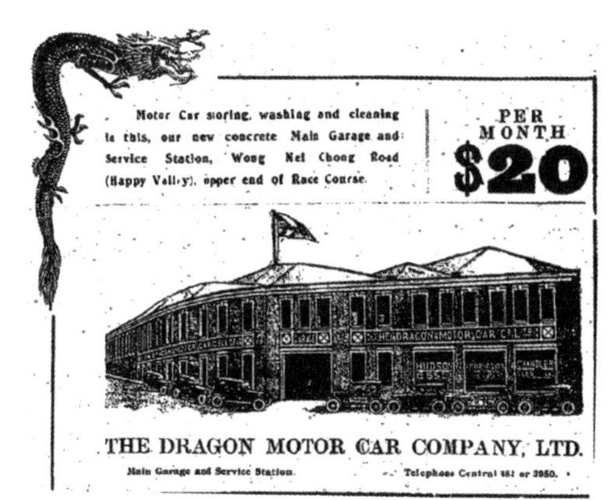

1923 年 6 月 12 日飛龍汽車有限公司在《孖剌西報》上刊登的廣告，顯示其車房設在黃泥涌道跑馬地上端，可以作停放汽車及洗車抹車之用，每月租金 20 元。

有些人財政能力稍遜，無法養得起一部車；又有些人無須經常用車，只想偶爾享受一下遊車河的樂趣；或者有個別情況需要用車輛搬運貨物，對於這一類人，他們會選擇租賃汽車。在 1920 年代出租汽車的業務非常普遍，很多車行都會提供這種服務。租一輛一噸重的汽車，每小時需要 4 元半，三噸重較大型的汽車每小時租金 8 元半，為不同情況需要用車的人，提供更大的靈活性。

要享用汽車服務，除了自己購買或租賃汽車外，不懂駕車或中下階層的人會選擇計程車。當時的香港已經有計程車服務，採取按錶收費方式，與現在的的士經營方法相同。

1924 年 7 月 14 日《華字日報》刊登汽車租賃廣告，租金為每小時 4.5 元起。

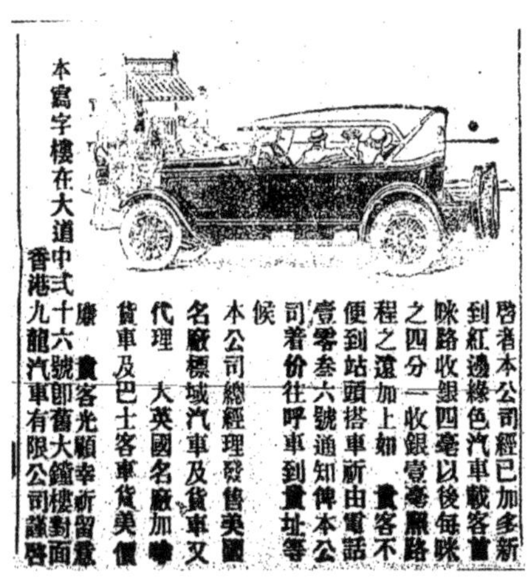

1924 年 7 月 14 日《華字日報》刊登一家名叫香港九巴汽車有限公司的廣告。該公司除了汽車銷售外，亦經營按錶收費的計程車服務，首咪收 4 毫，以後每 1/4 咪收一毫，正好顯示當時的收費水平。

總之在幾年之間，香港已經出現不同價位、不同檔次的機動汽車服務。由於有汽車自然需要有人駕駛，所以對駕駛訓練的需求也急劇上升，在 1924 年，即汽車登記數量飆升的那一年，學車和輪候考車牌的人大排長龍，警方被批評考核速度過慢，警察司胡樂甫（Mr. E. D. C. Wolfe, Captain Superintendent of Police）要親自回應傳媒，解釋輪候時間長是由於人數太多，他形容華人對於當汽車司機的興趣，簡直到達瘋狂狀態（a mad rush on the part of Chinese to become motor drivers）[7]。從他的話我們可以想像到，當年很多人對考取車牌趨之若鶩。當然絕大多數華人並沒有能力自己擁有一輛私家車，他們學習駕駛是為了學一門手藝，掌握之後能夠當職業司機，賺取可觀的收入。從上一章我們知道 1921 年巴士司機月薪已有 40 元，比普通藍領每月十多元的工資，已經高出很多倍，所以學車人數與汽車數量增長成正比是很合理的。

究竟汽車業剛發展的時候，人們是怎樣學習駕駛的呢？原來一般車行會安排訓練課程，由於他們要推廣汽車銷售和租賃，當然會提供一條龍服務[8]。在 1924 年整個學習課程為期十小時，收費是每小時 5 元，也就是說要考取駕駛執照，即使一次合格，最基本也需要花費 50 元，等如汽車司機一個多月薪金。當然「小財不出，大財不入」，如果考取到駕駛執照便前途無限，收入也有保障，所以司機的確是不少人夢寐以求的職業。

當時，港島的學員局限於跑馬地區學習，懂得基本操控後，才容許在上午 6 至 9 時在其他路面行駛。而九龍方面，學員只能在漆咸道和加士居道學習。從這樣的安排，可見政府在汽車業開始發展時，規管駕駛訓練和考牌的制度已具雛形，主要讓學習者在交通流量少的地方學習基本操控技巧，之後再在路面行駛，操練臨場應對。這個原則和現在的駕駛訓練方式大同小異。

我們看到機動運輸行業罕有地在幾年間急速膨脹，周邊配套要素亦齊備，有四通八達而優質的道路網絡、不同類型的汽車供購買或租賃，也有駕駛員或司機的培訓，可見當時的社會對現代化交通的需求是多麼強勁，跨越不同社會階層。而對於最基層的人來說，他們的需求，要靠巴士服務來體現。

巴士業群雄並起

啟德巴士成為九龍第二

對於普羅大眾來說，私家車、租賃車、的士當然都無法負擔，巴士才是他們的選擇。創辦於 1921 年的九巴，規模仍然細小，難以滿足不斷增長的九龍人口需求，也就是說巴士市場仍未飽和，其他經營者還有一展身手的機會。這個背景之下，九龍第二家巴士公司——啟德汽車公司（Kai Tack Motor Bus Co. Ltd）在 1923 年 5 月初進入市場[9]。

它隸屬於啟德營業有限公司（Kai Tack Land Investment Co. Ltd），車隊由六部巴士組成，規模比九巴小[10]，車身全部髹上綠色，有別於九巴的紅色與米色。啟德巴士只營運一條路線，每十分鐘一班，由尖沙咀碼頭出發，經油麻地、紅磡，以九龍城為終點站，正好反映它服務啟德發展項目的本質。

那麼啟德營業有限公司又是什麼背景呢？它就是九龍灣填海計劃的發展商，我們現在所知的啟德機場及其後的啟德發展區，都源於此。1911 年辛亥革命之後，中國政治動盪，內地不少富豪紛紛移居香港，香港著名政商界領袖、定例局（今立法會）成員、醫生、律師兼孫中山在西醫書院的老師何啟[11]，其姻親兼地產商區德[12]，連同著名律師曹善允[13]及名人黃廣田等，提出以何啟、區德二人命名一個九龍灣填海建屋計劃——啟德濱，目的是鼓勵在港島居住的高級華人移居至此，以舒緩港島的擠迫，亦希望吸引廣東的富裕人士來香港定居，投資置業。公司大部分由廣東藉的華人持股，可以反映出他們的目標對象。

可是計劃於何啟去世（1914 年）後，才在 1915 年底獲得政府批准[14]，根據計劃，發展商負責填海、整治明渠、建築道路、興建海堤，之後建屋，而政府則負責鋪設水管及污水渠。工程計劃非常浩大，以當時價格去計算，單是填海部分已經需要 110 萬港元。至 1916 年工程開始時，發展商預計要填海產生 1,200 萬平方呎土地[15]。這是個野心大的計劃，不是幾個股東可以獨力完成，所以他們必須盡一切辦法吸引準買家投資。我們從報紙上刊登的廣告可見，目標對象涵蓋住客或者投資工廠的企業家。

《香港華字日報》1919 年刊登一則關於出售或出租啟德濱用地的廣告，以資本家、實業家，和營業家為對象。由於何啟已逝世，廣告列出區德（區澤民）為公司眾董事之首。

除了賣廣告，更實際的「吸客」辦法，當然是提供完善的基建配套，因此公司在 1923 年決定自行開辦啟德汽車公司。情形有點像現在位置比較偏遠的屋苑，為吸引買家，都會提供接駁邨巴服務。

然而啟德巴士的創辦人是地產發展商，巴士公司只是發展項目的附庸。由於創辦人並沒有營運巴士的實際經驗，所以只有從外面找人回來管理，可是管理團隊更替比較頻密，而且紀律不甚嚴明，成為公司其中一人個隱憂。

啟德巴士創辦初期，主管營運的是一名年輕的英藉經理 R. Earnshaw。他原任職警隊，負責過交通管理，1923 年跳槽啟德，當年才 23 歲，但在任只有一年多便離開[16]，對一間新機構來說無疑是一個打擊。即使他在任期間，也未能夠建立良好的管理制度，因為他是一個追求速度、愛冒險的年輕人，做事比較率性，我們看他在報章法庭版出現的細節，就能反映出他的行事和管理作風。

比如他在 1924 年 5 月，曾因非法儲存 364 加侖汽油而被檢控，他在法庭上承認控罪，但解釋公司每日只有在早上儲存汽油一兩小時，目的是替巴士入油，好等巴士出發營業，而他們曾為此申請牌照，只是不獲政府批准。警方則解釋儲存的位置上面是民居，故不能批准。法官雖然同情啟德巴士公司面對的兩難局面，但也判罰款 5 元[17]。從這則報導可以看到，啟德巴士初創之時比較「山寨」，廠房竟設在民居下，這亦反映出當時一般企業普遍安全意識不足，當然 Earnshaw 本人做事也存有僥倖心態。

另一個個案就純粹是他個人問題。兩個月後他又上法庭[18]，這次被指接近午夜時分駕車在彌敦道，連續超越了三架巴士，被控魯莽及疏忽駕駛汽車，判罰 5 元。當時正是戲院散場，街上有很多路人，他作為巴士公司負責人及前警員，自己卻不遵守交通規則，可見駕駛態度不夠謹慎。而他的個人風格，對公司管理也許有所影響，以致啟德員工在紀律方面較為鬆弛，時常因不同理由被法官判罰或被投訴。

有次一名乘客在讀者來函中投訴員工態度[19]，說有一晚看見一輛啟德巴士，其頭等座位完全被該公司其他司機及售票員霸佔，旁邊還有一名約 15 歲左右沒有買車票的女孩一同遊車河，沿途高聲談笑，旁若無人，前後有幾名乘客欲上前坐頭等，也被他們拒絕。這個事例涉及員工紀律、公司形象、顧客服務及車票收益方面的問題，當時 R. Earnshaw 仍任職啟德管理層，但看來他似乎未能夠好好監察員工的服務及紀律。

他離開啟德之後，巴士公司由董事總經理黃廣田負責。他是當時政商界名人，既是潔淨局（市政局前身）華人代表議員，又是整個啟德濱發展計劃的負責人，也許無暇理會巴士公司的具體營運細節，所以啟德仍然經常因員工態度等問題引起批評或者被警方控告。

例如在 1924 年 11 月 30 日便發生了一宗當時非常哄動的巴士意外，一輛啟德巴士在九龍城道一條橋上行駛時，司機和稽查在爭論巴士機件問題，稽查叫司機起來讓他駕駛，兩人爭執之間，巴士突然失控從橋上掉下河中。一名 70 歲男乘客當場死亡，另外五名乘客受傷[20]。結果司機和稽查分別被控誤殺罪名成立，被判入獄 18 個月。

由於巴士服務只是整個啟德濱發展計劃中的一個配套，它的成功與否很大程度上取決於主體計劃的成敗。發展商的重點當然是處理土地開發相關的問題，雖然計劃的主事人全部是社會上響噹噹的人物，無奈分身乏術，難以全心投入巴士的日常管理;此外它以九龍城為服務中心，與其他巴士公司相比，市場比較狹窄，這都是經營不利之處。話雖如此，我們不能說啟德巴士無心經營，它在投資車隊、引進新巴士方面非常積極，這一點在本章中稍後部分會再作介紹。

中巴亦步亦趨

啟德巴士成立後不到幾個月，第三間巴士公司又面世，這一次輪到我們熟悉的中巴。開始時它的全名是中華街坊汽車（一般稱為中華巴士或中巴），關於它成立的報導，最早見於 1923 年 8 月 3 日[21]，當時《南華早報》透露，它的經營者來自一間人力車公司，鑑於生意大不如前，負責人決定不如接受新挑戰，轉攻巴士市場。

報導所說的人力車公司負責人，便是我們所知道的中巴創辦人顏成坤，他早年經營人力車的事跡，在一則警方於 1921 年發出的通告上可找到佐證。通告[22]列出九龍五個人力車分區，分別是尖沙咀警區、油麻地警區、深水埗及旺角警區、紅磡警區及九龍城警區，並提供各區召喚人力車的電話，目的是方便市民在緊急情況，或者在路邊的人力車站找不到車時可以使用。通告上尖沙咀警區的電話，就是安裝在顏成坤的人力車公司（Telephone for this district is installed in Ngan Shing Kwan's Jinricksha Depot），而該公司位於廣東道 112 號。兩年之後，他就由經營人力車變成經營巴士了。

由此可見，中巴的性質與啟德不同，後者是為了開發樓盤而經營巴士，本身沒有相關經驗，而中巴創辦人則是來自運輸界，對乘客分佈、地區特色、人事及車隊管理有實際經驗，營運巴士可說是升級轉型，在原有業務基礎上，加了一層科技元素。

中巴是在1923年9月3日創辦[23]，《南華早報》有一段小報導，說公司總部位於紅磡，車隊共有六部巴士。報導說在開幕儀式之後，公司派出新巴士掛上彩旗作裝飾，整個下午接載大批市民前往九龍不同地區遊車河。中巴車隊的數目與啟德一樣，都是六部，比九巴開始時的九部為少。它在開幕禮後也高調舉辦巴士巡遊，當然是為了宣傳，讓市民知道中巴已經開業。巴士就是一塊流動廣告牌，有時比其他宣傳方法更奏效。

中巴已是九龍的第三間巴士公司，報章對它的關注程度自然不能和九巴創辦時相比，不過美國福特車廠在香港的官方代理Andrew Harper當時特別讚賞中華巴士，他說：「九龍已經出現外型上比得上電車的巴士，這間公司雖然只是經營了短短一段時間，但似乎比其他公司更有遠見，交通管理最為完善。他們一定會繼續改良巴士款式，配合乘客需要。」[24]比對同一時段各家巴士公司的表現，亦可以發現中華巴士最少因交通意外或違例等情況而見報，與啟德剛剛相反，這也印證了Andrew Harper指中華巴士的管理最為完善之說。

G. R.

POLICE NOTICE.

Hire of Public Vehicles.

THE PUBLIC are hereby notified that KOWLOON and NEW KOWLOON will in future be divided into 5 Districts to enable the public to obtain PUBLIC JINRICKSHAS in an emergency or when such are not available on the Public Jinricksha Stands:—

District No 1.
Tsim Sha Tsui Police District. Telephone for this district is installed in Ngan Shing Kwan's Jinricksha Depot at No. 112, Canton Road. Telephone No. K 11.

District No. 2.
Yaumati Police District. Telephone for this district is installed in Ngan Luk's Jinricksha Depot at No. 142, Canton Road. Telephone No. K 71.

District No. 3.
Sham Shui Po & Mong Kok Police Districts. Telephone for these districts is installed in Mow Fung's Jinricksha Depot at 38, Portland Street. Telephone No. K 361.

District No. 4.
Hung Hom Police District. Telephone for this district is installed in Chan Chau Iu Ting's Jinricksha Depot at 41, Cook Street. Telephone No. K 527.

District No. 5.
Kowloon City Police District. Telephone for this district is installed in Chau Iu Ting's Jinricksha Depot at No. 41, Cook Street. Telephone No. K 527

The Public are strongly advised to impress on their employees the Telephone Number of the Jinricksha Depot nearest to their own premises so that no time may be lost in getting jinrickshas. Should there be no jinricksha available in any particular Jinricksha Depot the foreman of such Depot has instruction to pass the message on to the next Depot and ensure that a ricksha is sent.

E. D. C. WOLFE,
Captain Superintendent of Police.

Hongkong, June 16th, 1921. 1084

1921年6月23日《孖剌西報》刊登警方通告，列出九龍五個分區人力車公司的負責人資料，其中第一區，即尖沙咀區的人力車公司負責人便是顏成坤（見紅色底線）。

現在介紹一下中巴創辦人顏成坤的資料。他是廣東潮陽人士，1937 年出版的《香港華人名人史略》也收錄了介紹他的專條 [25]。根據內文描述推斷，他生於 1900 年，經營人力車公司時只有 21 歲，創辦中華巴士時亦只有 23 歲。作者吳醒濂形容他「美丰儀、優品格、冰雪聰明」，且「性格豪爽、當人不讓、為人勇於任事」。看來，在作者眼中，顏成坤是一個有能力、有魅力的領袖型人物，大有英雄出少年的風采。

還有一點特別之處是，作者說他曾經追隨孫中山：「富國家思想……早歲曾致力救國工作，追隨孫總理有年。」雖然作者沒有指明顏成坤如何參與孫中山的革命事業，但從時間上看，他有可能於上海求學時期與當時在上海的孫中山有交集，又或者在孫中山南下廣州進行護法運動期間相識。無論如何，這段經歷，令他的背景多了一份傳奇性。不過自從他重回香港以後，便一直投身交通運輸行業。

顏成坤年紀輕輕已經展現出過人的能力和魅力，很短時間內已經成為華人領袖，在上流社會圈子裡很吃得開。從以下他結婚之喜的報章報導，可以顯示出他的社會和經濟地位。

1927 年 6 月，他於香港堅尼地道佑寧堂與黃亦梅結婚，所有中英文報紙均以專文報導，形容為華人圈子裡面的盛事 [26]，並介紹了更多關於他的背景：包括他是家中獨子，父親已過身；他畢業於上海聖約翰大學，除了創辦中巴，多年來也從事廣華醫院的慈善事業，並於 1927 年當上主席，同年亦是南華體育會的副主席。別忘了他當年只有 27 歲，已經憑自己本領創出一番事業，更在華人慈善圈子中嶄露頭角，可見他有過人本領。

相對於著墨顏成坤的個人成就，報導對於女方的描述重點在於其家世，說

「女方來自一個廣受華人尊崇的家庭，是黃炳純[27]的五女兒」。事實上，其父黃炳純乃當時社會有頭有面之人，曾任廣華醫院總理和紅磡公立醫局副主席。不止如此，黃炳純亦是四邑輪船公司創辦人，縱橫航運界數十年，在船務運輸業甚有影響力。黃炳純的兒子黃耀南亦與顏成坤一起經營中巴，因此這次婚禮強化了海陸運輸界精英的聯繫。

說回關於顏黃婚禮的報導，報章描述在教堂儀式結束之後，一對新人馬上移步到堅尼地道一處場所舉行茶會及舞會，招待賓客，連警方也十分重視這場婚禮，總幫辦特別派出印差四名前往守護，華民署亦派出更練兩名前往[28]，足見婚禮的盛大和矚目程度。接著新人於夜晚 8 時假中環華人行天台的著名「南唐酒家」開設中式酒席，款宴親友，不少外籍人士也出席送上祝福，至此整個婚禮才告禮成。從這一場由早至夜、中西合璧、更換三個場景，更由警員守護的婚禮，可見他的人面之廣，在社會工作才幾年，便建立了深厚的人脈關係。

婚禮還有一個像八卦新聞的花邊報導，就是各方好友送贈的過百份禮物的清單[29]，原來賀禮包括新娘父母送贈鑽石耳環及襟針予新娘、鑽石領帶別針予新郎；新娘及新郎互相送贈金錶及鑽石手鏈；新郎叔父送金鈪予新娘、金墨水筆予新郎；新娘哥哥則送鑽石手鏈予新娘。其他賓客的賀禮包括香煙盒，檯燈、銀器餐具、銀器擺設、絲綢、繡花手帕、繡花枕頭、大理石雕刻、玻璃擺件、象牙相框、戒指、手錶等……，全部列出致送者姓名及禮物種類，長長的賀禮單起碼超過 100 個條目。從報導的詳盡描述，可以窺探婚禮的豪華和氣派，亦襯托出其時顏成坤的社會地位已十分顯赫。

顏成坤結婚時 27 歲，已經白手興家，擁有自己的生意之餘，亦透過參與慈善及體育組織，在不同領域開展影響力，而與黃家的姻親關係對他提升社會地位及業務方面都有相得益彰的作用。

鄉郊巴士公司草草出場

接著介紹的是同樣於1923年開辦，由九龍開往新界的第一間巴士公司，名叫振興汽車公司（Chun Hing Motor Bus Company）[30]，但是它無論在規模和服務水準方面都不理想，所以很快便消失了。由於他畢竟是新界巴士的先驅，故在這裡也作介紹。

上文說過，九龍往新界的公路網絡已經於1922年落成，打通了陸上客貨運交通，往返兩地的常規性巴士服務亦在1923年底應運而生。

根據《香港華字日報》在1925年的一篇文章，振興公司廠房設在長沙灣，而總部則設在旺角上海街，資本11萬元，有巴士12輛。行車時間由早上8時由尖沙咀開出，經新界的屏山、上水、屯門、坳頭到元朗，每一小時至1.5小時開出一班，車程1.5小時至2小時，車輛較九龍的巴士略大，載客22人，車內並無等級的分別，一律收費5毫。特別之處是它竟是由女性售票。

我們看到，它的服務範圍就是現在說的大西北，即屯門、元朗一帶，那裡是當時新界區最發達、人口最集中的地點。它一開始便有12部巴士，規模不小，這是由於新界與九龍地理距離遠，要維持穩定的班次，巴士數目必然會比較多。

振興巴士的車輛維修及管理有欠妥善，報章經常報導它發生交通意外或被判罰等消息。例如振興巴士往往有超載的問題，而且中途經常壞車，需要停車修理，一修30分鐘。由於沿路高低不平，又多曲折，本已有一定危險性，加上司機安全意識不足，明明路段限速每小時 12 哩，司機卻常常因附近警察不多而超速行駛，所以意外率很高。

然而振興巴士的乘客對巴士意外好像習以為常，乘客沿途會興致勃勃地指向窗外，說某處曾撞車、某處曾經失事，看似閒話家常。

1924 年 4 月 6 日，振興巴士發生了一宗導致四人死亡、多人受傷的重大慘劇[31]。當日下午，巴士由尖沙咀載著 21 名乘客出發，經過屯門新墟後不久，在一條小橋上遇到由元朗墟返回九龍的另一輛振興巴士，雙方都是全速行駛，收掣不及而相撞，由於衝擊力大，兩架巴士車身破碎，車中乘客互相踐踏，有的跌倒在地，亦有乘客被機件彈傷。同一天，另有一部巴士發生意外，車上載有學徒四人，往新界學習駕駛，駛至青龍頭時，巴士車身突然翻轉，斷裂成數截，四人同告輕傷。一日之間，竟有連環三輛巴士損毀！

除了這一天的重大傷亡交通意外，振興巴士的名字還時常伴隨著司機駕駛態度惡劣、巴士維修欠妥、機件故障引致意外等而在報章出現，之後沒多久便在報導中完全消失了。數年後，新界巴士服務又換上了其他巴士公司的名字，我們將在稍後再探討。

九巴積極開拓版圖

由於市場潛力龐大，吸引其他競爭者加入，九巴創立的頭兩年內，九龍區已經有啟德和中巴激烈競爭，九巴自然不敢怠慢，尤其著重網絡發展，並且在改善乘客體驗方面力求進步。

最早期的巴士車廂採用開放式設計，車廂只有幾條支架和欄杆，比較簡陋。

到了1923年初，九巴開始引進封閉式車廂。至1923年6月11日[32]，九巴已經有四條巴士線，形成一個基本網絡，覆蓋當時已發展的九龍地區。當日九巴正式為其不同路線編配1至4的號碼，並把路線牌設定成不同底色，方便乘客辨認。

九巴1至4號巴士線詳情

路線	路線牌顏色	目的地	走線
1	紅底黑字	尖沙咀—深水埗	經梳士巴利道、彌敦道、亞皆老街、上海街及荔枝角路
2	藍底黑字	油麻地—紅磡	經加士居路、漆咸道、寶其利街、大沽街，回程經蕪湖街
3	黃底黑字	紅磡—九龍城	經大沽街、沿九龍城道
4	綠底黑字	尖沙咀—九龍城	經梳士巴利道、彌敦道、加士居道、漆咸道、寶其利街、大沽街、九龍城道

此外，九巴看中新界的龐大市場潛力，所以與行走新界的振興巴士結盟，提供互相轉駁服務，免卻由單一巴士行走長途路線造成的資源壓力，令網絡更有效率，車隊調配彈性更高。九巴於1924年10月14日刊登廣告通知乘客此一安排[33]，為乘客提供更固定來往荔枝角及新界區的班次服務。九巴負責行走由尖沙咀開至荔枝角，而振興巴士將載客前往荃灣、葵涌、青山、上水及元朗。很明顯此舉有助九巴打通由九龍至新界各區的脈絡，將新界區的乘客匯聚到九巴的網絡去。

九巴由尖沙咀往荔枝角路線的班次時間表和車資，乘客可接駁振興的新界路線

時間	班次	票價
從上午6:30到10:00	30分鐘一班	頭等2毫 二等1毫
從上午10 :00下午6:00	15分鐘一班	
從下午6:00至晚上10:00	30分鐘一班	

九巴 1923 年的福特 T 型巴士，當時已經開始採用封閉式車廂。

巴士車款大演進

由於巴士大受乘客歡迎，當時輿論普遍認為美製的福特貨車已經不敷應用，巴士公司需要更大的巴士，以應付尖沙咀碼頭一帶的龐大乘客需要。有見英國巴士技術當時在世界上亦非常先進，故不少人認為香港應該從英國引進巴士。九龍的三間巴士公司在 1924 年左右，紛紛開始物色更優質、更舒適、載客量更大的巴士，替代福特 T 型貨車底盤的型號。

九巴——無法實現的建議

九巴於是在 1924 年 1 月向政府提出引進一款全新的大型巴士[34]——美國製的 White Bus，如果政府允許它願意引進 12 至 24 輛。

可是這款大型巴士每一輛重六噸，比當時一噸重的美國福特小型巴士高出很多，對路面承受力是一個挑戰，最後建議沒有獲得政府支持[35]，故此九巴只能在福特貨車底盤的基礎上作改善。

1924年九巴擬引進的 White Bus 車款的技術規格

底盤	White Chassis
產地	美國
載客量	40人
長度	20呎11.5吋
闊度	7呎2吋
高度	6呎3吋
重量	3,240磅
總重量(載客)	13,440磅(6噸)
馬力	50 hp
座椅	Hale and Kilburn 軟墊藤椅
輪胎	16.5呎軸距、Budd Michelin 圓盤鋼可互換車輪、36 x 6 單前雙後輪胎、引擎驅動的自動輪胎充氣機
照明	Leece-Neville 12伏照明系統
啟動設備	Leece-Neville 12伏啟動設備
其他特色	Westinghouse 西屋電流表、四缸發動機、Elgin Van-Siclen 速度錶、taxometer recordograph、專利通風系統、現代化照明、車頭綠燈、電動車旁燈、尾燈、停車訊號

啟德——九龍首輛英國大巴

九龍區第一輛英國製巴士是由啟德汽車於1924年6月引進的，底盤製造商是丹尼士車廠（Messrs Dennis Bros. of Guildford），是英國歷史最悠久的汽車工程公司。啟德還特地在6月21日招待傳媒預覽，參加的《士蔑報》[36]記者事後在報導中掩蓋不了歡欣的情緒，認為它達到了最高標準，並由心而發感謝啟德汽車公司引進這種嶄新改善，希望這個小開始會發展成大趨勢（Thanks are due to the Kai Tack Motor Bus Co. Ltd for initiating this up to date improvement and it is to be hoped that this new bus is out the forerunner of a large fleet）。上文說過，雖然啟德管理手法欠佳，但是它在投資購買新巴士方面是絕不吝嗇的，引進首輛英國大巴士便是明證。

1924 年由啟德引進的九龍區首輛英國製造巴士的技術規格

底盤	Messrs Dennis Bros. of Guildford
車身	Kowloon Dock Co.
產地	英國
年份	1924
載客量	30（頭等 8 人，二等 22 人）
車廂	頭二等有間隔分開，中間有門
車門	頭等在巴士前方上車，二等則在後邊上車
座椅	頭等較寬敞，採用皮製軟墊座椅
引擎	30/50 馬力，4 缸 105x150，帶有高壓防水磁電機
後軸傳動	蝸杆傳動 worm dive
變速箱	配有 4 個前進檔和一個倒車檔。在第 4 速直接驅動
轉向系統	Phosphor bronze worm wheel sector
輪胎	Goodyear 單前雙後橡膠輪胎
其他特色	手掣採用擴展式、腳掣採用鼓式制動器。Hand brakes are of the expanding type and are compensated, foot brake acts on a drum behind the gear box
路線	尖沙咀至九龍城

中巴——緊接進入英國巴士時代

中巴則看中另一間英國著名汽車製造商 Thornycroft 的巴士[37]，並透過香港大酒店汽車部引進。Thornycroft 的出品以豪華且極其舒適著稱，《士蔑報》

記者在1924年11月15日參觀及試車後又是一番讚嘆：「看到如此精彩的巴士投入九龍的交通路線，真是令人欣喜！」（It is indeed gratifying to see such a splendid type of vehicle placed on the Colony's traffic routes.）報導說這款新巴士在同年11月下旬便會投入服務，行走尖沙咀至深水埗。

中巴1924年引進的Thornycroft巴士技術規格

底盤	Thornycroft
產地	英國
年份	1924
長闊高度	長24呎、闊7呎、內部高度5呎10吋
載客量	28（頭等9人，二等18人）
車廂	前後兩部分組成
車門	前、後及側門
座椅	頭等有軟墊、二等木板條型
通風	頂部設通風窗
車窗	主窗裝有彈簧滑動裝置，乘客可開啟或關閉。備有太陽簾以供需要時使用。
照明	6盞電動圓頂燈
車輪	Dunlop充氣式36x6車胎，單前雙後排列
路線	尖沙咀經彌敦道至深水埗

從以上不同英國製巴士的規格可見，當時巴士科技的主要範圍，包括引擎、制動系統、變速系統、汽車輪胎、車廂配置，與1920年代初的型號相比已經成熟很多，乘車體驗亦更為舒適。儘管這些報導來自報紙的汽車特刊版，帶有一點商業意味，但從記者報導的語氣及行文之間禁不住的讚美，可見市民大眾對優質巴士是有所期待的。

電車線盡九龍

九龍電車計劃曝光

早期的九龍居民期望九龍也能像港島一樣，擁有電車系統，作為現代化的象徵。即使在 1921 年九巴誕生之後，不少人仍然認為巴士是臨時性質，九龍需要更加有效率的交通系統。1922 年 3 月，九龍居民協會時任主席 C. A. da Roza[38] 便希望政府認真考慮，引進現代化的電車服務，認為當時電車已經在香港島行駛至鰂魚涌及筲箕灣等偏遠地區，沒有可能在九龍區不能興建一條連接深水埗、旺角、油麻地、紅磡、九龍城等地的電車系統。顯然電車才是當時九龍人的心頭好，巴士只是應燃眉之急罷了。

終於政府在 1923 年 7 月 27 日刊登憲報[39]，招標興建九龍電車系統，計劃內容如下[40]：

> 興建多條路線，涵蓋九龍主要道路，由尖沙咀至深水埗及九龍城，另外設有油麻地至紅磡及旺角至九龍城的接駁線，還有一條線路服務九龍塘一帶。計劃將包括興建幾條新道路以作配合。車軌全部由政府興建，其中三條主幹線將於 1925 年 12 月 31 日之前完成，然後交由中標者營運。中標者需自行興建發電站、維修設施、提供電車車廂，政府只負責興建路軌。電車需要每天早上 5 時半至晚上 11 半時提供服務。

> 港督司徒拔在 1923 年 10 月 4 日公佈的財政預算案[41]中，預留了 1 萬元作為鋪設九龍的電車軌道之用。但他隨即補充，「如果電車招標的效果不滿意，則港府會制定步驟，為九龍及新九龍（界限街以北至獅子山）提供有固定路線及固定收費的可靠巴士服務」（If it should happen that satisfactory

tenders in respect of a tramway service are not forthcoming, steps will be taken to establish a reliable service of motor vehicles running to schedule and at fixed fares to all parts of Kowloon and New Kowloon.）

從上文可見，政府認同為九龍交通提供終極解決方案的迫切性，只是取態方面有點模棱兩可。它一方面為電車服務招標及批出建路軌費用，另一方面卻急不及待地預告，一旦招標效果不理想，就會發展巴士服務，使人很懷疑它對興建電車有多大誠意。

民意極速轉向

行政局非官守議員普樂（Sir Henry Edward Pollock）在 1923 年 10 月 18 日的定例局會議上公開表示，他對在九龍興建電車的態度已由支持變反對[42]，這無疑投下深水炸彈，令輿論扭轉方向。他指出在倫敦和其他大城市，公共巴士已經陸續取代電車了（Bus has been driving out the Tram），並力舉巴士比電車的三大優勝之處：（一）它是自由運行，無需捆綁到任何固定軌道；（二）它比軌道電車更快；（三）它噪音更小。他補充說，興建有軌電車的另一缺點，是會阻礙其他汽車交通的運作。

當時社會上就電車及巴士的比較作了很多討論，兩者的支持度隨時間推移全面逆轉，從早期電車佔先，變成後期巴士佔壓倒性優勢。

1923 年 11 月 3 號《士蔑報》刊登一篇特稿[43]，深入探討電車及巴士的優劣，在普樂觀點的基礎之上，進一步分析電車的缺點，包括（一）九龍的街道下面鋪設了污水管及其他公共設施，如果修建電車軌，便要將這些喉管挖起，重置別處；（二）興建架空電纜需要剪去彌敦道部分樹木；（三）油麻地、深水埗、九龍城、紅磡已陸續發展成工商業中心，電車的出現恐怕會帶來滋擾多於好處。作者認為1902年興建的電車系統已經是一種過時的交通工具，機械驅動的車輛才是當代之選。

文章呼籲政府不要再浪費時間金錢進行招標，應當機立斷，棄電車而取巴士，並集中精力提升巴士服務，例如規管巴士公司之間的惡性競爭，確保提供更頻密及固定的班次。

1924年2月，連九龍居民協會[44]都轉舵了，它向會員作出諮詢，收集他們對電車的意見後，決定致函政府，明確表達立場，該會不希望政府在九龍興建電車系統。由贊成至反對，前後不到兩年，在這兩年裡，九龍的巴士服務由只有九巴一家，發展為九巴、啟德、中巴三家鼎立，顯然九龍居民在體驗過巴士服務之後，更加喜歡巴士的靈活性，巴士公司正引進更舒適、更現代化的巴士，加上這是國際趨勢，因此九龍居民不想再受電車的路軌束縛了。

1924年6月，九龍居民協會接獲政府回覆[45,46]，指政府已擱置在九龍發展電車的構想（The Government does not propose to proceed with the establishment of a tramway system），一場喧鬧擾攘的辯論至此結束。大局底定，九龍交通的未來數十年將由巴士主導，電車已經不再是一個選項了。

---

1 湯開建、蕭國健、陳佳榮，*香港6000年*，香港，麒麟書業有限公司，1998，頁411。

2 “Hong Kong’s Motor Roads More than Doubled in Ten years”, *The Hong Kong Telegraph*, 1925-05-16.

3 Ibid.

4 “The Shekko Road”, *The Hong Kong Telegraph*, 1926-05-22.

5 Ibid.

6 *Reports of the Captain Superintendent of Police and of the Superintendent of Fire Brigade, Administrative reports for the year 1920 to 1925*, Hong Kong Government Reports Online.

7 "Hong Kong' s Motor Drivers, Restriction of Learner' s Licences" , *The Hong Kong Telegraph*, 1924-05-12.

8 "Another Motorists' Criticisms" , *The Hong Kong Telegraph*, 1924-05-14.

9 "Local & General" , *South China Morning Post*, 1923-04-23.

10 "Local & General" , *South China Morning Post*, 1923-05-02.

11 Carroll, John M, *Ho Kai*, May Holdsworth, & Christopher Munn (ed), *Dictionary of Hong Kong Biography*, 2012, Hong Kong, Hong Kong University Press, p188-189.

12 Lo, York, *Au Tack*, May Holdsworth & Christopher Munn (ed), *Dictionary of Hong Kong Biography*, 2012, Hong Kong, Hong Kong University Press, p11.

13 吳醒濂，*香港華人名人史略*，香港，五洲書局，1937，頁22。

14 Correspondence relating to the Kowloon Bay Reclamation Scheme, *Papers laid before the Legislative Council of Hongkong 1916*, (Hong Kong Government Reports Online), p47.

15 "Kai Tack Works" , *The Hong Kong Telegraph*, 1927-07-28.

16 "Notice" , *South China Morning Post*, 1924-09-17.

17 "Storing Petrol" , *Hong Kong Daily Press*, 1924-05-15.

18 "Motor Prosecutions" , *South China Morning Post*, 1924-07-01.

19 "Those Kowloon Buses" , *South China Morning Post*, 1924-07-04.

20 "Motor Bus Men sent to Gaol for Manslaughter" , *The Hong Kong Telegraph*, 1925-01-20.

21 "Motor Buses" , *South China Morning Post*, 1923-08-03.

22 "Police Notice" , *Hong Kong Daily Press*, 1921-06-23.

23 "Local and General" , *South China Morning Post*, 1923-09-03.

24 "Kowloon' s Trams" , *South China Morning Post*, 1924-01-25.

25 吳醒濂，*香港華人名人史略*，香港，五洲書局，1937，頁51。

26 "Local Wedding" , *South China Morning Post*, 1927-06-27；「結婚盛紀」，*香港華字日報*，1927年6月27日。

27「殷商黃炳純昨逝世」，*香港華字日報*，1936年9月24日。

28「結婚盛紀」，*香港華字日報*，1927年6月27日。

29 "Local Wedding" , *South China Morning Post*, 1927-06-27.

30「香江閒話」，*香港華字日報*, 1925-04-08.

31 "Fatal Bus Smash" , *The Hong Kong Telegraph*, 1924-04-07.

32 "Notice" , *South China Morning Post*, 1923-6-11.

33 "Laichikok Service" , *South China Morning Post*, 1924-10-14.

34 "The Kowloon Bus Service. Fine Six-Ton Vehicle Ready" , *South China Morning Post*, 1924-01-16.

35 "Kowloon' s Buses" , *South China Morning Post*, 1924-01-29.

36 "British Bus for Kowloon" , *The Hong Kong Telegraph*, 1924-06-21.

37 "Thornycroft Bus for Kowloon" , *The Hong Kong Telegraph*, 1924-11-15.

38 "Why not Tramways" , *Hong Kong Daily Press*, 1923-03-23.

39 *Tenders invited for the privilege of running and maintaining a tramway service, Kowloon, Hong Kong Government Gazette, Supplement, 27 July 1923* (Government Reports Online), p484.

40 "Kowloon's Trams" , *South China Morning Post*, 1923-07-30.

41 *Report of the Legislative Council Meeting on 4 October 1923*, (Government Reports Online), p119.

42 "Trams in Kowloon" , *South China Morning Post*, 1923-10-19.

43 "Trams V. Buses" , *The Hong Kong Telegraph*, 1923-11-3.

44 "Kowloon' s Needs" , *South China Morning Post*, 1924-2-23.

45 "Communications" , *South China Morning Post*, 1924-6-13.

46 "Tramways Shelved. Scheme Held Over" , *The China Mail*, 1924-06-07.

Chapter 6

規管下的競爭

汽車業在1920年代初欣欣向榮，1925至1926年卻爆發省港大罷工，嚴重拖垮香港賴以為生的貿易，並扭轉多年來高速發展的格局。第三章提過的九龍塘及啟德兩大發展項目，也受到不同程度的影響，牽連所及，九龍其中一家巴士公司——啟德巴士開始步向衰亡。1926年大罷工尾聲，政府選擇維持九龍原有巴士生態不變，但加強規管，及要求轉用英國巴士。趁規管換來的幾年平靜期，九巴和中巴乘時擴張，九巴更買地建新車廠，搶攻新界市場，作打長久戰的準備。

本章先介紹省港大罷工的經過、巴士公司如何應對、罷工對經濟的影響、政府規管巴士服務的新辦法，再看看巴士公司之間如何競爭。

省港大罷工擦身而過

20年代的香港工運此起彼落，非常熾熱。其中歷時最長、影響最深的要數1925年的省港大罷工，它重創香港的經濟支柱——航運業和進出口貿易。運輸業方面，天星小輪和電車都受到工潮影響，幸好巴士是新興行業，而且車隊規模小，司機是專業人士，工資高，要找人來替補不大困難，加上政府和巴士公司反應迅速，故可以安然過渡。

罷工封鎖　香港停擺

在討論巴士所受影響之前，先看看整個罷工的源起及發展經過。

省港大罷工[1,2]的導火線是1925年5月30日在上海發生的「五卅慘案」，當時學生及民眾正舉行反日示威，遊行至英國租界時被英軍開槍掃射，共有十多人死亡。慘劇引來全國聲援，香港民眾亦隨之而響應，舉行罷工罷課，不少人更前赴廣州參加當地的抗議活動。6月23日遊行隊伍經過廣州沙面的英國租界時，被英國水兵射擊及軍艦炮轟，造成52人死亡，是為「沙基慘案」。事件引起省港兩地居民極大憤怒，發展成針對英國帝國主義的運動。

在香港，參加罷工的骨幹有海員和電車工會，之後印刷、洋務、碼頭、煤炭、郵務、清潔、土木、洗衣、旅業、油漆、食品、煤氣、電器、家傭等各行業工人亦加入。至7月7日，罷工人數達25萬，當中有20萬人離開香港返回家鄉。

除了工人罷工外，廣州政府亦對香港加以封鎖，包括不供應糧食、抵制英國貨、不准英籍輪船進口；廣東對外出入口不再經香港，也不用英國輪船運載，外國商船曾停泊在香港的，亦不准駛上廣州。於是各國輪船公司紛紛改變航道，一些原先在香港經營的外商洋行亦遷往廣州經營，1925 年 11 月由香港或沙面遷到廣州內的外國商號有 80 多間[3]。

縱觀整個罷工過程，罷工者與香港政府之間不斷展開攻防戰，工會要干擾香港一切經濟活動，達到反帝國主義的目的，並組成糾察隊，阻止工人上班。而香港政府則盡量維持基本經濟有效運作，並打擊罷工組織及活動。

香港政府在 6 月 22 日頒佈戒嚴令，並將罷工者遞解出境、賦予警察權力隨時入屋搜查及拘留目標、禁止糧食、金銀及其他貨幣離境。為防止惡意破壞，港府派軍警保護水塘，保障食水安全；為確保運輸命脈，更派海軍駕駛天星小輪；此外，政府亦派陸軍協助巡邏街道，維持治安；由於不少學生罷課，學校提前放暑假，亦不定復課期。

政府亦組織英國及歐洲僑民組成志願組織，參與義務工作，維持市面基本運作。很多外籍女士到香港大酒店協助預備食物，在一些餐廳有歐洲女士充當侍應[4]。山頂居民協會亦組織婦女緊急委員會，為醫院的修女及病人提供膳食、分擔護士工作以及照顧在住宅中的病人及兒童。一些大學生及中學生則到中央郵局協助將郵件分類[5]。

此外，政府亦用高薪吸引工人復工或從外地聘請員工來應對。例如在中區警署設立招工處，以高薪招聘苦力，分派往倉庫、碼頭、汽船等地點工作[6]。

以下一段由一名剛巧在罷工期間路過香港的法國作家安得烈．馬爾洛撰寫的文章，就好像電影中的特寫鏡頭，帶我們親歷大罷工期間香港的市面氣氛。1925 年 7 月 5 日[7]他下船後，由於旅館派不出搬運工人來，旅客們在水兵

STRIKE NOTICE
Unlimited Quantit'es of
BREAD
Can be Obtained at
CAFE WISEMANS
THE PEAK STORE
THE KOWLOON AGENCY
ON 1EB NATHAN ROAD
Also From 8 a.m. to 1 p.m. at
BURROW ST. BAKERY
in
ONE LB. LOAVES '5 CENTS EACH
Customers are Requested to Bring
their Pass Books or pay cash
FULL STOCKS OF
PROVISIONS ETC.
AT PEAK STORE and
LANE, CRAWFORD'S

《德臣西報》1925 年 6 月 27 日刊登一則連卡佛的廣告，顯示省港大罷工期間該公司協助維持食物供應，有「無限量麵包」（unlimited quantities of bread），每磅 5 仙，並列出每日上午在香港和九龍不同地點供應。

的幫助之下，得自己搬運行李，他看到碼頭上寂寞荒涼，連一個人影、一輛摩托車都沒有。他自行安頓好之後，從雲咸街走上山去，看到一群神采煥發的人，一動也不動地讀著貼在門上的罷工公告。對面的古玩店一片黑暗，因為電燈已經被拆去。一對對穿童子軍服裝的英國義勇兵，緊密地聯絡著，有如警探，他們正要到市場去分配蔬菜或肉食。

一個在香港待得久的德國人跟他說，去年要值 5,000 塊錢的房子，今年只能賣 1,500 元了，就是這樣的價錢，也還是很難賣掉。一些商店沒有關門，不是因為他們還有錢支付職員的薪水，而是銀行奉了命令，不得不借貸給他們。「即使去大百貨公司買個鉛筆刨，所有職員們都會唯恐招呼不周地跑過來侍候你。屠夫、水果店員、輪船上的裝貨員，都是志願軍充當。有些公司的經理肩上還揹著一支步槍呢。」他的生動描述捕捉了當時市面上的緊張氣氛。

罷工一路持續，直至 1926 年，由於當時廣州政府的重點目標，由對抗英國帝國主義轉為尋求全國統一，歷時 16 個月的大罷工宣佈結束，省港交通及貿易終於恢復。

在罷工和封鎖的雙重打擊下，香港社會經濟陷入一片混亂。政府一方面要增加警力以維持治安，亦要以更昂貴的工資吸引本地及境外工人；另一方面經濟活動凋零，卻令到港府稅收減少，此消彼長之下，終於打破多年來財政盈餘的局面。從 1921 至 1923 年，香港每年有盈餘 200 至 370 多萬，至 1925 至 1926 年卻變成赤字 500 萬及 240 萬，以至需要向英國政府貸款 300 萬英鎊渡過難關[8]。以上可見省港大罷工對香港政府財政狀況的直接打擊。

工潮淹至巴士業

大罷工在 1925 年 5 月開始，針對巴士業的罷工浪潮則在同年 7 月初淹至。

1925 年 7 月 6 日早上，九巴大部分司機及售票員突然曠工[9]，以至很多巴士無法開行，只有少數由印度籍司機駕駛的巴士繼續行走。於是九巴竭力物色更多印度籍及歐洲籍的司機加入，甚至一名警長也協助駕駛巴士[10]，盡量令服務盡快恢復正常水平[11]。到 7 月 8 日，部分曠工的司機回歸[12]，加上有一些崗位由印度籍及華籍義工填補，平時的 30 輛巴士已有 18 輛投入服務，漸漸回復正常。

中巴在罷工期間也發生了一件小故事，顯示華人與歐洲人之間的敵對狀態[13]。話說有天的午飯時間，一位歐洲人試圖在尖沙咀碼頭登上一輛中巴，售票員大喝：「歐洲人不得入內！」於是那歐洲人無聲無息地站在一旁，但其實他是個休班警探，待巴士坐滿華人時，他才突然發難，把所有華人趕下了車，包括司機在內，然後只准歐洲人登車，客滿後由他自己來開巴士。除了這段小花絮之外，報章上沒有其他關於中巴受罷工影響的消息，相信沒有受到多大打擊。

啟德同樣在 7 月初 [14,15] 受罷工衝擊，陸續有員工收到恐嚇訊息，不敢上班，董事總經理黃廣田和一名曹姓經理多番規勸也徒勞，最後曹姓經理以身作則，自行跳上巴士駕駛了一整天，有三名司機亦跟隨他的榜樣。第二天，在他的感召下，幾乎所有的司機都回來了，全部 20 輛巴士都投入運營。雖然司機和售票員在行車及在總站期間，都受到罷工者騷擾，職員們仍然緊守崗位。由於啟德的黃廣田當時在政府擔任多項公職，並剛獲委任為潔淨局議員 [16]，與政府關係密切，啟德上下照常上班的態度最堅決，亦間接令整個行業的士氣提升。在此之後，就再沒有關於巴士行業罷工的報導了。

從這一些零碎的小插曲可見，一如 1922 年時一樣，由於巴士業內工人數目不多，且巴士司機屬專業工人，工資高，容易找到外籍人士替換，所以針對巴士公司的罷工始終難成氣候，罷工者見不成功便陸陸續續離職或復工了，巴士行業基本上不受罷工影響。

悲觀情緒籠罩

百業蕭條

省港大罷工平息之後，對經濟影響持續，除前述的政府赤字外，也使商界對香港的前景由樂觀變成悲觀。不少企業倒閉，房地產更是首當其衝。

1925年底，香港有3,000多家商行破產[17]，大企業亦紛紛裁員。備受貿易禁運打擊的航運業，即使在大罷工完結後，生意仍未恢復，例如從事造船和修理船隻的太古船塢便因生意冷淡而在1927年裁減千多工人，黃埔船塢亦有類似的裁員行動[18]。航運是香港重要經濟支柱，從他們也需要裁員，可以想像他們所受的打擊。

由於罷工者和居民紛紛離開香港，令本來嚴重的房屋問題，一下子變成處處有空置單位，屋租地價亦不斷下滑。政府統計數字顯示，1926年全港未租出的樓宇平均每月445間，比1925年的209間上升超過一倍[19]。銀行借貸全面收緊，尤其對於房地產開發業務更為審慎，不願冒險貸款給房地產項目[20]。在資金鏈斷裂的影響下，有些房地產項目出現爛尾現象。

啟德濱計劃失敗告終

上一章提到的啟德濱發展計劃[21]，於1920年首期落成後便出現財政困難，以致停滯不前[22]，在1923年，政府用公帑完成剩下的填海工程，並以所有未售出的土地作為抵押[23]。

然而省港大罷工期間，受貿易禁運影響，一直無法取得建築材料海砂的供應，加上工人罷工，令計劃受阻停頓，在1925年時整個計劃已耗資200萬元，當時填海區只建成獨立屋約300間，人口估計有一萬人[24]。到了1926年更全面停工[25]，當時約有三分一土地，即約400萬平方呎未完成。

最終政府在1927年7月8日宣佈[26]，以公益理由，決定收回啟德公司新填地的多個地段，並會按《收回公地條例》辦理補償事宜，已經建成的房屋將不受影響。至此，啟德發展成龐大花園城市的美麗願景全面落空。

▲收回啓德公司地段之佈告

政府公報紀載、政府收回地段如下。第四百一十三號、佈政司施、爲諭知事、現奉督憲合開，照得附近九龍城啓德公司之新填地、內經有圖則號明之一部份、並經提議號爲新九龍內地段第一百一十六號、一百一十七號、一百一十八號、一百一十九號、一百二十號、一百二十一號、一百二十二號、一百二十三號、一百二十四號、一百二十五號、一百二十六號、一百二十七號、一百二十八號、一百二十九號、一百卅號、一百卅一號、一百卅二號、一百卅三號、一百卅四號、一百卅五號、一百卅六號、一百卅七號、一百卅八號、二百廿六號、二百廿九號、二百卅號、二百卅一號、二百卅二號、二百卅三號、二百卅四號、二百卅五號、二百四十號、二百四十一號、二百四十二號、二百四十三號、二百四十四號、二百四十五號、及二百四十六號者、現因舉辦公益、業經本督會同議政局議定、將其收回、並以政府名義、向該業主磋商購回、迄未允願、本督意其終難成議、仰該司即行出示、諭知該業主由諭知之日起、限四個月期滿、該地及一切權利即由政府收回、至如何補償、則按一千九百年收回公地則例辦理、等因奉此、合行諭飭業主即便遵照、毋違特諭、右諭啓德新填地內業經給有圖則存在工程司署任人觀看之上開各地段業主、一千九百廿七年、七月八日、

1927 年 7 月政府發表公佈表示收回啟德公司的多個地段

依附啟德濱發展計劃而生的啟德巴士公司，其成功與否很大程度上取決於地產開發計劃的成敗。既然發展宏願以爛尾告終，意味著九龍灣區人口不再增加，巴士客源也不會大幅增長。即使在啟德地皮未收回之前，約在 1926 年左右，啟德巴士的主事人已無心戀戰，管理層亦頻頻更換，一再改組，最後在同年 10 月清盤，詳情稍後細述。

九龍塘計劃險落空

比啟德濱發展計劃稍晚一點的，還有一個九龍塘花園城市計劃，它就幸運多了。

為解決中等收入人士住屋困難問題，1920 年 12 月政府打算開展九龍塘花園城市計劃，邀請身兼立法局非官守議員、香港總商會理事的於仁保險總經理

義德（Montague Ede），組成九龍塘及新界發展有限公司，並出任董事長，開發佔地200畝的九龍塘花園城市計劃，建造獨立或半獨立的樓宇，每塊土地面積約6,000到11,000平方呎，初時預計房屋價值約6,500至7,500元，總開發成本約300萬元[27,28,29]。政府則將原本生活在該處的自耕農搬遷，並將該低窪地帶填高，至旁邊公路的水平。

計劃反應熱烈，獲得250名買家認購，絕大部分為華籍[30,31]。然而當義德在1925年逝世後，整個發展計劃進展開始放慢，更因屋宇使用劣質建築材料而被投訴，買家們成立九龍塘花園城屋宇維持會，保障[32]自身的利益。1929年九龍塘及新界發展有限公司出現資不抵債情況，其債權人要求業主再支付9%的房屋成本，否則沒收樓宇。買家向政府尋求協助，政府以收回整個地段作回應。最後，買家、政府和債權人努力協商，達成了全面和解[33]，將計劃從失敗邊緣中成功挽救過來，這才有我們今天見到的九龍塘低密度住宅區。

一番波折之後，九龍塘發展計劃終於渡過財務困難，九龍因此迎來一片新的發展區。凡是新住宅區的落成，自然有交通運輸需要。若沒有巴士聯繫，位於九龍中心處的九龍塘，距離碼頭甚遠，出入乘搭人力車又不方便，即使發展成美麗的花園城市，也不具吸引力。終於，九龍塘的屋宇在1927年開始入伙，由九龍巴士提供了一條6號路線來往尖沙咀及九龍塘（下文詳述）[34]。

其實早於1920年，港督司徒拔在財政預算案提到九龍塘發展計劃的構思時，已經將它與巴士服務連結起來，他認為九龍塘發展「最大的困難是交通問題，這個困難只要有巴士服務便可以解決」（The chief obstacles have hitherto been inadequacy of communications, which will be largely remedied by the omnibus service）[35]。

九龍塘的開發就是巴士帶動邊遠地區開發的早期例子。

巴士新遊戲規則出台

1920 年代初機械交通業迅速發展，引起各種機動車輛惡性競爭，政府本有意加強執法，取締違法經營的「野雞車」，並透過專營權以避免巴士競爭，隨後卻被省港大罷工打亂陣腳，只好暫時作罷，透過規管，要求原有巴士經營者改善服務。在介紹新的巴士監管規則之前，我們先看看 20 年代中汽車運輸業的亂象，以了解為何必須加以整頓。

管理混亂　野雞橫行

先說野雞車，這是指有些私家車充當營業車，無牌載客，由於他們非法營業，不理會規管，比租賃車更加靈活，收費更低廉，甚至通宵達旦行駛，更隨意在横街路上停放，每月節省 20 至 30 元的車房租金。他們的出現令經營租賃汽車的商人十分痛恨，要求政府嚴加取締，以免市場被侵佔[36]。一些租車公司唯有將舊車淘汰，購入新型車輛，以裝修華麗作招徠，與野雞車競爭[37]，但也不是每間營業車公司都有這樣的財力，不少公司因生意艱難而倒閉。

當時汽車業亦有不少內部管理不善的公司。例如上一章提過的香港九龍汽車有限公司，它將紅邊的士批予另一間公司經營，該公司卻被員工虧空公款，逃去無蹤，以致周轉不靈，無資金購買新車或維修車隊，車輛壞了便擱在一邊，到後期只剩一半車輛可以行駛，營業額自然下跌，撐不了多久唯有停業。不過幾天之後，又有報導指有新經營者願意承辦[38]。以上個案可見汽車業內財政和管理十分混亂，經營者時常更替，時開時關，無法讓顧客或生意夥伴建立信任。

另一個經營不善的個案是我們在上一章介紹過，行走新界的振興汽車公司。自從與九巴結盟後，它便沒有在報章上出現過，至 1926 年才從一條新聞中得知，原來公司負責人已經因欠債繫獄[39]。此後有一段時間，報章上沒有關於新界固定巴士服務的消息，直到 1928 年才有另一間叫中美巴士的名字出現[40,41]，服務旺角至元朗。以上個案說明，一間公司管理不善結業之後，甚至會令到服務中斷，對乘客構成影響。

由此可見，時人有鑑於汽車業前景無限，都想從中分一杯羹，以至業內良莠不齊，以劣質或改裝車無牌營業的情況比比皆是，不少營辦商只追求營業額不理會維修，影響行車安全。因此政府規管汽車交通是早晚的事，而它的方向是取締不良及不法的經營者，以載客量大的巴士作為交通運輸的骨幹，並予以嚴格監管，要求巴士公司提供優質的服務。

加強監管代替專營權

在加強監管巴士公司方面，政府一直探討最適合的方式，多次希望透過批出專營權來實現，但始終搖擺不定，1921 年如是，1925 年也如是。本來政府在 1925 年曾經說過，會以專營權方式規管巴士服務，但不旋踵卻爆發了省港大罷工，令香港陷入開埠以來最嚴峻的政治經濟考驗，政府無暇分心交通事務，只有暫且放下專營權的想法，選擇在已有的基礎上稍作微調，代替大規模的改變。

因此政府在 1926 年 4 月初，宣佈新的管制計劃[42,43]，仍由九龍區原有的三間巴士公司，即九巴、中巴及啟德照常營運三年，滿期之後或再續。同時政府亦表明，三間巴士公司已足夠，不欲再有其他公司加入市場。這等於向當時的三間巴士公司作出了保證，它們有三年穩定的經營環境，只需要做好服務，以及專注與另外兩間公司競爭，不用擔心有其他新的經營者加入。這個階段見證著政府在交通政策上，由自由放任轉移至有規劃的競爭，為巴士公司提供了一定保障，令巴士公司敢於放膽投資，改善服務。

新政策另一個重點是要求各公司更新及改良車隊，由 1927 年 1 月起陸續換上新式英國巴士。每間公司須引進三輛載客 30 人的大型新巴士，其他小型巴士車也要陸續更換。

以巴士生產來說，美國當時仍然遠遠領先於世界各國，1926 年美國已經有八萬輛巴士行駛，而整個歐洲包括英國在內只有三萬輛[44]。然而英國的巴士科技也有很悠久的傳統及公認的高質素，例如早於 1909 年，英國丹尼士（Dennis）車廠便已經出口巴士底盤到俄羅斯和紐西蘭[45]。當時港英政府

港聞一

○九龍街坊汽車照舊辦理

▲政府打銷專利計劃

▲明年元旦有新車出現

九龍方面向有中華九龍啟德三間街坊汽車公司汽車、往來九龍尖沙咀油蔴地何文田深水埗荔枝角一帶、街坊出入、極爲利便、然有一方之人以其辦法、不甚臻於至善、故屢次請該公司設法改良、而政府亦有由一公司專利之議、今政府決意打銷此項計劃、仍由現有之三間公司照常辦理、但要有新式英國汽車、替代現有之汽車行走、乃爲合格、現該三間公司亦答應此種條件、由明年一月一號起每間公司要有三駕新車行走、每駕可以載客卅名、此九駕新車可以替代現有之廿七駕細車、政府原擬早日實行此種辦法、但選擇款式、及向英國訂貨、須廢時日、故指定明年元旦然後實行、既有新車、則舊式車可以逐漸收回、但其間之妥當細車、仍准照常行走、一俟新式細車到齊、然後舊式細車一律不要、屆時對海一帶、祇見新式大小汽車往來而已、該三間公司既依政府之計劃而行、政府仍准該公司照常辦理三年、滿期之後、辦法如果妥善、或准繼續辦理、政府以現在三間公司之汽車頗爲足用、故不欲再增設一間公司、由明年起、新車往來、必有一定時間、不容太密、亦不得太疏、現時汽車往來、滴油太多、道路爲所損壞、將來新車安設鐵罐、專載車上滴下之火油、不致滴落道上、匪惟此種新車而有載油之鐵罐、即所有紅邊車亦須有之、蓋道路損壞、不特須費修葺、而車輛往來、亦覺危險也、

1926 年 4 月，省港大罷工仍然未完結，政府只是微調九龍方面的巴士監管措施，並制定了巴士公司只能買英國製巴士的政策。

要求香港的巴士公司全面用英國製巴士，當然有其國家利益的經濟考慮，不過它們在香港亦有很大的認受性，新巴士一來到香港，便受到業界和市民大眾的歡迎。

此外，新政策下，所有巴士必須依固定時間表行車，這是政府設下標準，評估巴士公司水平的做法，令巴士服務更規範，亦讓乘客更有預算。此外政府要求新巴士必須安設鐵罐，以盛載從車上滴下的汽油，不致滴落道上令道路損壞。

另一方面，為了保障道路交通安全，減少意外，政府也加強規管巴士的機件性能。這個時期的路面交通由警方負責管理，他們會檢驗路面包括巴士在內的車輛，如有不妥善，會要求修理至滿意為止。

每款新巴士的第一部來港時，更需要通過車輛類型評定測試。以下的場景生動描述了測試如何操作。1928年啟德的丹尼士新車到達的時候[46]，警方安排了副警察司D. Burlington、驗車官Mason主持，根據一份檢查清單進行。出席的有啟德幾名高層，包括經理、公司秘書、首席工程師、巴士製造商、代理商代表等。其中一個項目是制動系統，做法是讓巴士以每小時30哩速度行駛，然後測試用手掣及腳掣將巴士煞停的距離。之後巴士需駛上大埔道測試爬坡的表現，下山時再測試其落斜煞車性能。從出席者的份量、測試項目的精細程度，可以看到警方對新巴士的要求十分嚴格。

波板糖、滿座牌、司機制服出世

乘搭過巴士的人都知道，巴士需要在指定站位上落客，滿座了要向乘客展示相關標誌，而巴士車長當值時要穿上制服。原來這些制度，全部都是在

1926 至 1927 年間實施的，至今已經面世 90 多年了。

在 1926 年中，政府因應九龍居民協會建議，規定巴士需要在指定的站位上落客，結束了乘客可隨便要求在任何地方上下車的時代，在巴士發展和交通管理上都邁出了重要的一步。當時第一代巴士站位由警方制訂，共有 30 多個，基本上沿主要幹道分佈，因為當時道路不多，很多巴士線都會行使相同的路段。

KOWLOON BUS SERVICE.

REGULAR STOPPING PLACES FIXED.

Hitherto one has been able to board or alight from the Kowloon 'buses at any point on the road. Now, however, this "go as you please" method has been altered, and the Traffic Department of the Police, acting on the recommendation of the Kowloon Residents' Association, have decided that in future 'buses shall only stop at certain defined places.

Notices, in English and Chinese, "All 'buses stop here" will be exhibited at these places along all routes. The new order will take effect almost immediately.

The list of stopping places as issued by the Police Traffic Department is as follows:—

STAR FERRY TO SHAM SHUI PO.

Stopping places *en route*:—

Junction of Peking Road and Nathan Road.
" " Haiphong Road and Nathan Road.
" " Austin Road and Nathan Road.
" " Jordan Road and Nathan Road.
" " Pakhoi Street and Nathan Road.
" " Public Square Street and Nathan Road.
" " Waterloo Road and Coronation Road.
" " Dundas Street and Coronation Road.
" " Soy Street and Coronation Road.
" " Argyle Street and Coronation Road.
" " Mong Kok Road and Coronation Road.
" " Prince Edward Road and Coronation Road.
" " Prince Edward Road and Lai Chi Kok Road.
" " Boundary Street and Lai Chi Kok Road.
" " Kwei Lin Street and Lai Chi Kok Road.

STAR FERRY AND LAI CHI KOK.

The stopping place on the Star Ferry-Sham Shui Po route and also:

Junction of Shanghai Street and Tai Po Road.
" " Nam Cheong Street and Tai Po Road.
" " Yen Chow Street and Tai Po Road.
Castle Peak Road opposite Pak Sho Lung Village.
" " opposite Li Uk Village.

STAR FERRY TO KOWLOON CITY.

Junction of Middle Road and Chatham Road.
" " Cameron Road and Chatham Road.
" " Austin Road and Chatham Road.
" " Gascoigne Road and Chatham Road.
" " Cooke Street and Chatham Road.
" " Gillies Avenue and Wuhu Street. (Return journey: Junction of Gillies Avenue and Bulkeley Street.)
" " Hung Hom Market. (Return journey: Junction of Wuhu Street and Taku Street).
W. S. Bailey & Co.'s ship yard.
Junction of Kowloon City Road and To Kwa Wan Road.
" " Kowloon City Road Ma Tau Kok Road.
" " Kowloon City Road Sung Wong Toi Road.
" " Kowloon City Road and Prince Edward Road.

YAUMATI TO KOWLOON CITY.

Terminus Chi Wo Street.

Junction of Jordan Road and Gascoigne Road and also the stopping places on the Star Ferry to Kowloon City route.

YAUMATI TO HUNG HOM.

Chi Wo Street.

Similar stopping places as on Yaumat to Kowloon City and Star Ferry to Kowloon City routes.

1926 年 6 月警方制訂的九龍區第一代巴士停站位置清單

政府當時規定在每個站位須以中英文寫上「停車處 All buses stop here」字眼作為標誌[47]，這便是我們現在所見紅色圓形巴士站牌（俗稱波板糖）的起源。當時的巴士站牌並沒有寫上路線編號，因為在1926年全九龍只有五條路線，已發展的地區有限，主要幹道也只有幾條，一個簡單的系統也足以應付。後期路線繁多，才發展到要在不同站牌寫上編號。

當時巴士站多設在兩條道路的交界，只有少量以建築物或地標來命名[48,49]。其中，沿彌敦道（包括加冕道段）有12個站位、漆咸道5個、九龍城道4個、荔枝角道3個、大埔道3個、青山道2個；另有個別站位在志和街、佐敦道、蕪湖街、機利士道或個別地點前，如紅磡街市和土瓜灣的庇利船廠。巴士站分佈的疏密程度，反映了該條馬路的長度及繁忙程度，而彌敦道肯定是最繁忙的主幹道了。

站牌是鐵鑄的，第一批全部由啟德巴士公司的工場統一製造，成本由三間巴士公司攤分[50]，完成後交予政府工務司署安裝，新系統在1926年7月15日正式施行[51]，當天一早，每輛巴士上都貼出告示，通知乘客。

設立指定停站位置的政策，亦受到巴士公司的歡迎，因為在此之前，有部分路線幾乎在短短50碼距離，竟要停車三次供乘客上落，對巴士引擎造成不尋常的損耗，增加壞車機會，亦消耗更多燃油，更容易引致行車過時[52]。

政府同時要求九龍區五條路線的巴士，需要在旁邊的車窗上端安裝一塊橫版，標明服務地區，讓候車的乘客一目了然。下列是五條路線的服務地區[53]：

1926 年 6 月警方列出九龍區五條巴士路線的服務區域：

路線	
1	尖沙咀碼頭、彌敦道、旺角、荔枝角道、深水埗
2	尖沙咀碼頭、彌敦道、旺角、長沙灣、荔枝角
3	尖沙咀碼頭、漆咸道、紅磡、土瓜灣、馬頭角、宋王台、九龍城
4	油麻地、加士居道、紅磡、土瓜灣、馬頭角、宋王台、九龍城
5	油麻地、加士居道、紅磡

至於「滿座牌」的要求則是在 1927 年實施。

當時政府修訂法例[54]，要求在巴士客滿時，應在車頭當眼位置展示「滿座 Bus Full」字樣，讓候車乘客無論日夜都能看見，讓他們知道巴士已經到達法定最高載客量，司機將不會在此站停車上客。這就是「滿座牌」的起源。滿座牌由巴士公司設計，但式樣需要經警方批准，確保符合要求。此外，該次修訂同時要求巴士在車頭、車旁及車尾展示該巴士的路線編號及前往的目的地，以方便乘客。

同一次法例修訂，也要求司機和售票員需要在當值時穿上制服，這就是車長制服的起源，用意是讓乘客辨識。以九巴來說，早期的司機戴上類似警察用的帽，制服方面冬天穿中山裝，夏天則穿淺綠色帆布制服。

而法例亦對司機和售票員提出更多要求，例如司機方面，停站必須盡量靠近路邊，如發現乘客遺留物件於車廂，應該交給售票員處理。售票員方面，當值時候則要配戴一個銅章，設計樣式需要警方批准，顯示售票員的牌照編號。售票時間以外，他應站在車尾位置，如發現乘客遺留物件需送交警署。

以上的發展顯示，自從 1921 年底九龍出現巴士服務以來，頭幾年巴士行業的規範化和系統化步伐非常快，至1927年已經發展出很多沿用至今的做法或者基本原則。

九巴大展拳腳顯信心

英國巴士陸續有來

上文說過，啟德和中巴分別在1924年引進由英國製造的巴士，但九巴因政府不批准引進 White Bus，直至1926年政府公佈最新規管計劃後四個月，才與中巴一同宣佈各引進三部來自英國利蘭車廠的 Leyland Lions 型號30座位巴士，是九巴第一批英國車[55,56]。

其中，首部巴士在1927年1月尾到達香港。為了隆重其事，九巴安排了一場備受矚目的試車活動[57]，將這一輛豪華大巴士停泊在最繁忙的尖沙咀碼頭，公開讓警察司胡樂甫和驗車官到現場檢查及作路面測試，引起途人圍觀及稱讚。現場出席者還包括九巴負責人雷少鵬、中巴負責人顏成坤、記者及公司僱員等。之後九巴安排巴士經紅磡駛至九龍城，再沿太子道回程，基本上圍繞了當時九龍人口最稠密的地區。由於巴士體型大，十分吸睛，在市面巡遊，往往能大收宣傳之效。

九巴1926年英國利蘭車廠 Leyland Lion 型號巴士技術規格

底盤	Leyland Lion
產地	Leyland Lanes, UK
年份	1926
乘客量	30人
長度	23呎11吋

闊度	7 呎 6 吋
高度	8 呎 8.5 吋
車廂高度	6 呎
照明	發電機由引擎直接驅動並配備自調節裝置
座椅	頭等：10，三等：20
車門	兩門於左邊；司機座位有獨立門與車廂分隔
引擎	4 缸 4 cylinders, bore 4.5in, stroke 5.5 in R.A.C rating: 20 馬力 (b.h.p), 43.5 馬力 (b.h.p)at 1,000 每分鐘轉速 (r.p.m), 58 馬力 (b.h.p) at 1,800 每分鐘轉速 (r.p.m)
傳動裝置	採用新設計增加輪胎壽命，消除車輪擺動，並減少轉向所需力度
輪胎	充氣式
離地面高度	2 呎 4 吋，方便乘客登車
其他	漸進式彈簧、低而穩定的結構、暢順而寧靜的動力裝置 (Progressive springs, low and stable construction, smooth and silent running power unit) Leyland「球形推力」將動力直接從負重輪傳輸到底盤，無需彈簧 (Leyland Spherical Thrust transmits the power direct from the road wheels to the chassis without the intervention of the springs)

九巴首次於 1926 年引進的英國製利蘭巴士 Leyland Lion 型號

1929年的利蘭巴士型號，車身較長。

1928年11月左右，九巴進一步引進17輛Thornycroft UB Forward型號巴士，車身由本地建造[58,59,60]，其中分成25座及35座兩種，後者屬當時香港載客量最高的巴士。關於它的技術規格，現存資訊比較片面，不是很詳細，現整理如下以供參考：

九巴1928年Thornycroft型號巴士技術規格

底盤	Thornycroft UB Forward
車身	旺角 Messers Man Wing Tai
產地	英國
年份	1928
乘客量	25 / 35
車廂	柚木製，分前後兩部分
引擎馬力	50 hp

至此，九巴車隊共有33輛巴士，而所有早期的美國製福特型號巴士將會淘汰。

搶佔新市場

新發展區意味著新的乘客來源，上文提過九巴有鑑於九龍塘區的住宅陸續落成，在 1927 年 5 月 8 日開辦了新的巴士服務[61]，將網絡擴展至該區。

這條 6 號路線的巴士由尖沙咀碼頭出發，途經彌敦道、油麻地、旺角及太子道，再轉九龍城，並在太子道與義德道交界處停靠，以供九龍塘居民上落。這條巴士線的班次為每十分鐘一班，開始時由福特小型巴士營運，到 1927 年底改為新引進的 20 座位利蘭型號巴士。

然而由於乘客需求太大，路線開辦後很快就被投訴班次不足，於是九巴馬上變陣，在短短不足兩星期之內[62]，開闢繁忙時間特別服務，於早上 8 時、8 時 15 分、30 分、45 分及 9 時正，分別派出五班特別車，駛至九龍塘義德道接載乘客，經太子道往尖沙咀，而傍晚 5 時至 6 時之間，每輛 6 號線巴士，都由尖沙咀碼頭不停站直接駛往九龍塘，然後再繼續原有路線。

由此可見，在繁忙時間調配特別班次的概念，原來早於近 100 年之前已經開始。而且，以當時九巴只有 30 多部巴士，卻一個地區抽調五班特別班次，可見其重視的程度，亦反映出九巴的進取態度。

九巴這時期的網絡發展一個更重要里程碑，是進攻新界市場。

一直看重新界發展的九巴，早在 1924 年與振興巴士結盟，便是出於這種心意。在 1930 年，它再踏出聯繫新界的重要一步，收購 1928 年成立的中美巴士[63]，接手它經營的所有路線，將新界拼入其版圖。

這個收購的重要意義，是九巴成為了九龍三間巴士公司當中，唯一有營運新界經驗的一間，可見他對新界發展潛力的眼光獨到。

宏偉新總部凸顯信心

九巴創辦之後幾年間，業務持續發展，儘管有新競爭者的出現，加上整體經濟不景氣，但都沒有構成多大影響。車隊由 1921 年只有九部巴士，到 1928 年已經有超過 30 部，而且巴士載客量越來越大，車身越來越長，需要額外的空間停放，原有的廠房已經難以應付。九巴於是在 1928 年 4 月，向政府購入位於旺角彌敦道與弼街交界處，九龍內地段第 2,111 號，一塊佔地 36,920 平方呎的地皮，以興建更寬敞的總部及車廠，即現時始創中心所在位置。

這塊地皮是新開發土地，政府的定價是 92,300 元，在沒有對手競投下，九巴以底價奪得[64]，呎價約 2.5 元。九巴在這裡興建總部、車廠及員工宿舍，當時報導指，建築費不少於 75,000 元，《南華早報》形容「這個地段無疑是九龍最有價值的地段之一」（This lot is, undoubtedly, one of, if not, the most valuable lots in Kowloon）[65]。斥資購入重要地段擴建新總部，顯示九巴銳意擴張其巴士車隊和服務，並對業務前景抱有信心。

一年零三個月後，報章報導說地皮上已經建成一座異常精美的建築物（unusually fine structure）[66]。究竟怎樣精美法呢？

先看看整體佈局和用料。它的主樓高三層，包括辦公室、儲藏室、陳列室和宿舍。在彌敦道的南北端，各有一個 20 呎闊的巴士入口。建築材料全部為鋼筋混凝土，底層部分為花崗岩，可見用料十分堅固。

主樓屬西式建築風格，正面 120 呎闊，每層樓外旁都有一條遊廊，中央設有圓形穹頂，突顯藝術感。一樓、二樓的兩側和後方都設有露台，供監察車輛之用。所有樓梯都採用鋼筋混凝土，建築物內部塗灰泥，其中正面和側面包括穹頂，都塗抹上海製的大理石灰泥。整個建築的所有木製品都採用柚木，樓梯的欄杆全是鍛鐵的。所有主要入口都安裝可折疊的鐵門。

以建築物的精美及講究程度，很難想像是一間巴士公司的總部及車廠，不過這也反映出當時九巴管理層對巴士業務的重視，而他們放膽作長遠投資，也顯示了對九龍發展的願景，以及對公司未來的信心。

有競爭有進步

這個時期，九巴、中巴和啟德巴士之間出現激烈競爭，比拚新車型、比服務，從報章的報導中，我們大概能夠掌握重要的片斷，窺探不同公司的發展脈絡。

中巴主動進取

為滿足政府的要求，中巴也努力引進英國製的新巴士，所選擇的型號大致上跟九巴一樣，除了上文說在 1926 年和九巴一起引進 3 輛 Leyland Lion 外，還分別在 1927 [67] 以及 1928 年分別引進了 6 輛和 14 輛 Thornycroft A2 長身低負載型號巴士（A2 long low loading）[68,69]。1928 年 1 月，中巴另外引進了一輛全英製的 Vulcan 型號 [70] 20 座巴士及兩輛 Morris [71] 巴士底盤，打算自行製造車身。後兩者只引進一至兩部，很明顯是作測試用途，如果成效滿意才會大批購入。這是巴士公司慣常的做法，一般車隊中會有不同型號的巴士，以免過於依賴其中一家供應商。現列舉巴士技術規格如下：

中巴 1927 及 1928 年 Thornycroft 型號巴士技術規格

底盤	Thornycroft 長身低負載型號巴士 (A2 long low loading)
車身	中華巴士自行建造
產地	英國
載客量	20 (1927)、25(1928)
車廂	前後兩部分
座椅	頭等皮製軟墊，二等柚木
地板	頭等 Linoleum 合成地板，二等木板
車窗	可調校的趟窗

中巴從 1924 年開始，引進了不少 Thornycrofts 巴士型號，這款 Thornycrofts Boadicea 也是其中一部。

中巴 1928 年 Morris 型號巴士技術規格

底盤	Morris 商用底盤
車身	中巴自行設計及製造
產地	英國
年份	1928
載客量	18 人
特色	車身由華籍員工裝嵌，車身較短，擋泥板不會突出在車身之外

中巴 1928 年 Vulcan 型號巴士技術規格

底盤	Vulcan 巴士
車身	英國原裝進口
產地	英國
年份	1928
載客量	20 (8 個頭等，12 個二等)
車廂	前後兩部分
馬力	18hp

中巴除了引進新型巴士之外，也努力開拓新客源，在 1927 年便開闢了一條新的 11 號循環路線[72]，由深水埗經上海街（北經九龍裁判法院，東經油麻地警署）、廣東道，進入加士居道，再至漆咸道，以土瓜灣（紅磡）為終點站。全程票價為 2 毫和 1 毫，前半段或後半段則為 1 毫和 5 仙。

這條路線的設計比較特別，有別於當時大部分均為南北走向，它屬於東西走線，且全程較長，除了為兩邊總站建立聯繫之外，亦吸引一些在不同中途站上落的乘客。

啟德無力挽狂瀾

相對於九巴和中巴的積極進取，啟德巴士因為母公司的地產項目泡湯，巴士業務前景同樣蒙上陰影。

上文說過啟德濱地產發展項目遇到的財政困難，1926 年已經全面停工，啟德巴士也受到牽連，需要引進新血。它聘請了前廣華醫院總理、九龍居民協會委員兼商人鍾茂豐（F. C Mow Fung）作為公司秘書 [73]，而原有的負責人曹善允和黃廣田仍然留任董事局成員。鍾茂豐在社會上名聲很好，他本有一番雄心壯志，接受記者訪問時曾侃侃而談，暢論改善巴士服務的大計，包括購買英國製新巴士，以及強化巴士維修等。

可是，不到幾個月，啟德巴士突然宣佈進行財務重組 [74]，原公司進入自願清盤（gone into voluntary liquidation），新公司改名為啟德巴士（1926）有限公司， 擔任公司秘書才幾個月的鍾茂豐同時辭職，新主事是商人何少垣（Ho Siu Woon）[75]。報紙上關於他的報導不多，只有在 1929 年 8 月數度因投得土地而見報 [76,77,78]，可見他是一個從事地產業務的商人，而不是經營巴士業務的專家。不過新公司承諾，仍會進行原有的巴士訂購計劃。

無論啟德公司的股權如何變更，市民的關注重點只是巴士服務。汽車業內人士對於啟德引進一批新巴士，一直充滿期待 [79,80,81]。改組後的啟德在 1927 年底亦繼續訂購新巴士 [82,83]，仍然有心投資於巴士服務。

啟德 1926 年丹尼士（Dennis）型號巴士技術規格

底盤連車身	Dennis（與英國 Aldershot and District Traction Company 的車隊款式相同）
產地	英國
代理商	Messrs. Alex Ross and Co. (China)Ltd. 丹尼士代理
年份	1926
數量	3
載客量	30
重量	3.75 噸
引擎馬力	55hp
制動系統	Ferodo 制動器襯片，調節螺帽防磨蝕
手制	擴展手煞補償 (internal expanding type, compensated)
車廂	車頂以雲杉製成，蓋以帆布 (toughed and grooved silver spruce covered with roofing canvas)
軸距	15 呎
座椅	人造皮製座椅，配彈簧網及軟墊或短毛絨坐墊 (Kar Hide Rexine Leather cloth or moquette, back rests supported on spring steel stays)
車窗	上下拉動式

啟德巴士在 1926 年改組後引進的丹尼士軸距 15 呎的巴士型號

啟德 1927 年底丹尼士（Dennis）型號新巴士技術規格

底盤	Dennis Low Spring Type 低底盤型
車身	Messers Bailey and Co, Ltd
產地	英國
年份	1927/1928
數量	6
電燈	Messrs. Wm. C. Jack and Co. Ltd.
載客量	頭等 8 名，三等 12 名
車廂	前後兩部分
座椅	頭等採用 Rexine 人造皮彈簧軟墊座椅，三等採用柚木
地板	頭等 Linoleum 採用合成地板，三等採用木板
車窗	Strachan and Brown 專利可調校的趟窗

其中一款啟德於 1926 年改組後引進的丹尼士 20 座巴士，由英國 Stranchan 裝嵌；同款巴士也有於本地裝嵌。

可惜即使在公司改組、新管理層入主之後，啟德巴士仍是禍不單行， 它位於九龍城填海區的車廠在 1927 年 8 月 21 日 [84,85] 受到一次颱風吹襲，車房被風吹塌，雜物及瓦礫砸在巴士上，損毀了大巴一輛，小型巴士一輛，只餘下寫字樓建築較為堅固的一部分，幸好無人傷亡。

財務重組不夠兩年半，啟德又再次易手，新買家是一直想參與九龍龐大運輸市場的香港電車公司。它於 1929 年 1 月將啟德巴士全面收購 [86]，作為打開九龍市場的踏腳石，全數 16 輛巴士及三條路線轉到電車名下，事情發展至此，令人唏噓不已。香港電車無法在九龍發展電車系統，最後卻透過收購啟德巴士而進軍九龍，可見其擴展到九龍的心願始終不變。

九龍路線三家分

由 1926 至 1928 年，政府雖然容許九龍有三間巴士公司同時存在，但陸續加強不同領域的規範，先是確立巴士停站位置、豎立車站牌、加強檢測驗巴士維修等，至 1928 年，警方更分配各巴士公司營運的路線（The routes... have been drawn up by the Police）[87]，並定出巴士開行時間表，由 1928 年 4 月 1 日開始實施 [88]。從路線分配表，我們亦看到 1928 年九龍已經發展到有 13 條巴士路線，比 1926 年時的五條增加一倍多，可見這幾年之間需求增長的速度。總站方面，有九條路線以尖沙咀為總站，可見當時網絡發展的概念，是由尖沙咀輻射到不同地區，地區之間各自聯繫的路線仍未有充分的發展。

從 1928 年的路線分配顯示，當時九龍區 13 條路線之中，九巴和中巴各自分得五條，行駛客量較多的地區，啟德只有三條，所經地區並非人流旺盛的區域，所以即使電車公司接手之後，啟德仍然一直虧損，不像九巴和中巴般獲得利潤。

KOWLOON MOTOR BUS SERVICE.

THE Public are hereby notified that the following Time Tables have been approved by the Police Dept. and the Services will be inaugurated on April 1st, 1928.

KOWLOON MOTOR BUS COMPANY.

ROUTE No.	ROUTE	LEAVING STAR FERRY	LEAVING LAI CHI KOK	SERVICE
2.	STAR FERRY TO LAI CHI KOK via Nathan and Tai Po Roads.	6.29 a.m. to 10.49 p.m. Late Buses 11.29 p.m. 11.39 p.m.	6.01 a.m. to 10.21 p.m. Late Buses 12.01 a.m. 12.11 a.m.	Every 10 Minutes
		LEAVING STAR FERRY	LEAVING KOWLOON CITY	
6.	STAR FERRY TO KOWLOON CITY via Nathan and Prince Edward Roads.	5.58 a.m. to 6.28 a.m. 6.28 a.m. to 10.28 p.m. 10.28 p.m. to 12.28 a.m.	6.03 a.m. to 10.34 p.m. 10.34 p.m. to 12.14 a.m.	Every 10 Minutes " 5 " " 15 " " 5 " " 15 "
		LEAVING STAR FERRY	LEAVING KOWLOON TONG	
8.	STAR FERRY TO KOWLOON TONG via Nathan, Prince Edward and Montagu Ede Roads.	6.27 a.m. to 10.57 p.m. 10.57 p.m. to 12.42 a.m.	6.07 a.m. to 10.57 p.m. 10.57 p.m. to 12.17 a.m.	Every 10 Minutes " 15 "
		LEAVING STAR FERRY	LEAVING MONG KOK	
9.	STAR FERRY TO ARGYLE STREET, MONG KOK via Nathan Road (Rush hours only) Sundays & Holidays excepted	8.05 a.m. to 9.35 a.m. 1.05 p.m. to 2.35 p.m. 5.05 p.m. to 6.05 p.m.	8.30 a.m. to 9.50 a.m. 1.20 p.m. to 2.50 p.m. 5.20 p.m. to 6.20 p.m.	Every 10 Minutes " " " " " "
		LEAVING STAR FERRY	LEAVING KOWLOON CITY	
10.	STAR FERRY TO KOWLOON CITY via Canton Road, Shanghai Street & Prince Edward Rd.	6.17 a.m. to 9.27 p.m. 9.27 p.m. to 10.03 p.m.	6.04 a.m. to 10.34 p.m.	Every 10 Minutes " 15 "

LAM MING FAN,
Secretary,
KOWLOON MOTOR BUS CO., LTD.

1928年4月1日生效的九巴營運路線及時間表

CHINA MOTOR BUS CO.

ROUTE No.	ROUTE	LEAVING STAR FERRY	LEAVING SHAM SHUI PO	SERVICE
1.	STAR FERRY TO SHAM SHUI PO via Nathan, Prince Edward and Lai Chi Kok Roads	5.57 a.m. to 7.47 a.m. 7.47 a.m. to 10.57 p.m. 10.57 p.m. to 12.42 a.m. 1.12 a.m. Special Bus	5.57 a.m. to 7.47 a.m. 7.47 a.m. to 10.57 p.m. 10.57 p.m. to 12.22 a.m.	Every 10 Minutes " 5 " " 15 "
		LEAVING STAR FERRY	LEAVING KOWLOON HOSPITAL	
7.	STAR FERRY TO KOWLOON HOSPITAL via Nathan Road, Argyle Street, Ho Man Tin and Waterloo Road	7.27 a.m. to 9.27 p.m.	7.27 a.m. to 9.27 p.m.	Every 20 Minutes
		LEAVING STAR FERRY	LEAVING MONG KOK	
9.	STAR FERRY TO ARGYLE ST., MONG KOK via Nathan Road (Rush hours only) Sundays and Holidays excepted	7.51 a.m. to 9.21 a.m. 12.51 p.m. to 2.01 p.m. 4.41 p.m. to 5.51 p.m.	7.36 a.m. to 9.06 a.m. 1.06 p.m. to 2.16 p.m. 4.36 p.m. to 6.06 p.m.	Every 10 Minutes " 10 " " 10 "
		LEAVING TO KWA WAN	LEAVING SHAM SHUI PO	
11.	TO KWA WAN TO SHAM SHUI PO via Kowloon City Road, Hung Hom, Chatham Rd. Gascoigne Rd., Canton Rd., Shanghai St., and Lai Chi Kok Road	6.00 a.m. to 9.10 p.m. 9.10 p.m. to 11.25 p.m.	6.05 a.m. to 9.15 p.m. 9.15 p.m. to 11.45 p.m.	Every 10 Minutes " 15 "
		LEAVING STAR FERRY	LEAVING SHAM SHUI PO	
12.	STAR FERRY TO SHAM SHUI PO via Canton Rd., Reclamation St., Mong Kok Rd., S'hai. St. & Lai Chi Kok Road.	6.18 a.m. to 9.28 p.m. 9.28 p.m. to 11.58 p.m.	6.18 a.m. to 9.28 p.m. 9.28 p.m. to 11.33 p.m.	Every 10 Minutes " 15 "

NGAN SHING KWAN,
Manager,
CHINA BUS CO.

1928年4月1日生效的中巴營運路線及時間表

KAI TACK MOTOR BUS CO. (1926), LTD.

ROUTE No.	ROUTE	LEAVING STAR FERRY	LEAVING KOWLOON CITY	SERVICE
3.	STAR FERRY TO K'LOON. CITY via Chatham and Gascoigne Roads.	5.47 a.m. to 9.25 p.m. 9.25 p.m. to 12.42 a.m.	5.25 a.m. to 9.20 p.m. 9.20 p.m. to 12.20 a.m.	Every 10 Minutes " 15 "
4.	YAUMATI TO KOWLOON CITY FROM PO HING THEATRE via Gascoigne and Chatham Roads.	LEAVING YAUMATI	LEAVING KOWLOON CITY	
		5.50 a.m. to 12.45 a.m.	5.30 a.m. to 12.25 a.m.	Every 10 Minutes
5.	YAUMATI TO HUNG HOM FROM PO HING THEATRE via Gascoigne and Chatham Roads.	LEAVING YAUMATI	LEAVING HUNG HOM	
		5.59 a.m. to 12.50 a.m.	5.45 a.m. to 12.35 a.m.	Every 10 Minutes

HO SIU WOON,
Manager,
KAI TACK MOTOR BUS CO. (1926), LTD.

1928 年 4 月 1 日生效的啟德營運路線及時間表

巴士踏入港島戰場

由於人口激增，政府有需要重新檢討港島區的交通政策。過往香港島最繁忙的沿海地段，一直依賴電車作為主要交通工具，然而到了 1928 年中，政府政策出現根本性的改變，批准電車公司和香港大酒店，開辦行走港島沿岸的巴士線，這是政府首次讓巴士與電車同時行駛港島沿海路段，顯示巴士將會在港島的交通發展中扮演更重要的角色。

由 1928 年 11 月起，電車公司的巴士線可以由上環永樂碼頭開往跑馬地，經干諾道、美利道，然後行走電車路及灣仔道[89,90]。不久之後它再獲准行走部分東區新填海地段[91]，加上電車公司在 1929 年 1 月透過收購啟德巴士擴展至九龍，這個發展方向，可見電車當時看好巴士業務的前景，既然巴士的發展已是大勢所趨，電車沒有辦法阻止，唯有自己也參與這個行業，好讓其陸路交通的覆蓋更多元化，增加市場佔有率。

另外，香港大酒店一直有個汽車部門，經營汽車進口、出租汽車等，亦提供一些定點巴士服務。該公司有三條巴士線，從海旁往山頂或港島南區，包括 1 號由卜公碼頭往堅道並往返香港大學；2 號由卜公碼頭沿花園道上太平山頂；3 號由卜公碼頭沿灣仔往深水灣。到了 1928 年，它獲政府批准增加新線，由石塘咀沿皇后大道，經上、中、下各環直達銅鑼灣[92,93]。政府讓大酒店同時開辦巴士線沿海旁行駛，明顯是為了加入競爭元素，不讓電車公司獨攬港島沿海的交通市場。

至於早在 1921 年開辦的香港仔巴士公司亦有所發展，在 1927 年擴展至赤柱。原來的車隊有四輛巴士，至 1930 年[94]再增加五輛由英國製造的巴士，繁忙時間增至每十分鐘一班，可見香港仔及港島南區一帶的交通需求亦與日俱增。

由以上的發展可見，無論在香港或九龍，乘客對巴士的需求有增無已，經營者增加，難免互相競爭，最終影響服務質素。因此政府更有需要全盤檢討，訂定巴士服務的政策方向，這才導致巴士發展最終走上專營權之路。

---

1 陳昕、郭志坤主編，*香港全紀錄卷一遠古至 1959 年*，香港，中華書局（香港）有限公司，1997，頁 175-177。

2 湯開建、蕭國健、陳佳榮，*香港 6000 年*，香港，麒麟書業有限公司，1998，頁 405-409。

3 同上。

4 “Food, Transport and Labour Controllers Appointed”, *The Hong Kong Telegraph*, 1925-06-22.

5 “General notes”, *Hong Kong Daily Press*, 1925-07-09.

6 Ibid.

7 安得烈·馬爾洛，「香港大罷工印象記」，黎晉偉主編，*香港百年史*，香港，南中編譯出版社，1948，頁 46。

8 湯開建、蕭國健、陳佳榮，*香港 6000 年*，香港，麒麟書業有限公司，1998，頁 409。

9 “Kowloon Buses Affected”, *The Hong Kong Telegraph*, 1925-07-06.

10 “Story of a Strike that Failed”, *South China Morning Post*, 1925-07-08.

11 "Kowloon Buses", *The China Mail*, 1925-07-6.

12 "Kowloon Bus Service", *Hong Kong Daily Press*, 1925-07-08

13 "Story of a Strike that Failed", *South China Morning Post*, 1925-07-08.

14 "Kowloon Bus Service", *Hong Kong Daily Press*, 1925-07-08.

15 "Kowloon Bus Service", *South China Morning Post*, 1925-07-08.

16 "Sanitary Board Estimates", *South China Morning Post*, 1925-05-06.

17 湯開建、蕭國健、陳佳榮，*香港 6000 年*，香港，麒麟書業有限公司，1998，頁 409。

18 「太古船塢裁減工人」，*香港工商日報*，1927 年 6 月 24 日。

19 「本港物業估價增加」，*香港工商日報*，1927 年 6 月 24 日。

20 "Gauarded Opinions on Trade Slump", *Hong Kong Daily Press*, 1927-06-18.

21 *Correspondence relating to the Kowloon Bay Reclamation Scheme*, *Papers laid before the Legislative Council of Hongkong 1916*, (Hong Kong Government Reports Online), p47.

22 *Report of the Legislative Council Meeting on 28 October 1920*, (Government Reports Online), p51.

23 *Report of the Legislative Council Meeting on 4 October 1923*, (Government Reports Online), p119.

24 "Sanitary Board Estimates", *South China Morning Post*, 1925-05-06.

25 "Kai Tack Works will be Completed by Government", *The Hong Kong Telegraph*, 1927-07-28.

26 「收回啟德公司地段之佈告」，*香港華字日報*，1927 年 7 月 11 日。

27 "Retirement of Mr Montague Ede", *South China Morning Post*, 1924-05-17.

28 "Big Scheme for Kowloon Tong", *South China Morning Post*, 1920-12-28.

29 "Death of Mr Montague Ede", *The China Mail*, 1925-05-22.

30 "The squatters at Kowloon Tong", *The Hong Kong Telegraph*, 1927-02-09.

31 "Kowloon Tong Scheme Subscribers' Association Formed", *Hong Kong Daily Press*, 1925-08-24.

32 「九龍塘屋宇維持會同人大會」，*香港工商日報*，1926 年 4 月 17 日。

33 "New Club Opened", *South China Morning Post*, 1935-01-21.

34 「街坊汽車直通九龍塘」，*香港工商日報*，1926 年 5 月 3 日。

35 *Report of the Legislative Council Meeting on 28 October 1920*, (Government Reports Online), p51.

36 「野雞車之末日」，*香港工商日報*，1926 年 4 月 10 日。

37「汽車營業近況」，*香港工商日報*，1928年6月09日。

38「紅邊車公司之近訊」，*華字日報*，1927年6月24日；「紅邊汽車將停駛」，*香港工商日報*，1927年6月；「紅邊車繼續營業」，*香港工商日報*，1927年6月27日。

39 "Bus Proprietor in Prison", *South China Morning Post*, 1926-05-21.

40 "Two Motor Buses Collide", *The Hong Kong Telegraph*, 1928-10-16.

41「汽車爭生意被拘」，*香港工商日報*，1929年8月10日。

42「九龍街坊車照舊辦理」，*香港工商日報*，1926年4月10日。

43 "No Monopoly to One Company", *Hong Kong Daily Press*, 1926-04-10.

44 "Few Buses in Europe", *The Hong Kong Telegraph*, 1926-11-13.

45 *Our history: Alexander Dennis*. Home. (n.d.). Retrieved December 13, 2022, from https://www.alexander-dennis.com/about-us/our-history/

46 "New Kowloon Buses", *South China Morning Post*, 1928-08-30.

47 "Kowloon Bus Service Regular Stopping Places Fixed", *Hong Kong Daily Press*, 1926-06-10.

48 Ibid.

49 "Kowloon Buses to Stop at Given Points", *The Hong Kong Telegraph*, 1926-6-10.

50 "Prospects of an Improved Service", *South China Morning Post*, 1926-07-02.

51 "Kowloon Buses Stops at Recognised Points in Force on Thursday", *The China Mail*, 1926-07-13.

52 "Prospects of an Improved Service", *South China Morning Post*, 1926-07-02.

53 "Kowloon Buses to Stop at Given Points", *The Hong Kong Telegraph*, 1926-6-10.

54 *Hong Kong Government Gazette, 2 June 1927* (Government Reports Online), p227.

55 "Kowloon Bus Leyland Lions Now on Order", *The China Mail*, 1926-08-21.

56 "Demonstration of New Leyland Vehicle ", *South China Morning Post*, 1927-01-26.

57 Ibid.

58 "Two Fine Fleets of Thornycrofts", *The Hong Kong Telegraph*, 1928-09-01.

59 "New Kowloon Motor Buses Tests Carried Out Yesterday", *The Hong Kong Telegraph*, 1928-11-03.

60 "Kowloon Motor Bus Company Fourteen New Big Buses", *Hong Kong Daily Press*, 1928-11-01.

61 "New Route to Kowloon City for Kowloon Tong Residents", *South China Morning Post*, 1927-05-03.

62 "From the Ferry to Kowloon Tong Recent Complaints", *South China Morning Post*, 1927-

05-20.

63 "Chung Mei Garage Bought by Kowloon Motor Bus Co." , *South China Morning Post*, 1930-06-19.

64 "New Bus Garage Kowloon Company Purchase Spacious Property" , *The Hong Kong Telegraph*, 1928-05-01.

65 "Motor Bus Garage. A Fine New Structure for Kowloon" , *South China Morning Post*, 1929-07-03.

66 Ibid.

67 "New Bus Tests. Thornycroft Vehicle is Given Trial" , *South China Morning Post*, 1927-12-03.

68 "Two Fine Fleets of Thornycrofts. Vehicles Delivered" , *South China Morning Post*, 1928-09-03.

69 "Fourteen Thornycrofts to be in Service Soon" , *South China Morning Post*, 1928-09-20.

70 "New Vulcan Motor Bus Tested in Kowloon" , *Hong Kong Daily Press*, 1928-1-14.

71 Ibid.

72 "Kowloon Buses. New Route for China Co.'s Vehicles." , *South China Morning Post*, 1928-01-27.

73 "Prospects of an Improved Service" , *South China Morning Post*, 1926-07-02.

74 "Financial Reorganisation of Kai Tak Co." , *South China Morning Post*, 1926-09-20.

75 "New Kowloon Buses. Bodies Built by Messrs. W. S. Bailey and Co. " , *South China Morning Post*, 1928-08-30.

76 "Brisk Bidding at Crown Land Sales" , *South China Morning Post*, 1929-08-27.

77 "Four Lots Disposed of at Auction" , *South China Morning Post*, 1929-08-21.

78「前日投出官地四段」，*香港工商日報*，1929 年 8 月 21 日。

79 "Financial Reorganisation of Kai Tak Co." , *South China Morning Post*, 1926-09-20 .

80 "Local Motor Matters. A Few Details" , *South China Morning Post*, 1926-09-25.

81 "New Buses for Kowloon" , *South China Morning Post*, 1926-09-25.

82 "New Kowloon Buses. Bodies Built by Messrs. W. S. Bailey and Co." , *South China Morning Post*, 1928-08-30.

83 "Dennis Vehicles for Kai Tack Company" , *South China Morning Post*, 1927-11-02.

84 "No Title" , *South China Morning Post*, 1927-08-22.

85「啟德車廠亦被風吹倒」，*香港華字日報*，1927 年 8 月 25 日。

86 "Kowloon Buses. Kai Tack Company Changes Hands. Hong Kong Tramways to Operate" , *South China Morning Post*, 1929-01-01.

87 "Kowloon Bus Routes", *Hong Kong Daily Press*, 1928-02-08.

88 "Kowloon Motor Bus Service", *Hong Kong Daily Press*, 1928-03-30.

89「電車公司已訂長途客車」，*香港工商日報*，1928 年 5 月 26 日。

90「電車公司將增加汽車行走」，*香港工商日報*，1928 年 12 月 05 日。

91 "Local Road Rivalry Chairman of Tramway Company Complaints of Unfair Competition", *South China Morning Post*, 1929-03-02.

92「大酒店增加長途汽車」，*香港工商日報*，1928 年 8 月 23 日。

93「香港酒店又運到汽車三輛」，*香港工商日報*，1928 年 12 月 1 日。

94「港市交通之進展　香港仔汽車公司裝置新車」，*香港工商日報*，1930 年 7 月 5 日。

第二部分

1930 年代的香港

整個 1930 年代，香港一直籠罩在戰爭的陰影下，從 1937 年日軍全面侵華，及至 1939 年戰火蔓延歐洲，香港都受到衝擊，最後更隨著 1941 年太平洋戰爭爆發，墮入慘痛的淪陷歲月。九巴始終緊扣著大時代的命脈，與香港休戚與共，支援抗戰，守土抗敵，至 1941 年日軍入城，九巴亦受到重創，戰後才浴火重生。

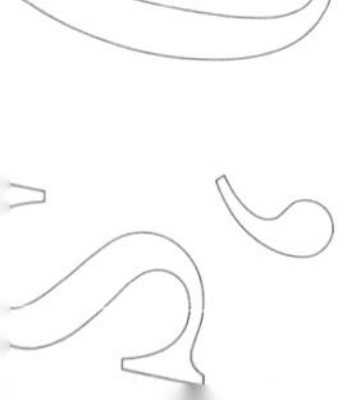

走向專營

踏入 1930 年代，香港受到世界經濟大衰退影響，匯價急跌，物價上升，工商業一片蕭條。不過矛盾的是，不論香港整體或者九龍地區，人口依然以驚人速度增長。九龍的發展更見規模，原本起伏不定的丘陵地貌陸續被剷平，一棟棟新建樓宇拔地而起，城市邊緣一再往外推展，考驗著巴士的運載能力。在政府規管下，九龍的九巴、中巴和啟德巴士三間公司鼎足三立，而香港方面則有大酒店、電車及香港仔巴士三間公司各據山頭，不過這個群雄割據局面快將結束，取而代之的是持續至今的巴士服務專營化政策。

本章會先向讀者呈現 30 年代香港社會的時代大背景，包括人口增長及結構特性、當時香港作為現代社會的成就，之後再聚焦交通政策，介紹政府推出巴士專營權招標的背景、詳情、結果及爭議。

摩登時代

這時期香港人口結構的特點可以歸納為（一）人口持續增長、（二）增幅主要集中在九龍區、（三）以外來人口為主、（四）多屬於低技術類別，這些特徵對於發展九龍巴士服務十分有利。人口結構詳情如下：

整體人口增三成

20 年代中國陷入軍閥割據，政權更迭，兵禍連年，加上盜賊橫行，百姓生活艱苦，以至廣東省居民逃港避禍的趨勢持續。根據 1931 年香港的人口統計報告[1]，在過去十年裡人口繼續激增。1931 年全香港人口約有 84 萬，比 1921 年大幅增加 21.5 萬人，增幅 34.4%，是歷來最大的。而 1921 年則比 1911 年增加了 16.8 萬人[2]。

1931 與 1921 年香港人口比較

	1931	1921	增長 %
香港島	409,203	347,401	17.79%
九龍	263,020	123,448	113%
新界	98,157	83,163	18%
水上人口	70,098	71,154	-1.49%
總數	840,473	625,166	34.4%

在港島，1931 年人口比十年前增加了 17.79% 左右，大部分地區都出現增長，隨著海旁東填海計劃（Praya East Reclamation）[3] 完成，市區新增用地已經由軍器廠街東延至波斯富街，南北則由軒尼詩道向海旁伸延至告士打道，海旁東和原灣仔區分別增長約 8,000 人；此外黃泥涌、北角和西環亦有新的開發及人口增長。

在中環一帶，居住環境已非常擠迫，租金一直高企，越來越多樓宇轉作商業用途，令人口繼續向港島其他地區以及九龍遷移。中半山是其中一個人口下跌的區域，由畢打街至花園道的傳統歐洲商業地段，直至堅道一帶，人口下跌了3,000人，主要由於一些酒店清拆，改建成非住宅商業樓宇，令住客減少。而堅道以上的樓宇，由於樓齡較舊，開始失去吸引力，租金亦下跌，部分租客遷走，尋找更新式的居所。另一個人口下跌的地區是上環太平山街一帶的傳統華人聚居之處，這裡有部分中式酒店賓館拆卸，改建成大型戲院、劇場等，以致居住人口下降。

由於市區陸續向外伸延，令「維多利亞城」的概念日趨模糊，除了在官方文件和地圖等仍會出現外，這個詞彙已不多人使用。

由於九龍有很多新式房屋，除了價錢較便宜外，它們採用鋼筋水泥興建，比港島區的木構建築，在堅固度、防火、衛生、採光和空氣流通方面都有明顯優勢，所以吸引了不少港島區的居民遷往九龍。

九龍人口倍增

在1931年，九龍區人口已有26.3萬，比十年前大升113%，最大的增長位於油麻地、旺角、深水埗及九龍城，全部增幅超過一倍，尤其大角咀及深水埗區的增幅更達三倍。1931年的人口統計報告指出，九龍區當時的人口，已經超越同期英國的諾定咸（Nottingham）、樸茨茅斯（Portsmouth），與紐卡素（Newcastle-Upon-Tyne）比亦相去不遠。

1921 至 1931 年九龍各區人口增長數目及幅度比較

	1931	1921	增長 %
尖沙咀	16,500	12,255	34.6%
紅磡	16,739	14,746	13.5%
油麻地	68,596	32,372	111.9%
旺角	59,740	29,414	103.1
大角咀及深水埗	67,184	16,521	306.7%
紅磡各村落	11,627	8,658	34.4%
九龍城	22,634	9,487	138.6%
總數	263,020	123,448	113%

至於新界方面，人口結構比較穩定，經濟活動仍以農業為主，人口比十年前增長 18%，以大埔、上水、元朗屏山和長洲增幅最大，原因主要是自然增長，基本上沒有外來人口。

外來人口匯集

1930 年代的香港是個移民城市[4]，只有大約三分一人口是本地土生土長，大約四成半人口來自珠江三角洲各城鎮，香港本土連同珠江三角洲的移居人口加起來佔接近八成，再加上來自其他廣東省城市的人口，已佔香港總人口接近 98%。以地區來說，最大的外來人口來源地依次為新會（今屬江門）、東莞、南海（今屬佛山）、廣州、番禺（今屬廣州）、順德（今屬佛山）、香山（今中山）、寶安（今深圳）、和三水（今屬佛山），其他熱門地點，還有廣東省東部的惠州及潮州，西部的新寧（即台山，今屬江門）和開平（今屬江門）等。

從以上統計數據我們清楚看到，在那個階段香港的人口絕大部分由華人組成，而外來人口則是本港出生人口的兩倍，來香港的人絕大部分源自廣東省，來自其他省份或者城市的為數不多。

1931 年香港人口出生地

在香港境內出生（港、九、新界）	32.93%
在珠江三角洲出生（不包括香港）	45.97%
在廣東省出生（珠江三角洲 + 其他廣東城市）	65.04%
在廣東省 + 香港出生	97.97%
在中國內地 + 香港出生	99.56%

當時的香港就像磁鐵一樣，吸引著無數珠三角的人口匯聚到來，而在香港各區之中，又以九龍的人口增長一枝獨秀。外來人口繼續湧向九龍，對於在九龍營運的巴士公司來說，意味著需求上升，也就等於盈利上升。如果能夠得到政府某程度上的保障，不致出現割喉式競爭的話，行業的前景非常可觀。

低知識低技術勞動型

讓我們再看看當時香港人口的特性。全港職業分佈方面，男性人口當中最多人從事的是交通及運輸，佔 68, 539 人[5]，即勞動人口中 19.5%，這裡所指的是大量體力勞動工作，包括搬運苦力[6]，佔 21,500 人，人力車車伕則有 2,600 人。其他職業包括小販、家庭傭工、文員、打字員、家具木工、漁農業、紡織及製衣以及五金等。女性的職業方面，主要是家庭傭工及洗衣女工，其次是農業、搬運工人。

從以上的資料可見，當時香港整體人口大部分都是低下階層，主要從事體力勞動工作。

在教育方面，1931 年在 16 歲以上的華人人口之中，略超過一半人口懂得書寫和閱讀中文， 懂得閱讀和書寫英文的只有 6.38%[7]。而分佈也不平均，懂得讀寫中文的人口遠比懂得英文的多，香港和九龍的人口在兩方面的能力都比新界及水上人好，在所有地區之中男性在兩方面的能力都比女性高。

1931 年人口分區教育水平及中英文能力比較

16 歲以上華人懂得閱讀和書寫中文的比例

香港九龍		新界		水上人口		總比例
男	女	男	女	男	女	
80.44%	21.18%	64.02%	3.69%	33.13%	1.51%	51.66%

16 歲以上華人懂得閱讀和書寫英文的比例

香港九龍		新界		水上人口		總比例
男	女	男	女	男	女	
10.92%	2.37%	2.69%	0.181	2.14%	0.035%	6.38%

從以上的數據可見，香港的人口組成以基層佔最大多數，教育水平不高，意味著他們的收入在低位徘徊，不會有能力自行購買汽車代步，或者乘搭收費較高的的士，他們對於廉價高效的集體運輸工具的需求將非常殷切，這些人口特徵也對巴士行業十分有利。

邁進科技文明新時代

1930 年代香港的城市發展更具規模，新科技、新潮流在西方興起以後很快便會傳入香港，例如現代通訊、廣播、航空等技術的出現，亦有不少大型標誌性基建設施或建築物落成，享譽國際之餘，亦帶來城市化生活的種種便利。因此，香港對交通運輸的便利化、系統化有更高要求，促使政府必須確立一個長遠的交通發展政策。以下先看看一些在 1930 年前後引進香港的現代文明指標。

其中一個現代通訊科技的例子是電話。電話公司雖然在 1925 年已成立，但早期通話需要人力接線，初期用戶才 500 戶，發展程度不高。直到 1930 年 5 月改為自動電話，普及速度加快，令香港進入現代化通訊的時代[8,9]。

其次是航空業。1920 至 1930 年代，航空業在全球突飛猛進，基於香港在中西航道中的戰略性位置，當時的港督金文泰（Sir Cecil Clementi）力主香港也要發展航空業，因此在接收回來的啟德填海區內修建跑道，最後啟德機場在 1928 年正式啟用[10]，奠定香港航空事業發展的基礎。

啓用自動電話後之第三日

情形較前畧佳
居民多已曉用

自動電話自上星期六晚夜深十二時後啓用、至昨日爲第三日、其始用戶因爭新疏忽誤用手續、致將電話機弄壞、電話公司深恐用戶貽累別家、故將已經弄壞之用戶電線割去、其經過情形、已迭紀前報、昨日記者再往該局調查、得悉已爲該公司駁回電線者已有多戶、現只得數百家尚未駁回而已、以此觀之、昨日之情形、當比啓用後之一兩日爲佳、且聞該局派職員在電話模範室指導用戶、用戶之誤用自動電話者、前後幾及二千人、而電話局既將用戶來入之號碼鈔錄、即將其線駁回、故港中用戶電話之不通而至昨日復通者、皆基此種原因、查該局鑒于用戶前往學習之擠擁、由昨日起、加設模範室一個、以免貽誤用戶之時刻、惟查昨日用戶前往該局學習者、只得三百餘人、比前減少一倍有奇、此蓋由於用戶多已通曉、無須再至該局也、後記者又問該局職員某君云、此次糾紛、經三日之時間、即能恢復、相信不出一星期、當無若何窒礙云、

此報章剪報描述 1930 年香港剛轉用自動電話的時候，由於居民不適應，以致弄壞了不少電話機，電話公司要設置示範室教人正確使用。轉用自動電話後第三天，情況已見好轉，可見港人適應新事物的速度。

廣播時代亦隨著 1928 年 6 月香港電台成立而來臨，那時距離英國廣播公司成立不過六年，可見香港也很貼近國際潮流。香港廣播的發展很快，首年才發出 100 多個牌照，至翌年已增長四倍到接近 500 個。雖然早期的節目比較簡單，主要是股份匯水行情、天氣報告、西樂、粵劇等等[11]，但這已經改變了人們獲取資訊和娛樂的方式，亦令訊息傳播更快更廣[12]。

香港的建築業在 1920 至 1930 年代發展非常蓬勃，九龍的地標式建築物半島酒店在 1928 年 12 月落成開幕，是當時一大盛事。它設有商店、寫字樓、銀行、畫廊、大舞廳、會議廳、演講室等，是香港最大最高級的酒店，單是建築費已高達 300 萬元，其設施和管理，在東半球首屈一指[13]。

水務工程方面，20 年代由於人口急劇增加，食水不敷應用，每年都要制水，所以政府決定興建更大型的城門水塘[14,15]，蓄水量是以前所有水塘的總和。工程由 20 年代中開始，分階段完成，在 1930 年完成從城門水塘至尖沙咀

△今日廣播秩序
(上午)十一時至十一時半、股份滙水行情報告、十二時半至一時半、合璧秩序(專爲各無綫電用品店而設之時刻)、一時四十八分、氣候報告、五時至六時、西樂唱片秩序、六時至七時、中樂唱片秩片、(由天籟堂送唱片)、六國封相、風流皇后遊御園、薛覺先、新姑爺上廳、蔡子銳、大嫂子賀壽、樂圖音樂員合奏、七時至九時、試線秩序、七時四十八分、晚間氣候報告、九時、西樂秩序、十時半、完歌、

1920 年代尾香港已經有官方電台提供廣播，令香港資訊傳播進入新時代，圖為 1930 年 2 月 5 日的節目內容。

的引道，以及長達 20,000 多呎的渡海水管，整體工程於 1937 年完成，是遠東最大的工程之一。

總括而言， 以上的新科技、新建設都是香港在 1930 年代的里程碑。香港已是一個由現代科技支撐的繁榮都市，新發展區林立，人口暴增，只有覆蓋面闊、效率高、服務穩定的交通運輸系統，才能承托城市暢順運作和發展的重任，加上英國亦已在 1930 年實施道路交通法案（Road Traffic Act），引進新的巴士監管制度，結束自由競爭時代。香港政府對巴士的政策也有所調整，落實以專營權規管巴士服務，讓投資者可以放膽作出更長遠的規劃，政府亦可透過更嚴格的監管，確保政府的發展理念獲得實現。

專營之議再起

經濟不景扶持巴士

香港作為中西貿易樞紐，容易受到國際大環境的衝擊。省港大罷工之後數年之間，香港元氣尚未恢復，就遇上 1929 年世界爆發經濟大蕭條，銀價大跌衝擊香港，令港幣不斷貶值，而運輸行業無論汽車零件及燃油均由外國入口，以致成本高漲令經營困難。這個時期我們看見政府有意扶持巴士，協助行業應付成本高企，同時加緊取締野雞車，顯示出以巴士為先的政策。以下先看看大蕭條時期香港的經濟環境：

從政府統計數字[16]可見，各類貨品售價在十年間上升了兩成半至四成不等。由於高通脹影響市民購買力，傳統貿易範疇如南北行、米行或其他商舖業務一落千丈，一些銀行出現擠提，店舖也紛紛倒閉。

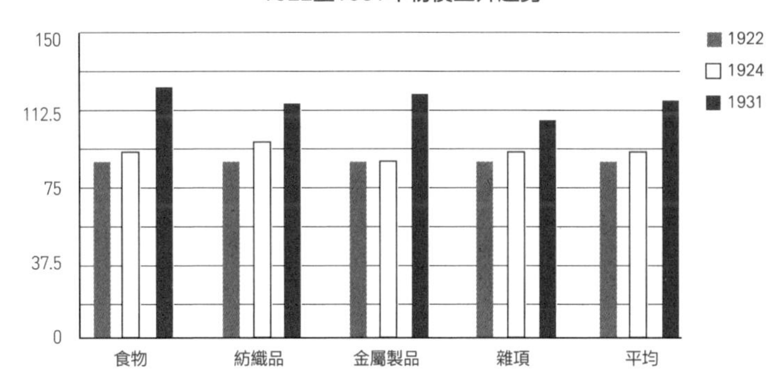

政府就 1922 至 1931 年物價上升趨勢的統計數字可見，各類貨品售價在十年間上升了兩成半至四成不等。

以運輸行業來說，之前介紹過的野雞車，在 1928 至 1929 年再度盛行，全港約 400 多輛，數目比全港巴士加起來還多。他們全是非法性質，只是追逐盈利，車輛往往忽略維修保養，司機的駕駛態度又惡劣，經常違反交通規則，且安全紀錄欠佳，交通意外時有所聞。政府對這種野雞車的監管甚為嚴格，司機稍一犯事，便馬上撤銷牌照，加上原油及其他進口物品價格高企，野雞車的營業亦受到衝擊，因此到 1931 年，它們已減少至僅餘 100 多輛[17,18,19]，而乘客自然會被價錢平、效率高的巴士公司網羅了。

為什麼政府要以巴士為先呢？對政府來說，巴士除了高效率及便於監管外，其營運也能夠為政府帶來收益。1930 年，政府引進了新的稅項，包括向每個巴士座位每年徵收 10 元稅款，以及徵收燃油稅款每加侖 1 毫半[20]。當然這個數目並非很大，亦非政府大力發展巴士服務的主要原因，但透過明確簡單的稅收機制，巴士業務發達，政府亦可以得益。

至於說政府扶持巴士公司，可見於它在 1931 年批准巴士公司調整收費。一如其他運輸行業，巴士業務中有相當一部分的固定成本，受到匯價影響。政

China Motor Bus Company.

REVISION OF FARES.

Route Nos.	Sections		1st Class	2nd Class
1 & 12	Star Ferry ...	... Pak Hoi Street ...	10 cts.	5 cts.
1 & 12	,, ,, ...	... Argyle Street... ...	15 ,,	10 ,,
1 & 12	,, ,, ...	... Sham Shui Po ...	15 ,,	10 ,,
1 & 12	Pak Hoi Street	... Argyle Street... ...	10 ,,	5 ,,
1 & 12	,, ,, ,, ...	... Sham Shui Po ...	15 ,,	10 ,,
1 & 12	Argyle Street ...	... Sham Shui Po ...	10 ,,	5 ,,
7	Star Ferry ...	... Pak Hoi Street ...	10 ,,	5 ,,
7	,, ,, ...	... Argyle Street... ...	15 ,,	10 ,,
7	,, ,, ...	... Prince Edward Road...	15 ,,	10 ,,
7	,, ,, ...	... Kowloon Tong ...	20 ,,	10 ,,
7	Pak Hoi Street	... Argyle Street... ...	10 ,,	5 ,,
7	,, ,, ,, ...	... Prince Edward Road...	15 ,,	10 ,,
7	,, ,, ,, ...	... Kowloon Tong ...	15 ,,	10 ,,
7	Argyle Street...	... Prince Edward Road...	10 ,,	5 ,,
7	,, ,, ...	... Kowloon Tong ...	15 ,,	10 ,,
7	Prince Edward Road ...	Kowloon Tong ...	10 ,,	5 ,,
11	To Kwa Wan...	... U. S. R. C.	10 ,,	5 ,,
11	,, ,, ,, ...	... Yaumati Ferry ...	15 ,,	10 ,,
11	,, ,, ,, ...	... Argyle Street	15 ,,	10 ,,
11	,, ,, ,, ...	... Sham Shui Po ...	20 ,,	10 ,,
11	U. S. R. C. ...	... Yaumati Ferry ...	10 ,,	5 ,,
11	,, ...	... Argyle Street	15 ,,	10 ,,
11	,, ...	... Sham Shui Po ...	15 ,,	10 ,,
11	Yaumati Ferry	... Argyle Street.... ...	10 ,,	5 ,,
11	,, ,, ...	... Sham Shui Po ...	15 ,,	10 ,,
11	Argyle Street ...	... Sham Shui Po ...	10 ,,	5 ,,

1931 年 7 月 1 日起中巴實施的新收費

Kai Tak Motor Bus Co. (1926), Ltd.

SCALE OF FARES.

Route	Between	And	1st Class	2nd Class
3	Star Ferry	Austin Road	10 cts.	5 cts.
3	Star Ferry	Kowloon Dock Gate ...	15 ,,	10 ,,
3	Star Ferry	Ma Tau Kok Road ...	15 ,,	10 ,,
3	Star Ferry	Kowloon City	20 ,,	10 ,,
3	Austin Road	Kowloon Dock Gate ...	10 ,,	5 ,,
3	Austin Road	Ma Tau Kok Road ...	15 ,,	10 ,,
3	Austin Road	Kowloon City	15 ,,	10 ,,
3 & 4	Kowloon Dock Gate ...	Kowloon City	15 ,,	10 ,,
3 & 4	Ma Tau Kok Road ...	Kowloon City	10 ,,	5 ,,
4	Yaumati Ferry	U. S. R. C.	10 ,,	5 ,,
4	Yaumati Ferry	Bailey's Yard	15 ,,	10 ,,
4	Yaumati Ferry	Ma Tav Kok Road ...	15 ,,	10 ,,
4	Yaumati Ferry	Kowloon City	20 ,,	10 ,,
4	U. S. R. C.	Bailey's Yard	10 ,,	5 ,,
4	U. S. R. C.	Ma Tau Kok Road ...	15 ,,	10 ,,
4	U. S. R. C.	Kowloon City	15 ,,	10 ,,
3 & 4	Ma Tau Kok Road ...	Kowloon Dock Gate ...	10 ,,	5 ,,
5	Star Ferry	Austin Road	10 ,,	1st Cless Only.

1st July, 1931.

1931 年 7 月 1 日起啟德巴士實施的新收費

The Kowloon Motor Bus Company, Ltd.

SCALE OF FARES.

Route Nos.	Sections		1st Class	2nd Class.
2, 6, 8 & 10	Between Star Freet ...	and Pakhoi Street ...	10 cents	5 cents
2, 6, 8 & 10	,, ,, ,, ...	,, Argyle ,, ...	15 ,,	10 ,,
6, 8, & 10	,, ,, ,, ...	,, Waterloo Road ,, Pr. Edward ,, } J	15 ,,	10 ,,
8	,, ,, ,, ...	,, Kowloon Tong ...	20 ,,	10 ,,
6 & 10	,, ,, ,, ...	,, Kowloon City ...	20 ,,	10 ,,
10	,, ,, ,, ...	,, Ngau Chi Wan ...	20 ,,	10 ,,
2	,, ,, ,, ...	,, Yen Chow Street	15 ,,	10 ,,
2	,, ,, ,, ...	,, Wong Yuk Village	20 ,,	10 ,,
2	,, ,, ,, ...	,, Laichikok ...	20 ,,	10 ,,
2, 6, 8 & 10	,, Pakhoi Street	,, Argyle Street ...	10 ,,	5 ,,
6, 8 & 10	,, ,, ,,	,, Waterloo Road ,, Pr. Edward ,, } J	15 ,,	10 ,,
8	,, ,, ,,	,, Kowloon Tong ...	15 ,,	10 ,,
6 & 10	,, ,, ,,	,, Kowloon City ...	15 ,,	10 ,,
10	,, ,, ,,	,, Ngau Chi Wan ...	20 ,,	10 ,,
2	,, ,, ,,	,, Yen Chow Street	15 ,,	10 ,,
2	,, ,, ,,	,, Wong Yuk Village	15 ,,	10 ,,
2	,, ,, ,,	,, Laichikok ...	20 ,,	10 ,,
6, 8 & 10	,, Argyle ,,	,, Waterloo Road ,, Pr. Edward ,, } J	10 ,,	5 ,,
8	,, ,, ,,	,, Kowloon Tong ...	15 ,,	10 ,,
6 & 10	,, ,, ,,	,, Kowloon City ...	15 ,,	10 ,,
10	,, ,, ,,	,, Ngau Chi Wan ...	15 ,,	10 ,,
2	,, ,, ,,	,, Yen Chow Street	10 ,,	5 ,,
2	,, ,, ,,	,, Wong Yuk Village	15 ,,	10 ,,
2	,, ,, ,,	,, Laichikok ...	15 ,,	10 ,,
8	,, Jun. W'loo Rd. ,, Pr. Edward Rd. }	,, Kowloon Tong ...	10 ,,	5 ,,
6	,, Waterloo Road	,, Kowloon City ...	10 ,,	5 ,,
10	,, ,, ,,	,, Ngau Chi Wan ..	15 ,,	10 ,,
10	,, Kowloon City..	,, ,, ,, ...	10 ,,	5 ,,
2	,, Yen Chow Stt.	,, Wong Yuk Village	10 ,,	5 ,,
2	,, ,, ,, ,,	,, Laichikok ...	15 ,,	10 ,,
2	,, Wong Yuk Vill.	,, ,, ,, ...	10 ,,	5 ,,

J-Junction.

1931 年 7 月 1 日起九巴實施的新收費

府在 1930 年施加的新稅項，加上港幣貶值，令巴士公司幾乎要付出多一倍價錢購買巴士、汽油、橡膠輪胎、零件等，令成本大增[21]。因此，九巴、中巴和啟德，共同向政府申請調整票價機制[22,23]，要求取消過去多級制的收費方式，簡化為只有兩種：二等短途維持 5 仙，但只能夠乘搭一個分段，超過之後必須付 1 毫的全程車資，而頭等短途需要付 1 毫，長途則要付 1 毫半。

這個票價機制好處是較為簡單劃一，但亦意味著所有乘搭多過一個分段的中短途乘客，均需付出比原來高的車資。長途的乘客，則可以用頭等 1 毫半和二等 1 毫的價錢，乘搭巴士到任何目的地。

這一個票價調整方式當時也引起不少反對聲音，認為對於乘搭多於一個分段的低收入乘客影響最大，不過建議最後還是獲得政府批准，於 1931 年 7 月 1 日實施。不單是這樣，政府還批准了大酒店巴士公司以及九巴公司的申請，在巴士上方增設廣告架[24]，透過廣告收入補貼車費，這就是巴士車身廣告的起源。

政府一方面嚴厲打擊非法經營的野雞車，同時允許巴士公司修訂票價機制，及以廣告方式增加收入，可見政府政策向巴士公司傾斜，讓他們獲得合理回報，鼓勵他們用心改善服務。

走上專營路

通過專營權規管巴士是政府一直以來的想法，只是 1921 年時由於收回的標書不合意，才決定擱置，改讓各營辦商作小規模試驗，至 1926 年又因發生省港大罷工，唯有將專營權問題再次按下，讓原有幾間巴士公司並存，但加強規管，同時不再接納新經營者。到了 1932 年，香港政府才再度推出巴士專營權招標計劃[25]。

政府在1932年6月[26,27]，邀請有意者入標競投巴士專營權。政府有兩個選項，一是批出一個覆蓋全港的巴士專營權，另一個選項是批出兩個，即香港島一個，九龍新界另一個。專營權年期由1933年6月11日開始，為期15年。

文件內容以及意義可歸納為以下各項：

股東必須英籍

所有巴士必須為英國製造，且經營者必須為英籍，如果以公司入標，則大部分股東及管理層成員必須為英籍，而控制權需要在香港境內，政府亦有權取消專營權。

這些要求凸顯招標過程中對英國利益的保障。

巴士營運全規管

港督會同行政局有權要求增加、延長、縮短或更改任何路線、加密班次或者增加服務。專營公司的巴士數目、大小、載客量、重量、速度、設計、建造、產地等各個方面也需政府批准。專營公司需獲警方發出的許可證，證明巴士在設施、維修，包括車廠、員工、應用物料方面均令人滿意，才可開始營運。

以上條款顯示政府對巴士服務的質、量及安全性方面的掌控和重視。

車費收益抽稅

公司需向政府繳交車費收入某個百分比作專營稅，替代原來的座位稅及牌照費。政府隨時可檢查各項營運資料，包括巴士總數、每日行走里數及車程總數、每程載客人數及路線車費收入的詳盡記錄。

這樣的安排保障政府在批出專營權中獲得的財政收益，以及對專營權擁有人賬目查核的權力。

投標先交保證金

投標者需要逐一列出其建議不同路線的分段收費及最高票價，首三年票價將維持不變，並需要在投標時向政府提交 1,000 元訂金，中標者需要在 14 日內向政府提交保證金，港島 20,000 元 ，九龍及新界 30,000 元，港九新界 50,000 元。

這些條款要求競投者必須展現誠意，而九龍及新界的保證金比港島的高，是因為這一次投標以九龍及新界區的巴士路線佔多，因此保證金也按比例調整。

雙層巴士留後著

政府暫不會批准雙層巴士在港島區行走，至於在九龍則要視乎工務司的建議。

這一點是回應社會要求引進雙層巴士的呼聲，顯示政府持開放態度，但認為未是時候即時引進。

政府操生殺大權

如果專營權擁有人的服務達不到政府要求，港督會同行政局可接收、修訂或終止專營權持有人的巴士服務。

這條款是針對一旦專營權擁有人未能提供有效服務之時，保障政府及市民大眾利益。

中標落選自行交接

政府規定中標者必須購買其他經營者的營業巴士、維修廠房、機器、土地及建築物，價錢需經估價後決定。

這一條款是為了令巴士服務無縫交接，讓中標者可以馬上開展服務，不會對乘客構成影響。

憲報亦詳載了政府心目中各區的巴士路線，其中九龍及新界區巴士路線如下：

1932 年政府專營權計劃下的九龍及新界巴士路線

路線編號	行走路線	服務時段及班次	載客量最少	載客量最多
1.	尖沙咀碼頭至深水埗， 經梳士巴利道、彌敦道及荔枝角道	由上午 5:45 至 至凌晨 1:15 每 10 分鐘	25	35
2.	尖沙咀碼頭至荔枝角，經梳士巴利道、彌敦道及青山道	由上午 5:45 至凌晨 12:30 每 10 分鐘	20	35
3.	尖沙咀碼頭至九龍城，經梳士巴利道、漆咸道、蕪湖街、 大沽街、馬頭圍道、譚公道、太子道及西貢道	由上午 5:45 至凌晨 1:15 每 10 分鐘	20	30
4.	油麻地碼頭 (佐敦道) 至九龍城，經佐敦道、加士居道、漆咸道、蕪湖 街、大沽街、馬頭圍道、譚公道、太子道及西貢道	由上午 5:30 至凌晨 1:15 每 10 分鐘	20	30
5.	尖沙咀碼頭至柯士甸道，經梳士巴利道、彌敦道、加拿分道、 金巴利道及柯士甸路	由上午 7:30 至上午 9.30 每 10 分鐘	20	20
6.	尖沙咀碼頭至九龍城，經梳士巴利道、彌敦道、太子道及西貢道	由上午 5:45 至凌晨 1:15 每 10 分鐘	20	35
7.	尖沙咀碼頭至九龍塘，經梳士巴利道、彌敦道、亞皆老街、 太平道及窩打老道	由上午 6 :00 至凌晨 1:15 每 10 分鐘	25	30
8.	油麻地碼頭 (佐敦道) 至九龍塘，經佐敦道、彌敦道、太子道及窩打老道	由上午 6 :00 至凌晨 1:15 每 10 分鐘	25	30
9.	旺角碼頭至元朗墟，經彌敦道、青山道	由上午 5:30 至上午 7:30 每半小時	20	20

路線編號	行走路線	服務時段及班次	載客量最少	載客量最多
10.	尖沙咀碼頭至牛池灣，經廣東道、油麻地碼頭(佐敦道)、佐敦道、上海街、太子道及西貢道	由上午 5:45 至深夜 12 時 每 10 分鐘	20	30
11.	深水埗至土瓜灣，經荔枝角道、上海街、油麻地碼頭(佐敦道)、加士居道、漆咸道、蕪湖街、大沽街及馬頭圍道	由上午 6 :00 至凌晨 1:00 每 10 分鐘	20	25
12.	尖沙咀碼頭至深水埗，經梳士巴利道、廣東道、眾坊街、新 填地街、上海街及荔枝角道	由上午 6:15 深夜 12 時 每 10 分鐘	20	30
13.(新)	油麻地碼頭(佐敦道)至九龍城，經佐敦道、彌敦道、太子道及西貢道	由上午 6 時 至深夜 12 時 每 10 分鐘	25	30
14.(新)	油麻地碼頭(佐敦道)至深水埗，經廣東道、眾坊街、新填地街、上海街及荔枝角道	由上午 6 時 至凌晨 1 時 每 10 分鐘	25	30
15.	錦田至元朗墟	由上午 9 時 至下午 5 時 (非墟期) 由上午 7 時 至下午 5 時 (墟期) 每半小時	15	15
16.(新)	粉嶺至大埔	由上午 6 時 至下午 6 時 每半小時	15	15
17.	元朗墟至上水	由上午 6:30 至下午 5:30 每半小時	15	20
18.	粉嶺至沙頭角	由上午 7:15 至下午 6:30 每小時	15	20

票價方面，分頭等和二等，每條路線各有分段。市區二等票價由 5 仙至 1 毫，頭等 1 毫至 2 毫；新界方面最遠由旺角至元朗，二等收 5 毫，頭等收 7 毫。

四歲以下兒童，如有成人陪同可免費，當值的警察和郵差亦可免費乘車。穿制服的英國軍人和 12 歲以下小童可以付二等車資乘坐頭等，但乘坐二等或不分等級的車廂時需付全費。

從以上政府建議的路線表可見，新專營權下九龍及新界共有 18 條路線，從覆蓋範圍看，以尖沙咀為總站的有八條，油麻地（佐敦）六條，深水埗荔枝角五條，九龍城四條，九龍塘兩條，其他目的地還有牛池灣、土瓜灣、柯士甸道。新界方面，元朗三條，粉嶺兩條，大埔、上水、沙頭角各有一條。從以上分佈可見，1933 時期網絡仍然以尖沙咀碼頭為樞紐，但覆蓋地區比較起 1928 年已經更為廣泛，更平均。而新界區的路線也正式納入網絡範圍，並有所擴展。

1933 年除了是巴士專營權的開始之外，另一個標誌性的發展是同年 3 月份，佐敦道的汽車渡輪碼頭正式啟用，為香港至九龍的交通提供分流。路線表亦反映出政府配合佐敦碼頭的啟用，開闢路線接駁至九龍各區，讓它成為接駁港島的另一個中心，紓緩尖沙咀碼頭的壓力。

此外，當值警察和郵差可以免費乘車，而英軍及小孩則可以二等車資坐頭等，現在看來有點匪夷所思，隨著時代進步，這些政策已經漸漸取消了。

文件所見，政府對港九新界綜合交通發展有全盤想法，招標是希望交由一個營辦商，忠實地執行政府的想法。專營權條款的嚴格要求，是為了確保投得專營權的巴士公司，能配合政府對香港的整體發展方向。

1933 年 1 月 13 日，政府憲報公佈道路客運交通的招標結果[28]，香港區的專營權由中華巴士公司，九龍及新界的專營權由九龍巴士公司取得，並於同年 6 月 11 日生效。從此香港的巴士服務邁向專營時代，亦意味著九龍區原有由九巴、中巴、啟德三間巴士公司鼎立；香港區原有由香港大酒店、電車及香港仔汽車三間公司並存的局面宣告完結，從此以後數十年，巴士服務進入香港、九龍各由一間專營公司提供的穩定局面。

結果惹爭議

然而這個結果在城中引起不少爭議，輿論對於中標者的財政能力存疑，其中兩個落選者香港大酒店及電車公司更公開批評招標條件太嚴苛，到港島區的巴士營運權交接時，更一度陷入僵局。

NOTICES.

COLONIAL SECRETARY'S DEPARTMENT.

No. S. 10.—The following names of successful tenderers are notified for general information:—

Government Notification.	*Particulars.*	*Firms.*
S. 319 of 2.9.32.	Tender for Road Passenger Transport.	*Island of Hong Kong.* The China Motor Bus Co. *Kowloon and the New Territories.* The Kowloon Motor Bus Co., Ltd.

W. T. SOUTHORN,
Colonial Secretary.

13th January, 1933.

1933 年 1 月 13 日政府憲報公佈道路客運交通的招標結果

先看看輿論的反應。就在消息公佈幾天之後，《南華早報》刊登了一篇文章[29]，內容有點酸溜溜，指招標結果引起不小轟動（caused no little sensation），因招標過程神秘，沒有公佈標書的詳細資料及出價，容易引起城中種種揣測和批評，也易於出現不正當的手段（sharp dealing），或者中標價非常高，因此質疑中標者是否能履行專營權承諾。

幾星期後，市場更盛傳中巴將會放棄港島區專營權的消息，對此《南華早報》記者找來中巴創辦人顏成坤親自闢謠[30]，顏成坤斬釘截鐵地表示，消息無中生有，「是別有用心的人造謠生事」（mischievous people who have their own axe to grind）。他強調中巴是計算過才入標，對結果仍然感到滿意，所以根本沒有理由會放棄專營權。

從顏成坤親自回應市場傳聞，以及輿論就專營權結果所發表的意見，可見當時社會人士的心態。由於港島巴士兩個原經營者，即電車和大酒店，都是有份量的英資集團，然而最後專營權卻由一家華資過江龍中巴奪得，這個結果引發的反響是可以理解的。

啟德巴士的經營者香港電車公司的主席[31]A. B. Steward，在1933年2月向股東交代對招標結果的評價，亦透露了電車的標書內容。他指政府定出的招標條件太嚴苛，以車資收入百分比來釐定專營稅根本不能接受，因為電車公司經營啟德巴士幾年來都沒有盈利。因此電車公司就九龍方案提出兩個反建議，（一）引進汽油驅動無軌電車系統，並願意向政府支付盈利的25%作專營稅。（二）成立由政府與電車公司共同參與，各佔一半股份的交通機構，政府不會獲得專營稅，但會獲派發股息。當然最終政府並沒有接受電車公司的兩項建議。

至於該公司投標香港島專營權同樣落選， A. B. Steward 估計中標的中華巴士肯定承諾給予政府很高的專營稅。

另一原經營者香港大酒店主席 J. Scott Harsion 則在 1933 年 3 月[32] 向股東解釋，集團分別入了三份標書，競投全港、港島和九龍及新界的巴士。該公司建議先向政府支付總車費收入 5% 的專營稅，至於額外的專營權費，則是將超過實收資本回報率 10% 的利潤，按 5% 的比例遞增，上限為 20%，有剩餘利潤全部用於降低票價。不過香港大酒店的建議同樣沒有被政府採納。

從兩個落選者對招標條件的評價，以及他們自行開出的入標條款，可見當時業界普遍認為政府的招標條件太苛刻，根本難以達到，也怪不得市場對於中標者的財力有所質疑。

我們今天回望，以上的風風雨雨不過是專營巴士發展過程的小插曲，隨著招標結果塵埃落定，香港的巴士業進入中巴及九巴延續幾十年各據一方的時代。而我們從後來的發展知道，當時市場上憂慮的種種並沒有出現，這兩間公司都有能力造就一個時代的傳奇。

中巴交接風波

專營權在 1933 年 6 月 11 日開始，在此之前九巴和中巴需要向現有經營者購買巴士，作過渡安排。然而在香港島方面，交接談判卻因巴士估價出現分歧而幾乎破裂[33,34]。

香港大酒店、電車公司和香港仔巴士要求以當時的英鎊匯率作計算，但中巴則認為應該以購入時的匯率作準。由於 30 年代初港幣匯率大幅下跌，若以此時的匯價作準，意味著中巴需付出更大筆資金。顏成坤在交接前一個多月，將談判陷入僵局的情況向報章披露，並指出若困難持續，將要求政府介入。他也預算大不了便停止討論，將其在九龍的 46 輛巴士一併調到香港，不愁不夠用[35]。幸好兩星期後，談判取得進展，重大分歧項目已達成協議。

不過，當時市場上就中巴要付出的車價以及其財務狀況有很多傳言，最後顏成坤又親自出來澄清，成交價沒有傳言中的貴。中巴以作價大約 26 萬元，向大酒店購入 29 輛巴士，以 5 萬多元的價格從香港電車公司購得 8 輛巴士，並向香港仔巴士公司以約 3 萬元購入 7 輛巴士。購買這 44 部巴士共動用了 34 萬元。

至於有謠傳指中巴缺乏資金，他鄭重否認，強調自己有足夠財力，共有 150 萬資本額，其中近 100 萬已經發行[36]。1933 年 7 月中巴更正式將公司總部遷往香港島，凸顯他發展港島業務的決心[37]。

九巴順利過渡

九巴方面，接收其他公司車輛及路線的進展則順利得多。九巴從中巴和啟德巴士收購 60 輛巴士，購入價約為 40 萬元，討論進展良好。連同該公司原有的 50 輛巴士，新專營權下，九巴將有 110 輛巴士[38,39]，行走 18 條路線。1933 年 5 月 3 日及 5 月 5 日，九巴兩名創辦人雷瑞德及林銘勳分別接受[40,41,42]記者訪問，兩人都表示，新公司已成立，法定資本為 350 萬，將發行最多三分之二的資本，而舊公司的資本只有 25 萬元。此舉是為了給予公眾信心，並顯示新公司財力雄厚，有能力實現專營權的承諾。

以下是根據多月來報章報道整理，比較九巴和中巴在資本額、巴士數目、營運路線、巴士來源、買車支出等方面的情況：

九巴 1933 年專營權下車隊來源分佈

九巴	50
中巴	36
啟德	24(一說 25)
合共	110

* 由於不同日子、不同來源的資料略有不同，上述綜合統計或會有出入，僅供參考。

中巴 1933 年專營權下車隊來源分佈

來源	數目 (舊經營者原有)
大酒店	29(36)
電車	8
香港仔巴士	7(11)
中巴	10
合共	54

* 由於不同日子、不同來源的資料略有不同，上述綜合統計或會有出入，僅供參考。

綜合分析，當時九巴和中巴爭奪專營權，可謂叮噹馬頭，九巴有 50 部巴士行走五條巴士路線，中巴有 46 部巴士，同樣行走五條巴士線。專營權批出後，市場規模出現了很大的變化，九巴車隊壯大一倍至 110 部巴士，而中巴方面，原先香港大酒店車隊有 36 部巴士，電車有 8 部，香港仔巴士有 11 部，即總共有 55 部巴士在香港島行走[43]，最終談判後，中巴只接收了 44 部，並且從其九龍車隊中抽調 10 部精銳兵團過港島，合共 54 部，與原先比較可謂平手。因此在港島專營權開始的時候，其市場規模只有九巴的一半。

九巴方面由於少了中巴十部巴士，而接收過來的其他巴士又質素參差，加上路線擴充及改動，應付方面有點捉襟見肘。這部分在下一章詳述。

中巴、九巴 1933 年專營權開始時比較

	法定資本	將發行資本	巴士數目	購買巴士支出(數目)	營運路線
九巴	350 萬	將發行最多 2/3 資本	110	$400,000(60)	18
中巴	150 萬	100 萬	54	$340,000(44)	9

* 由於不同日子、不同來源的資料略有不同，上述綜合統計或會有出入，僅供參考。

從以上資料看，再加進資本額、營運路線來進行分析，得出的結果仍然是中巴的總體規模在 1933 年約為九巴一半。這是由於從 1921 年開始，巴士已被選定作為九龍的主要集體運輸工具，沒有其他軌道交通和它競爭，巴士在九龍的發展規模一直比香港島大得多。香港島雖然人口比九龍多，但交通工具選擇也多，巴士一直是輔助性質，服務電車行駛不到的地段；在最繁榮的海旁地帶，早期仍然以電車為主，到 1928 年才有巴士行走，因此在 1933 年，巴士在港島的規模仍及不上九龍。

即使到了以後，由於新發展的區域一直在九龍及新界，令九巴的經營規模及發展潛力，都比中巴為大。

---

1 *Report on the Census of the Colony for 1931*, (Papers laid before the legislative Council of Hong Kong, Sessional Papers 1931, HK Government Reports Online, digital Initiatives, HKUL), p102-106, 142-146.

2 Ibid, p102.

3 *The China Mail*, 1921-04-29.

4 *Report on the Census of the Colony for 1931*, (Papers laid before the legislative Council of Hong Kong, Sessional Papers 1931, HK Government Reports Online), p129.

5 Table 35, Synopsis of Occupational Classification, *Report on the Census of the Colony for 1931*, (Papers laid before the legislative Council of Hong Kong, Sessional Papers 1931, HK Government Reports Online, p143.

6 Appendix C, Occupational Classification, *Report on the Census of the Colony for 1931*, (Papers laid before the legislative Council of Hong Kong, Sessional Papers 1931, HK Government Reports Online), p180.

7 *Report on the Census of the Colony for 1931*, (Papers laid before the legislative Council of Hong Kong, Sessional Papers 1931, HK Government Reports Online), p139.

8 黎晉偉，*香港百年史*，香港，南中編譯出版社，1948，頁 159。

9「啟用自動電話後之第三日」，*香港工商日報*，1930 年 5 月 7 日。

10 陳昕、郭志坤主編，*香港全紀錄卷一遠古至 1959 年*，香港，中華書局（香港）有限公司，1997，頁 184。

11「今日廣播秩序」，*香港華字日報*，1930 年 2 月 5 日。

12 湯開建、蕭國健、陳佳榮，*香港 6000 年*，香港，麒麟書業有限公司，1998，頁 427。

13 陳昕、郭志坤主編，*香港全紀錄卷一遠古至 1959 年*，香港，中華書局（香港）有限公司，1997，頁 184。

14 同上，頁 212。

15 湯開建、蕭國健、陳佳榮，*香港 6000 年*，香港，麒麟書業有限公司，1998，頁 485。

16 Wages and Cost of Living, *Administrative reports for the Year 1931*, (Government Reports Online), p18.

17「本港野雞車之調查」，*工商晚報*，1931 年 11 月 21 日。

18「野雞車營業為艱」，*工商晚報*，1933 年 2 月 15 日。

19「野雞車與手車均將淘汰」，*香港工商日報*，1930 年 2 月 20 日。

20 "Kowloon Motor Bus Losses Unified Control Suggested as a Solution to Problem", *South China Morning Post*, 1931- 02-28.

21 "New Bus Fares for Kowloon", *Hong Kong Telegraph*, 1931-05-16.

22 "Kowloon Bus Fares. New Scale of Charges", *Hong Kong Daily Press*, 1931-06-15.

23 "China Motor Bus Company Revision of Fares; The Kowloon Motor Bus Company, Ltd. Scale of Fares; Kai Tak Motor Bus Co. (1926), Ltd. Scale of Fares", *Hong Kong Daily Press*, 1931-06-15.

24「巴士營業新政策」，*香港華字日報*，1931 年 5 月 12 日。

25 "Unified Control of Local Bus Service", *Hong Kong Telegraph*, 1932-06-04.

26 Tenders invited for Road Passenger Transport, *02-Sep-1932 Hong Kong Government Gazette,1932 Supplement*, (Government Reports Online), p824.

27 “Exclusive Right to Run Buses” , *South China Morning Post*, 1932-06-06.

28 *Names of successful tenderers, 13-Jan-1933 Supplement, Hong Kong Government Gazette, 1933* (Government Reports Online), p33.

29 “The Bus Contract” , *South China Morning Post*, 1933-01-18

30 “Bus Franchise Rumours. Denial by Manager of China Motor Bus Co” , *South China Morning Post*, 1933-02-14.

31 “Tramway Company's Record Year” , *The China Mail*, 1933-02-16.

32 “Hotel Coy.'s Attitude to Bus Service” , *The China Mail*, 1933-03-20.

33 “Sale of Buses” , *South China Morning Post*, 1933-06-10.

34 “Bus Franchise Issue. Deadlock Reported in Sale Negotiations” , *The Hong Kong Telegraph*, 1933-05-02.

35 “$1,500,000 New Bus Company. $1,000,000 Subscribed Already” , *The China Mail* , 1933-05-05.

36 Ibid.

37 “China Motor Bus Co. Ltd, Notice of Removal” , *South China Morning Post*, 1933-07-14.

38 “Colony's New Bus Services Commenced” , *The China Mail*, 1933-06-08.

39 “$3,500,000 Bus Company for Kowloon. Expansion Plan” , *The China Mail*, 1933-05-03.

40 “Kowloon Buses. New Company Formed For Monopoly” , *The Hong Kong Telegraph*, 1933-05-03.

41 “$3,500,000 Bus Company for Kowloon. Expansion Plan” , *The China Mail* , 1933-05-03.

42 “Trees along Nathan Road May Be Cut. Double Decker Buses Need Space” , *The China Mail*, 1933-05-05.

43 “Bus Franchise Issue. Deadlock Reported in Sale Negotiations” , *The Hong Kong Telegraph*, 1933-05-02.

九巴王國初奠基

九巴取得專營權，奠下了往後數十年發展的基石，從此九龍及新界每一個新發展區都有巴士的足跡，九巴陪伴了一代一代人成長。初時，九巴亦曾受過不少批評，但它都一一克服，並定下發展宏圖，很多巴士營運的概念和操作原則，早在 1933 年已經定下基調。此外，此時出現了柴油引擎，大幅減低營運成本，經營環境趨於穩定，令九巴的運作慢慢上軌道。

本章會先介紹 1933 年時期九巴幾名創辦人之間的關係以及員工待遇，之後看兩巴取得專營權之後，如何引起社會批評，以及他們如何改善，最後談談九巴在內部員工監管方面的教訓，及如何應用公關技巧提升形象。

九巴（1933）英雄榜

相對於中巴創辦人顏成坤的鮮明形象，很多人一直弄不清楚九巴創辦人的背景和創辦經過。其實在 1933 年九巴參與競投專營權時共有五位主事人，分別是雷亮、雷瑞德、林銘勳、鄧肇堅和譚煥堂。1933 年 1 月得悉申請成功後，他們將原來的九龍汽車公司改組，於 1933 年 4 月 13 日成立新公司[1]，並在公司名稱加上「1933」字眼作為區分，全名是九龍汽車（1933）有限公司（The Kowloon Motor Bus Co. (1933) Ltd.）。而以上五人，就被視作九巴創辦人。

創辦人結緣 1933

然而以上五位人士是如何走在一起的呢？這是人們時常問的問題，從不同名字與九巴拉上關係的年份，可以重組出一條時間脈絡。

在第四章提過，1921 年，由九巴醞釀至開幕，報章提及或訪問的創辦人都為雷少鵬[2]。但其實當時九巴還有另一創辦人，名字是雷亮，二人是來自廣東台山的同鄉[3]。雷少鵬是美國歸僑，曾經在上海經營巴士[4]，雷亮則自少由鄉間來香港，經營不同生意。二人在香港碰面，興起在香港創辦巴士公司、開風氣之先的念頭，雷少鵬管營運，雷亮管財務。之後雷少鵬一方陸續找其堂兄雷維信及堂姪雷瑞德[5]進九巴，而雷亮一方亦找來其朋友的兒子林銘勳。

到了 1927 年時，雷少鵬的總經理（早期中文報紙對職位沒有固定叫法，有時只稱為經理或司理）位置換成了堂兄雷維信，執掌財政的仍是雷亮，而雷亮的世侄林銘勳亦已加入，任職秘書[6]。在一則刊登於 1927 年 7 月

THE KOWLOON MOTOR BUS CO., LTD.

IT IS HEREBY NOTIFIED that the following persons have been appointed to hold Office as from JANUARY 1st, 1927:—

LOUIE WAI SUN,
Managing Director.

LOUIE LEUNG,
Treasurer.

LAM MING FAN,
Secretary.

L. G. CHONG,
Manager.

No Contracts can be recognized by this Company unless signed by at least Two of its Directors.

All Communications to be addressed to the Secretary.

By Order of the Board of Directors,
LAM MING FAN,
Secretary.

Hong Kong, July 1[illegible]th, 1927. [5127

1927 年九巴一則通告顯示，主要負責人包括雷維信、雷亮和林銘勳。

19 日的報紙通告中，九巴宣佈有資格代表九巴簽署合約的人，頭三名就是雷維信、雷亮及林銘勳。至 1932 年，總經理的名字再由雷維信換成其兒子雷瑞德，雷亮及林銘勳的角色沒有改變。以上就是其中三名創辦人之間的關係。

至於 1933 年九巴重組的情況，筆者訪問了雷亮的孫兒，即九巴前總經理雷中元先生，他說：「到了 1933 年政府推出巴士專營權招標時，由於原有的九巴三名創辦人雷瑞德、雷亮及林銘勳都不認識港督或高級政府官員，在社會上地位不夠高，為了增加勝算，馬上找來地位相當的鄧肇堅和譚煥堂加盟。」

鄧肇堅是 1928 年東華醫院主席以及 1932 年保良局主席；譚煥堂是 1926 年東華醫院主席及 1930 年保良局主席[7,8]。得到鄧、譚加持，起碼讓九巴經營者在身份地位上不會處於劣勢，讓政府將注意力拉回巴士服務本身。

至於股權分佈方面，雷中元說：「1933 年重組的時候，股份比例大約是雷瑞德佔兩成，其他創辦人雷亮、鄧肇堅、譚煥堂、林銘勳，主要股東伍時暢、余道生和蔡惠鴻也是各佔約一成。此外還有很多『台山阿伯』，每人認購一點股份，所以有很多小股東。」不過他強調，由於年代久遠，而且資料是他聽聞或記憶而來，與事實或有出入。

從現有的資料顯示，在 1933 年九巴取得九龍及新界區專營權之後，打理九巴日常業務的應該是雷瑞德、雷亮及林銘勳三人，鄧肇堅和譚煥堂就在董事局層面，監督公司的重要決策和發展策略。

以下是九龍汽車（1933）有限公司時期五名創辦人的簡介：

雷亮（1863-1944）

雷亮是九巴 1921 年時期的兩名主要創辦人之一，發展至 1933 年，仍是五名核心人物之一，在創立九巴之前曾經營不同的業務。

他在台山（舊稱新寧，現屬江門）錦龍村出生[9]，家鄉很窮，當地所有男人都會出外謀生，有人去美國金山（三藩市），有人去澳洲新金山（墨爾本），有人來香港。雷亮沒有機會接受正規教育，不懂一句英文，16 歲時跟水客來港謀生，身無長物，赤手空拳打天下。根據浸會大學出版的《活化重生——雷生春的故事》一書，雷亮先在上環、西環一帶的店舖當雜工，那裡是當時華人的商業中心區，不少店舖從事對美國或澳洲的貿易，稱為金山莊。雷亮憑藉在店舖學習回來的珠算技巧及商業運作知識，輾轉從事不同業務，包括與友人伍時暢（亦是九巴股東之一）在干諾道西開設金山莊「萬信隆」，除貿易外亦兼營匯兌、招工，甚至出租床位等，從而致富。他是個很傳統的人，一直以來都是穿長衫馬褂。

雷亮也喜歡投資買地，曾買下深水埗一帶多幅土地。位於塘尾道，現已成為活化法定古蹟的「雷生春」，就是他在經營九巴期間家族所居住的大宅，他曾在地下開設店鋪，售賣自家製的跌打藥水[10]。

1921 年他與同鄉雷少鵬共同創辦九龍巴士時已經 58 歲，由於不諳英文，他一直居於幕後，並施展所長，掌管財務。而九巴初期的雷少鵬以及九巴（1933）時期的雷瑞德、林銘勳等則負責具體營運、採購巴士，及與外間持份者包括政府、傳媒、九龍居民協會等打交道。

THE TRADE MARKS ORDINANCE, 1909.

Application for Registration of a Trade Mark.

NOTICE is hereby given that LOUIE SANG TSAN, (雷生春) otherwise KING FOOK TONG, (敬福堂), of No. 9 Connaught Road West, Victoria, in the Colony of Hongkong, has on the 23rd day of August, 1920, applied for the registration in Hongkong, in the Register of Trade Marks, of the following Trade Mark, *viz*:—

in the name of the said LOUIE SANG TSAN, (雷生春) otherwise KING FOOK TONG, (敬福堂), who claims to be the sole proprietor thereof.

The said Trade Mark is intended to be forthwith used by the Applicant in respect of Mixture in class 3.

Facsimile of such Trade Mark can be seen at the Office of the Registrar of Trade Marks and also at the Offices of the undersigned.

Dated the 10th day of September, 1920.

HASTINGS & HASTINGS,
Solicitors for the Applicant.
No. 8 Des Vœux Road Central,
Hongkong.

雷亮經營不同的生意，除了九巴和金山莊外，亦售賣跌打酒。圖為 1920 年憲報刊登的雷生春八寶跌打酒商標。

雷亮在 1944 年香港淪陷期間逝世，詳情在稍後章節介紹。

雷瑞德（1909-1962）

雷瑞德原籍台山，1909 年出生於墨爾本，其孫兒即前九巴商務總監雷兆光先生，從親戚口中了解到家族歷史，他說：「我們一家因為鄉間窮，早於 1851 年左右，由雷瑞德的爺爺那一代帶了全家過去澳洲謀生，那時澳洲剛開發金礦，他們是較早到澳洲發展的，其他台山同鄉很多到了美國舊金山那邊。我們家住在澳洲墨爾本 Little Bourke Street，經營雜貨店生意，並有管理貨車隊經驗，家境不錯。」

雷瑞德完成小學後，回廣州入讀聖三一中學，亦曾就讀澳洲 Stott's College 商業專門學校[11]。由於其時雷瑞德父親雷維信已經和堂叔父雷少鵬在香港創辦了九巴，雷瑞德在 1927 年 18 歲畢業後，便加入九巴擔任副司理[12]。

1933 年九巴獲取專營權之時雷瑞德 24 歲，出任總經理[13]，由 1933 至 1941 年間，他與時任九巴公司秘書的林銘勳，曾多次分別代表九巴接受不同傳媒專訪，兩人都擔任九巴的發言人。其後他活躍於商界，是九龍總商會創辦人，並參與不同社會服務。他最活躍以及擔當最多公職的，是在戰後 50 年代，曾獲選為市政衛生局議員。雷瑞德酷愛體育，曾任足球總會會長，在九巴內成立了足球隊，九巴足球的傳統在戰後更發揚光大，成為甲組勁旅，膾炙人口。

曾與他共事的雷中元憶述，「雷瑞德做事有點外國人的個性，因為他在澳洲讀書，知道外國人的脾氣和思想，和他們相處得來，和警察局及其轄下運輸部門（運輸署成立前，運輸事務由警方管理）相處得很好，上層關係就要靠鄧肇堅、譚煥堂去處理。」

雷瑞德在 1962 年逝世，總經理職位分別由其子雷覺華（1968）及雷覺坤（1979）繼承。

林銘勳（1902-1941）

林銘勳原籍廣東新會（現屬江門），生長於香港，畢業於皇仁書院。父親經營絲綢生意，是另一創辦人雷亮的朋友，在林銘勳求學期間逝世。林銘勳在困難期間曾得到雷亮協助，所以完成中學後替雷亮擔任翻譯及秘書[14]。根據 1937 年出版的《香港華人名人史略》，林銘勳 1920 年中學畢業後[15]，曾任職於保險、輪船、建築等不同類型的公司。後來，他應友人鄧次乾（鄧肇堅弟）[16]之約，合組共和汽車公司，經營汽車零件貿易，並成為美國佳士拿汽車的代理，不過公司並不成功，在數年後倒閉。

因其父與雷亮是朋友的緣故，林銘勳在任職不同機構的時候，總是身兼兩職，同時兼任九巴的秘書。直至共和汽車關閉後，他便全心全意投入九巴業務，至 1933 年九巴投得專營權，公司改組，他更晉升總秘書，當年 31 歲。從他的履歷中可見，他在基本商業實務、汽車、科技、機械等領域都有涉獵，有助他參與制訂九巴發展方向，直到戰前都是九巴主要人物之一。不過他在 1941 年逝世，詳情在稍後章節介紹。

鄧肇堅（1901-1986）

鄧肇堅是廣東南海九江（現屬佛山）人，是殷商鄧志昂的兒子，鄧天福銀行的經理，《香港華人名人史略》形容他「性情豪爽任俠，遇有求助者，必不使人失望。金錢時間之損失在所不計。」他年輕有為，在華人慈善圈中深受尊重。他在1928年27歲便出任東華醫院主席，1929年獲委為太平紳士，1932年擔任港大校董及保良局首席總理，1934年獲頒MBE榮銜，曾被委任為團防局局紳，屢次獲得英國政府的表揚，並獲得多個紀念勳章及勳銜[17]，不難發現他在華人和政府之間都有深厚的人脈。

鄧肇堅在當時報章中是一個經常出現的名字，以慈善事業和社會公益聞名，也是很多重要場合的嘉賓，1933年參與九巴專營權競投時他只有32歲，是一名青年才俊，《香港華人名人史略》成書時（1937）他已出任九巴主席，有助增加九巴的影響力和認受性。

雷中元憶述：「鄧肇堅很喜歡交際，他和中國人、外國人甚至和低下階層如侍應的關係都很好，人緣很好，且做很多慈善工作，如捐很多錢興建學校、醫院等。」

鄧肇堅是九巴眾多創辦人之中，留在董事局時間最長的一位，1984年才退休，1986年逝世。

譚煥堂（1872-1954）

譚煥堂是台山白水鄉人，創辦聯泰保險有限公司，分行遍及海內外各地。此外，他致力社會事業，曾任保良局總理、東華醫院主席，任內更增設東華東院，期滿之後仍然負責募捐，成績卓越，之後又擔任團防局紳及太平紳士。1930年他出任保良局主席，當時保良局需要擴建，他向政府要求批地搬遷，最終獲得政府批出位於禮頓道的地皮興建新局（即現時保良總局位置），他亦努力募捐，總共籌得17萬經費，並成功要求政府每年撥7,000元作為經費[18]。他亦史無前例地蟬聯了兩屆保良局主席（1930-1932），以監督銅鑼灣保良局的興建。個人業務方面，他是聯泰保險公司總司理，並為九龍巴士公司、康年銀行、福州酒家、安樂汽水房創辦董事[19]。

參與九巴競投專營權的時候，譚煥堂 61 歲，是社會上一名德高望重的企業家及慈善家。之後他兩次以九巴主席的身份出現在報章，那就是 1935 及 1936 年關於九巴一宗舞弊案及股東大會（將於下一章詳述）。他主要在董事局層面督導九巴業務，於 1954 年逝世。

1933 年巴士員工身價

說到九巴英雄，除了創辦人外，員工當然亦是公司重要資產。如果員工對公司有歸屬感，對車輛會更加愛惜，維修也會少一些；員工開心一點，對乘客也會好一些，而穩定的員工團隊，對經驗的承傳更有保障。究竟九巴員工的工資水平，與其他運輸業界相比又如何呢？

以下圖表的資料來自 1933 年的政府行政報告，從中我們可以比對三種主要機動交通工具包括鐵路、巴士和電車的員工工資水平[20]。由於鐵路屬政府全資擁有，其薪酬結構自然不能與私營機構相比。巴士和電車相比的話，司機工資是巴士優勝，但售票員工資則比起電車明顯低了一截，相信這是由於巴士司機技術要求高，所以工資也相對高。此外，巴士職員可以免費乘車，相比於其他市面上的藍領工種，是很大的吸引力所在。

1933 年鐵路、巴士和電車員工的工資水平

巴士	月薪 (元)	年薪 (元)

司機	50	
售票員	20 至 25	
電車		
司機	36 至 45	
售票員	30 至 39	
鐵路 (政府)		
火車駕駛員		540 至 1,000
訊號員		600 至 1,000
站長		1,100 至 1,800
訂票文員		600 至 1,000
電話接線員		480 至 1,000

九巴取得了專營權，無論創辦人、股東、員工自然是喜氣洋洋，但蜜月期很快過去，九巴不久便嘗到達不到專營權要求的後果。

民與為敵

當時市民普遍期望政府批出專營權之後，巴士服務便會好起來，可是日子一天天過去，服務水平卻不似預期，報章上對中巴和九巴的不滿越來越強烈。終於九巴在取得專營權之後四個月，即 1933 年 10 月，被兩名九龍塘居民控告巴士脫班，以及被警方控告兩項車廂不清潔，總共四項罪名。脫班方面，服務九龍塘的 7 號巴士兩次脫班，達到 25 分鐘，違反每十分鐘一班的規定。被投訴那兩天，排隊人龍都長達 40 至 50 人，其中一次還下著傾盆大雨，可見市民怨氣之大。九巴總經理雷瑞德出庭答辯時解釋說，那一次碰上警方臨時抽驗巴士，並發現其中兩部噴黑煙過多，需要回廠修理，以致脫班，不過這個理由並不為法官接納，因為從市民大眾的角度，巴士公司作出了班次的承諾，就必須要遵守，運作問題應該由巴士公司自行解決，不能作為脫班的藉口[21]。

至於兩次被控車廂不清潔的個案，警方巡查時發現車廂堆滿垃圾，有煙頭、痰涎、票根以及灰塵，打掃車廂的清潔工卻袖手旁觀坐在一旁，這明顯是九巴監管不力，管理不善的問題。四項控罪，九巴被判罰總共 50 元，數額雖然不大，象徵意義卻很強烈：民意監督正在發揮作用。

此次市民控告巴士的舉動，有報章形容為「巴士戰爭 The Bus War」[22]，是整個社會向巴士公司宣戰，以致巴士公司必須採取大刀闊斧的改革。

其實九巴不是唯一因服務不足而被罰款的，在之前一個星期，中巴負責人顏成坤也因為巴士班次與時間表不符，被警方控告，並給法庭判罰 50 元[23]。案發當天一名警長發現，原定從卜公碼頭每三分鐘開出一班的路線，脫班達 15 分鐘，他直接跑到巴士公司了解情況，中巴負責人無法給予合理解釋，也沒有收到壞車報告，警方認為是管理不善，必須控告。

上法庭的個案只是冰山一角，有更多乘客只會嘮嘮叨叨地埋怨，積極一點的則會向報紙投訴。綜合當時幾份報章的報導或讀者來函，可以歸納出市民的不滿，分為以下幾個方面：

稽查（車務督察）無威嚴

他們只有在檢查乘客車票時最稱職，但看來得不到司機和售票員的尊重，沒有人把他們當作上司，所以無從負起監督和紀律的責任[24]。

司機駕駛習慣差

有人投訴司機駕駛態度欠佳，老是不待乘客站穩或者坐好，就突然停車和開行[25]。有些人則說司機駕駛不暢順，剎車過急過猛，以致巴士搖晃得厲害[26]。

售票員不禮貌、不熟路

投訴人認為售票員大都很無禮，叫人買車票時總是拍別人的肩膊或者推人家手臂，就是不會說一聲「請買票」。這種態度對女乘客來說尤其滋擾[27]。也有人投訴售票員不夠專業，指示乘客在錯誤地點下車，令他白行不少冤枉路。

車隊不足

一名署名「不情願的顧客」投訴巴士公司的資源嚴重不足，繁忙時間沒有足夠的巴士行駛，以致眼巴巴看到巴士長期掛著「滿座牌」飛站[28]。

維修欠妥

有人不滿碰上三至四輛巴士連環因機件故障而罷街。最大的「侮辱及傷害」是司機和售票員似乎將這種乘客被「劫持」的情況當成笑話一宗。投訴人描述了一個個案，有一輛巴士在行駛途中突然「咳了數下」，然後停下來一動也不動。司機重啟了幾次也不果，檢查後證實原來汽油用盡！那天剛好滂沱大雨，有人無奈自行淋雨離開，其他人則要等下一班巴士過來營救[29]。

政府監管不力

有意見則歸咎政府只管向巴士公司收取很高的專營稅[30]，但對巴士服務卻「可恥地」監管不足[31]。

連行政立法兩局首席非官守議員普樂也在 10 月 11 日的定例局會議上批評，巴士服務既不足，又無效率，公司為了降低成本，聘請一些沒有經驗的司機來駕車，他們的技術和應變能力不足，導致巴士時常出現故障，因此不能再以寬鬆態度對待巴士公司。如果再沒有改善，政府應該要啟動合約中的罰則（penal clauses）了[32]。

兩間巴士公司被法庭連環判罰，兩局議員甚至提到啟動專營權中的罰則，中巴、九巴不敢怠慢，連忙對外向市民解釋和作出承諾。

藍圖見雄圖

中巴指批評帶歧視

就在普樂的批評過了一周後，中巴顏成坤率先透過傳媒公開回應[33]。對種種批評，他或反駁或澄清，也有滿懷委屈地吐苦水，當然也答應改善。

首先他反指批評他的人帶有歧視成份，主要針對公營機構由華人營運的事實（A public utility character run by Chinese）。因此但凡中巴所做的一切，人們都會雞蛋裡挑骨頭（strain themselves to look closely here and there for faults）。對於削減開支之說，他強調司機的工資仍維持在每月 50 元以上，已經不錯。而機件故障則非戰之罪，全因他被迫接收其他經營者手上殘舊不堪的巴士。

解釋過後，他還是承諾會作出改善，陸續購買新巴士取締舊車。他還特別提到，位於銅鑼灣威非路道佔地 20,000 平方呎的新廠房，規模在業界數一數二，添置了新的維修器材，證明中巴是願意花錢的（That would prove the company were prepared to spend money）。他會聘請有經驗的歐籍專家，負責監督巴士服務及緊急維修工作。很明顯這是為了避免社會上一些負面批評，一有什麼事便歸咎華人的維修保養意識差。

記者最後試探著問，他如何看專營權裡面的懲罰條款，即政府可收回專營權，顏成坤說：「很難想像政府未有通盤考慮之前，會走到收回專營權這麼極端的一步」（It is hardly to be anticipated that a decision involving an extreme measure such as is implied in the cancellation of our licence would be reached without a very full consideration of the position）。顏成坤當時肯定想不到，半個世紀之後政府當真收回中巴的專營權，不過這已是後話。

九巴展現發展藍圖

兩天之後，輪到九巴向傳媒解畫，由創辦人之一兼公司秘書林銘勳闡述九巴的改善大計。採訪的《士蔑報》記者明顯覺得內容很「有料到」，以頭版通欄頭條形式來報導[34]。我們近百年後回頭看，當時林銘勳提及的一些營運原則，如員工培訓內容、路線策劃考慮、車廠分佈理念以至買車準則等，至今天仍然一脈相承。

首先，由於很多批評涉及員工的態度，九巴將破天荒地開設員工訓練學校，連記者也形容這是世界各地絕無僅有的（it must surely be without its like anywhere in the world）。訓練學校採取夜校形式，每週三晚上，司機及售票員下班後回到公司總部受訓，內容包括課堂講解，以及由優秀員工親身示範，教導學員道路規則和其他交通法規與要求、緊急情況下例如交通意外或者機件故障時的處理守則及指引，以及一個巴士僱員應有的服務態度。

時至今日，經過不斷的發展和改良，九巴已經將員工訓練升格為九巴學院（KMB Academy），為巴士維修人員及車長提供專業訓練課程。追本溯源，原來員工訓練的薪火，早在 1933 年開始承傳。

之後是班次不足問題，重點自然落在惹來九龍塘居民控告九巴的 7 號路線。由於九龍塘區以前有兩條路線，即 7 號和 8 號線，專營權開始後，政府將 8 號線抽調至服務佐敦道碼頭，九龍塘只有一條 7 號線不足夠提供服務，而另一邊的 8 號路線客量卻不夠，成了虧本路線。 九巴的解決方向是打算進行大規模重組，將虧本路線延長，擴展至原先未有巴士服務的地區，提升網絡效率，開拓新市場。

路線重組這個概念，原來在巴士營運早期已經出現，這正正是巴士的靈活性所在。不過即使到了現在，也並非每一條路線都可以由虧轉盈的。政府發出的專營權以地域為主，就是要取得平衡，讓網絡中的路線互相補貼。而政府指定部分路線為「切合市民需要的路線」（socially desirable routes），所以專營權擁有者不論賺蝕，必須經營。

對於經常壞車，林銘勳的解釋與中巴顏成坤的論點相似，都說是部分來自其他公司的巴士狀態很差，不作大規模維修根本沒辦法派出服務，九巴已向英國訂購零件，俟零件到達便會加速維修。

林銘勳除了就市民的不滿逐一回應外，也趁這個機會談到九巴對未來的發展大計。巴士服務自然以車為本，在車款方面，當時九巴車隊承繼了不同公司、不同類型的巴士，組成很龐雜，以致零件維修方面需要額外開支。因此九巴會試驗不同引擎及車身，挑選合適的集中採購。引擎方面，他期望試驗中的嶄新 Gardner 柴油引擎可以節省九成燃油開支。燃料由電油轉為柴油，是巴士發展過程中一個很重要的關鍵，直至現在巴士仍然採用柴油引擎。成本降低，令 1930 年代巴士票價得以保持在低水平，有利於巴士的普及化。

在地域開拓方面，九巴打算進一步加強新界區的巴士服務，讓乘客可從元朗直達上水、粉嶺及大埔。由於當時新界區的交通不算發達，仍有很大的增長空間，只要打通不同地區的聯繫，自然能刺激起更大的需求。

至於車廠，元朗將會是新界路線的中心，九巴已在那裡興建了一個大車廠，之後將在合適的地點興建中途加油站，免卻巴士需要回車廠入油的安排。事實上，對巴士行業來說，減低沒有乘客的空載里程（dead mileage），意味著減低成本，是巴士營運者的重要考慮。

九巴打算日後將交通控制集中於一個車廠，並希望該車廠設於荔枝角，這就是後來九巴在荔枝角設立車廠的起源，這原來也是在 1933 年已經策劃了。

從以上的訪問我們看到，九巴在剛取得專營權的時候，已經對車隊的選擇、車廠的佈局、路線策劃原則、新界服務擴展計劃、員工培訓等方面，有很系統且很成熟的想法，以後的發展是按步就班，逐一落實而已。

兌現承諾

為了顯示誠意和能力，以贏回市民的信任，由 1934 至 1937 年，九巴推出了一系列車隊、票價及廠房方面的發展，均以林銘勳在報章訪問中披露的方向為依據。

車隊汰舊換新

因應批評指九巴車隊不足，巴士經常爆滿，在 1934 年中，九巴先訂購的十部英國「勝利哥羅夫」（Cygnet Thornycroft）巴士抵香港[35]，以應付日益增加的乘客量。這批巴士每部載客量達到 38 人，全部採用柴油引擎驅動，燃料費用每日只需4至5元，而過往的電油巴士每日平均花費60元，相差15倍，因此九巴已經決定以後所有大巴士均採取柴油引擎，以節省經費[36,37]。

九巴1934年引進的勝利哥羅夫型號巴士技術規格

型號	Cygnet Thornycroft CD4LW
引擎	Gardner 4LW
變速箱	Thornycroft 4 speed
車廂	頭等及二等
引進年份	1934
數目	10
座位	37(一說38)

至1937年6月，九巴宣佈引進35輛新巴士[38,39]，其中22輛底盤屬「碧福」（Bedford，後期譯作百福）型號，於本地自行裝嵌，可載客22人。另外11輛巴士屬丹尼士（Dennis）型號[40,41]，若得到政府批准，載客量可達到當時最高的40人（不過最後沒有達到載客上限）。

九巴1937年引進的碧福（百福）型號巴士技術規格

底盤	Bedford 碧福（百福）車廠
引擎	Perkins Diesel Engine
車廂	九巴自行裝嵌， 分頭等及二等，頭等較寬敞
車門	一道車門位於巴士中間
引進年份	1937
數目	22
座位	22

九巴 1937 年引進的丹尼士型號巴士技術規格

型號	Dennis Lancet II
引擎	Gardner 5LW
變速箱	5-speed gearbox
車廂	頭等及二等，頭等較寬敞
車門	一道車門位於巴士中間
引進年份	1937
數目	11
座位	最高 40，實際政府只批准 37 座

這幾批車訂購或到達的時候，九巴都有向傳媒介紹，例如公司秘書林銘勳在 1937 年 7 月向《孖剌西報》記者介紹說[42]，碧福（百福）和丹尼士兩批巴士全部採用柴油引擎，並且為單門設計，車門位於車廂中間，方便售票員監察車門的動態，防止乘客在車未停定之前跳車，構成危險。為了回應有月票乘客指頭等座位不夠，經常被迫坐二等座位，新巴士亦會有較寬敞的頭等車廂。他重點談及的這幾處車廂設計，都是針對改良當時巴士的營運問題，很明顯是為了讓市民覺得九巴聽取了意見，了解乘客需要，藉此顯示它如何用心營運，換取市民的好感。

由於丹尼士巴士是當時載客量最高的型號，為彰顯其獨特性，首輛丹尼士巴士被安排行走尖沙咀碼頭至柯士甸道的 5 號路線，並特別髹上醒目的紅色和灰色，有別於車隊其他巴士的紅色和米色主調。早前說過，九巴的傳統是將最新型號的巴士安排在最繁忙的路線，讓最多人看見，達到流動廣告牌的目的。有時候九巴還會將重要新車款的第一輛巴士，髹上特別的顏色，讓它在道路上行走時更矚目，這個傳統原來又是 30 年代已經創下！

另外九巴將 22 部較小型的碧福（百福）巴士用於新界路線，令班次由原來的每 24 分鐘一班加密至每 12 分鐘一班，可見九巴對新界市場的發展潛力十分重視。有了新車之後，由九龍至上水、從上水至粉嶺，及由粉嶺至沙頭角的巴士服務亦可加強，令網絡更細緻。當時行走新界的另一主要交通工具是九廣鐵路，九巴跟它是合作而非競爭關係。例如粉嶺至大埔一段，九巴就和九廣鐵路商討，如果九鐵打算興建鐵路連繫這兩個地點，則巴士將不會開辦另外一條路線與其競爭。由於當時九巴車隊資源比較緊張，能夠和九鐵合作自然是雙贏局面，免得分薄資源。

順應民意減票價

從 1933 年底以來，中巴也努力改善服務，尤其它還要跟宿敵電車公司競爭，所以更不敢怠慢。中巴在取得專營權至戰前，都積極投資購買新車輛，只是沒有逐一向傳媒介紹。報章出現最多跟中巴有關的報導，是 1935 年進取的巴士路線以及收費改動，除了延長路線改善網絡外，更在幾條主要路線引進票價 5 仙的二等收費，比起過去只有頭等 1 毫的價錢，變相減價一半[43]。

由於中巴部分路線與電車重疊，中巴減價意味著直接與電車公司搶客，影響其利益，引起電車公司不滿，因此在中巴醞釀減價之時已經向政府表達強烈反對，政府通過減價申請後，它甚至投訴至英國政府，不過最終英國政府以這是香港內部事務為由，不予接納[44]。

當然從市民的角度，減價一定受到歡迎。中巴的減價，令九龍區的乘客以及九龍居民協會立刻提出同樣的訴求。

1936 年的股東大會上，九巴公司主席譚煥棠宣佈業績，表示由於車隊 101 輛巴士中有 30 部已轉用柴油，令營運成本降低接近六成。截至當年 6 月底，

九龍汽車公司
去年獲利四十餘萬

九龍汽車公司、昨日下午二時半、舉行股東年會、主席鄧肇堅、報告去年營業概況、謂去年年結、獲利達四十一萬元之譜、現爲根據成本會計法、確固公司基礎起見、特在溢利項下、撥出二十七萬元、以減低車價、故淨利約爲十四萬元、各股應得利息六厘、日間即可開派云、宣布畢、隨投票改選本年董事、四時許散會、

1936 年九巴獲利 40 餘萬，並表示會撥出 27 萬元減低車資。

毛利（gross profits）為 41 萬元，表現相當亮眼，會上他同時宣佈九巴會撥出 27 萬元以減低車費[45]。

減價從 1937 年 8 月 1 日起實施[46]，具體操作是將原本只可以乘搭一個分段的價錢，改為可以乘搭兩個分段，此外亦將部分分段合併，也就是說同一個價錢可以乘搭的路程更長，對長程客而言，減幅非常顯著。

今時今日，政府透過可加可減機制來規管運輸機構的票價，但原來在戰前，巴士公司曾經自動減價。當然這次減價得以實現，是由於柴油引擎的科技突破，令經營成本大為減輕，是個偶發性的因素，不是常態，因此一般而言，巴士營運成本只會隨通脹增加，難以下降。

購地建新車廠

巴士每天服務完畢之後，需要回車廠入油、作例行檢驗和停泊，大型維修也

在車廠進行，所以車廠的位置和設施，對巴士營運非常重要。隨著車隊的巴士數目日漸增多，而且車身更大更長，巴士在車廠內的活動，甚至只是迴旋、調度均需要更大的地方，舊有位於彌敦道的廠房已經不敷應用。1938 年 6 月，九巴在公開拍賣中購得三幅位於長沙灣區青山道、營盤街一帶合共 11 萬平方呎的土地[47]（即現時的美居中心、美寧中心、鴻裕大廈所在地），打算興建新車廠及總部[48]，比原位於彌敦道的 4 萬多呎廠房大得多了。

新購入的地皮，其中兩塊面積為 49,500 平方呎，每幅以底價 12.38 萬多元成交，另一幅 15,000 平方呎的土地，則以底價 1.87 萬多元成交，前者平均呎價約 2.5 元，後者 1.25 元。三幅土地加起來大約是 26.6 萬多元。五年前彌敦道廠房購入時，呎價亦是 2.5 元，長沙灣一帶的位置雖然比不上彌敦道，但是只有新開發區才有大面積土地，可以興建大型車廠。

THE KOWLOON MOTOR BUS COMPANY, (1933) LTD.

Notice of Removal.

As from 1st December, 1939, our general offices and garage will be removed to the new premises at No. 153, Castle Peak Road, Kowloon, (near junction of Tai Po & Castle Peak Roads).

By order of the Board,
LAM MING FAN,
Secretary.

November 23rd, 1939.

九巴刊登廣告通知各方關於 1939 年 12 月 1 日搬遷新總部到青山道事宜

九巴於 1939 年 12 月 1 日搬遷到位於青山道的新總部[49]，而舊有的彌敦道廠房則留作出租用途[50]。投資這三幅土地是九巴長遠發展九龍新界交通服務的一個部署，也表現出九巴對前景的信心。

艱苦經營

巴士營運是個勞力密集的行業，有司機、售票員、稽查等崗位，應徵者各式人等都有。

30 年代，香港人口仍然處於急劇膨脹期，很多人來到香港，希望可以找一份安穩的職業，老老實實地幹下去，也有些人希望賺快錢而鋌而走險，作奸犯科。巴士行業每日接觸的現金流很大，容易令犯罪分子產生非份之想。當時有很多案件涉及巴士售票員使用假硬幣、印製假車票等，真是日防夜防，家賊難防。

家賊難防

其中最轟動的要算 1935 年 4 月 10 日破獲的一宗賣假票案[51]，事緣九巴發現由前一年 12 月起至當年 4 月中，所出售的車票數目及收入日漸減少，於是總經理雷瑞德派出兩名職員，偽裝乘客前往乘搭不同的巴士，並將所乘搭的巴士資料以及車票編號寫在日記本中，回公司核實。一名職員乘搭其中一條路線時，發現車票有異樣，對售票員產生懷疑，於是向公司匯報，當時九巴所有車票都有一名司數員負責，每日向售票員發出車票及記錄車票號碼的紙張，由售票員當面核對後在冊內簽名作實，只要加以比對，不難看出問題。於是，九巴報警將涉嫌的售票員帶返警署，最後他被判出售假票罪名成立，判入苦工監三個月。

警方順藤摸瓜，繼續追查假票的來源，最終在 4 月 15 日搜查新填地街一幢建築物頂樓[52]，當時該屋的門戶緊閉，敲門亦無回應，於是警方破門而入，屋內的人奔出騎樓，後來被一名華探從隔鄰捕獲。警方在屋內搜出印字機、一個盛有字粒的木盤和假票四包。此外警方又在缽蘭街另一處地址搜查，搜出印字機一部及字粒等，在床底有一個藤喼，內有白紙數張，寫上要買的印刷用品。警方在各地點總共拘捕了十人，多名被告罪名成立，判苦工監。案件在當時非常哄動，總共審了五堂，每次聽審的人眾多，法庭內十分擠擁。

警方破獲舞弊案之後，九巴主席譚煥堂[53]透露，九巴在董事會討論改善辦法，決定要求所有稽查、站長需要以墨水筆填記票數，售票員、稽查及站長均需簽名呈報公司，不能像以往用鉛筆填寫。

不過這類案件禁而不絕，1940 年仍然有另外一宗，主謀是前九巴售票員及稽查，他們請一名印務人代印偽票。不久之後，該印務人不願繼續，並報警揭發事件[54]。結果主謀入獄 15 個月。

公關技巧展現

現代企業往往講究形象，因此公關部門會跟不同持份者保持良好關係，包括政府、議會、團體、社會組織等；有時他們會透過傳媒發放企業正面訊息，或者接受傳媒採訪，解釋公司政策；還需要及時回應顧客投訴，並持續改善。在這幾個領域，1930 年代的九巴原來都已有所兼顧。

首先，它積極參與了在九龍區有很大影響力的九龍居民協會。上文說過，九龍居民協會兼具壓力團體及諮詢團體性質，對九龍區事務時常向政府發表意見，包括巴士服務。該會當初純粹以歐洲人利益為主，但到了 20 年代中，已經有華人代表參與。九巴取得專營權後，曾經因巴士服務不足以而被市民控告，為了改善和市民關係，最遲到了 1934 年 8 月，九巴秘書林銘勳已作為公司代表加入九龍居民協會[55]，由會員、副主席一直到 1941 年出任主席。戰後，九巴總經理雷瑞德也曾任主席一職，他在 1952 年當選市政衛生局議員，也是由時任九龍居民協會主席提名的[56]。九巴與該會建立的深厚關係，令雙方發生矛盾時有協調及解釋的餘地，在事情未惡化到爆發點之前，可以盡早作出改善。這種做法跟現代企業在地區舉辦活動，或者派員參與區議會的討論，背後的理念如出一轍。

跟傳媒打交道方面，九巴擅於向傳媒提供資料，達至免費宣傳的目的。上文提到九巴接受傳媒專訪，解釋服務不足的理由及提出改善方向；以及在新車來港時，向記者介紹其設計理念及特色等，既回應市民關注、提供資訊，亦有宣傳的效果。

如果沒有新服務、生產品等足以吸引傳媒的話題，公關就會利用一些特別的數據，或者一些有紀念價值的事件，包裝成新聞故事。時常用到的數據包括九巴成立第幾周年紀念、機構接待第多少名乘客或旅客，連續第幾年取得什麼獎等。1936 年，九巴也整理出一些數據進行新舊對比，顯示成立 15 年來的進步。1936 年 8 月 31 日，《孖剌西報》以頭版頭條，圖文並茂刊登了一篇九巴的正面報導，標題意思是「高效交通　服務大眾　巴士日行 17,000 哩　耗用汽油 1,900 加侖」（Efficient Community Service Transport for the Multitude Buses Cover 17,000 Miles and Consume 1,900 Gallon Daily）[57]。

報導中比較了九巴公司 15 年來的轉變，如 1921 年剛成立時只有 9 部福特巴士，時至今日每天已派出 90 輛現代化巴士，滿足市民持續上升的交通需

MASON'S DELICIOUS O.K. SAUCE.

Hongkong Daily Press.

Guard Your most Precious Possession! CONSULT N. LAZARUS

ESTABLISHED 1857

HONG KONG. MONDAY, AUGUST 31, 1936. Price Single Copy, 10 cts Per Month. $3.

Efficient Community Service

Transport For The Multitude

BUSES COVER 17,000 MILES AND CONSUME 1,900 GALLONS DAILY!

KOWLOON RAILWAY EXPRESS SERVICES
2 HRS 55 MINS
SWIFT SAFE SURE
To CANTON 8.20 a.m. 12.45 p.m. 5.05 p.m.
From CANTON 8.15 a.m. 1.10 p.m. 4.50 p.m.
CANTON

THE HONG KONG & SHANGHAI HOTELS LIMITED.

A GLASS OF KIRIN BEER
A NECESSARY REFRESHMENT WHEN GOOD COMPANIONS MEET.
SOLE AGENTS: H. HONDA & CO.

HONGKONG, CANTON & MACAO STEAMERS
TRAVEL THE SHORT
CANTON LINE
DAILY SERVICE

Look FRESH AND COOL

《孖剌西報》於 1936 年 8 月 31 日在頭版對九巴的報導，報章上刊登的巴士，是行走 6 號路線，編號 779 的英國「勝利哥羅夫」（Cygnet Thornycroft）型號。

求等。之後還引述九巴總經理雷瑞德介紹巴士轉用柴油引擎的優點，帶出九巴如何利用巴士科技的發展，提升對市民的服務。接著報導再描述了九巴在新界服務的新發展，最後一段以「以效率和禮貌見稱的優質服務」（A fine service characterised by efficiency and courtesy）作結。文章還配上一張相片，顯示了當時最先進的巴士。

這篇刊登在主流英文媒體的報導，篇幅詳盡、內容正面、故事角度出色，連行文用語都帶有稱讚意味，可以說是完美的公關範例，亦顯示出九巴專營服務開展三年以來，由被批評得體無完膚，直至贏得社會稱許，中間所付出過的努力。

---

1 *60th Anniversary*, (The Kowloon Motor Bus Company (1933) Limited), 4-13.

2 "At Long Last. Buses for Kowloon" , *The China Mail*, 1921-07-27*The China Mail*, 1921-07-21.

3 郭淑儀，*活化重生——雷生春的故事*，香港，浸會大學出版社，2012，頁 296。

4 "Kowloon Bus Service. Private Company' s Venture" , *The Hong Kong Telegraph*, 1921-11-03.

5「雷瑞德生平事略」，*香港工商日報*，1962 年 12 月 11 日。

6 "The Kowloon Motor Bus Co., Ltd." , *Hong Kong Daily Press*, 1927-07-19.

7 香港東華三院庚子年董事局，*香港東華三院發展史*，香港，東華三院，1960，頁 17-20。

8 陳紹釗、王遠澄，百年史略編輯小組委員會，*香港保良局百年史略*，香港，保良局，1978，頁 231-238。

9 郭淑儀，*活化重生——雷生春的故事*，香港，浸會大學出版社，2012，頁 284-320。

10 Advertisement, 10 September 1920, Supplement, *Hong Kong Government Gazette 1921(Supplement)*, (Government Reports Online), p418.

11「雷瑞德暢談志向」，*華僑日報*，1952 年 5 月 9 日。

12「九巴與雷瑞德」，*大公報*，1962 年 12 月 11 日。

13 "Bus Schedule not Kept Proprietor Bound Over", *The Hong Kong Telegraph*, 1932-04-15.

14 郭淑儀，*活化重生——雷生春的故事*，香港，浸會大學出版社，2012，頁 284-320。

15 吳醒濂，*香港華人名人史略*，香港，五洲書局，1937，頁 76。

16 Carroll, John M, *Ho Kai*, May Holdsworth & Christopher Munn (Ed), *Dictionary of Hong Kong Biography*, 2012, Hong Kong, Hong Kong University Press, p425.

17 吳醒濂，*香港華人名人史略*，香港，五洲書局，1937，57。

18 陳紹釗、王遠澄，百年史略編輯小組委員會，*香港保良局百年史略*，香港，保良局，1978，頁 231-233。

19「譚煥堂昨逝世」，*華僑日報*，1954 年 12 月 30 日。

20 Wages and the Cost of Living, *Administrative reports for the Year 1933*, (Government Reports Online), p21.

21 "Failing to Keep to Schedule Kowloon Tong Users Take Action", *The Hong Kong Telegraph*, 1933-10-13.

22 "The Bus War", *The Hong Kong Telegraph*, 1933-10-16.

23 "Bus Schedule Failure China Motor Bus Co Fined $50", *The China Mail*, 1933-10-06.

24 "The Motor Bus Service Haphazard Ways of Employees", *Hong Kong Daily Press*, 1933-07-20.

25 Ibid.

26 "Those Kowloon Buses", *Hong Kong Daily Press*, 1933-07-21.

27 "The Motor Bus Service Haphazard Ways of Employees", *Hong Kong Daily Press*, 1933-07-20.

28 "Those Kowloon Buses", *Hong Kong Daily Press*, 1933-07-21.

29 "Those Kowloon Buses. Still the Residents are Very Dissatisfied", *Hong Kong Daily Press*, 1933-09-27.

30 "Those Kowloon Buses", *Hong Kong Daily Press*, 1933-07-21.

31 "Those Kowloon Buses. Still the Residents are Very Dissatisfied", *Hong Kong Daily Press*, 1933-09-27.

32 "Action to be Taken", *The Hong Kong Telegraph*, 1933-10.

33 "Local Bus Services Statement by H K Manager", *The Hong Kong Telegraph*, 1933-10-18.

34 "School of Manners for Bus Co. Employees", *The Hong Kong Telegraph*, 1933-10-20.

35 "Cygnet Buses. Ten ordered by Kowloon motor bus Co.", *Hong Kong Telegraph*, 1934-07-25.

36「九龍巴士公司行駛新車」，*香港工商日報*，1934 年 8 月 6 日。

37 Mike Davis, *The Buses of Kowloon Motor Bus, The Bus Fleet History of The Kowloon Motor*

Bus Co (1933) Ltd., DTS Publishing, p15.

38 “Kowloon Bus Company to Extend Routes” , *Hong Kong Daily Press*, 1937-06-26.

39 「九龍巴士公司訂購大幫新車陸續運港」，*香港工商日報*，1937 年 10 月 15 日。

40 “Kowloon Bus Company to Extend Routes” , *Hong Kong Daily Press*, 1937-06-26.

41 Mike Davis, *The Buses of Kowloon Motor Bus, The Bus Fleet History of The Kowloon Motor Bus Co (1933) Ltd.*, DTS Publishing, p16.

42 “Kowloon Bus Company to Extend Routes” , *Hong Kong Daily Press*, 1937-06-26.

43 “Chine Bus Fares Second Class from April First” , *South China Morning Post*, 1935-03-25.

44 “Tramway Co' s Appeal Most Competition Referred to Ministry of Transport” , *South China Morning Post*, 1936-02-16.

45 「九龍汽車公司去年獲利四十餘萬」，*天光報*，1936 年 11 月 26 日。

46 「八月一日起九龍巴士實行減價」，*香港工商日報*，1937 年 7 月 29 日。

47 「九龍巴士公司購地建新車房」*工商晚報*，1938 年 6 月 28 日。

48 “Kowloon Bus Company to Have New Garage” , *Hong Kong Daily Press*, 1938-06-28.

49 “Notice of Removal” , *Hong Kong Daily Press*, 1939-11-28.

50 「彌敦道七百五十號招租廣告」，*香港華字日報*，1939 年 11 月 23 日。

51 「九龍巴士售票員偽票舞幣案」，*香港工商日報*，1935 年 6 月 20 日。

52 「九龍巴士車僞票舞弊案判決」*香港工商日報*，1935 年 5 月 18 日。

53 「九龍汽車公司防範舞弊計劃　董事譚煥堂之談話」，*香港工商日報*，1935 年 4 月 21 日。

54 *香港華字日報*，1940 年 2 月 2 日。

55 “KRA Monthly Meeting Nathan Road Bus Stops are Discussed” , *The China Mail*, 1934-08-16

56 「市政衛生局議員席位九人提名候選」，*華僑日報*，1952 年 5 月 8 日。

57 “Efficient Community Service Transport For The Multitude” , *Hong Kong Daily Press*, 1936-08-31.

大逃亡

巴士進入專營權時代四年後，中日戰爭全面爆發，大量難民湧港，令人口急升，引爆連串房屋、社會治安、衛生問題，同時交通需求亦大增，為九巴帶來可觀的客量及盈利增幅。至歐戰爆發，影響英國巴士生產和出口，打亂了九巴的購車大計，只能繼續透支原有的車隊，令服務質素日見低落，觸發市民埋怨。雖然最終獲政府批准購買非英國的貨車及雙層巴士底盤，但為時太晚。另一方面，九巴亦透過削減學生優惠，降低非必要的坐車需求，以減少車廂擠迫。

本章先從宏觀角度，介紹中日戰爭對香港整體社會的影響，尤其是難民急增引發的各種問題，接著探討難民潮如何帶旺經濟，增加巴士客源，最後回顧後期巴士供求失衡下的營運困難。

天堂還是地獄

難民蜂擁到港

隨著 1937 年盧溝橋事變，抗戰全面爆發，不少民眾從內地各省份湧到英國管治下的香港避難，令香港人口急劇上升，這批難民既帶旺本港經濟，亦衍生種種社會問題。

當時香港和內地之間沒有固定的邊界，人民從陸路、舢舨、漁船、汽船等方法入境的數目亦無記錄，加上一些人待局勢回穩又離港返鄉，所以香港淪陷之前幾年的實際人口無從稽考。根據香港政府推算，1939 年高峰時期人口有 170 萬，比 1931 年的 84 萬人多出一倍[1]，當中難民佔了約 70 萬。

香港政府 1938 及 1939 年的人口推算

年份	香港人口約數	註
1938	1,228,619	當中約 20 萬人為 1937 年 7 月 1 日至 1938 年 6 月 30 日的難民人數
1939	1,750,256	當中約 50 萬人為 1938 年 7 月 1 日至 1939 年 6 月 30 日的難民人數

中日戰爭引致的難民潮可以分幾個時期[2]：（一）1937 年華北及上海相繼淪陷，戰事擴展至華南一帶，由 9 月至 10 月，大量難民逃到香港，開始了第一波難民潮，當中也有些人帶來資金和技術，來香港繼續經營。

（二）1938 年，難民的湧入幾乎是全年不斷，當中有三個高峰期包括：最初是 5 月份日本對廣東大規模空襲；其次是 10 月 21 日廣州淪陷；第三個高峰期是 11 月 26 日深圳淪陷，日軍南下到接壤香港的邊界[3]。

（三）1939 年，日軍佔領中山及廣東西部地區，同年英國對德國宣戰，英軍封鎖上水至沙頭角公路及鯉魚門海港[4]。那時有日本軍機轟炸深圳，闖入香港邊境並轟炸警方設施，亦有日本軍艦在襲擊中國漁船時進入香港海域，基本上英日呈現對峙狀態。

有些來港難民基於種種原因，又再萌生去意，例如 1939 年歐戰展開後，有人擔心戰爭最終會蔓延至香港，認為香港也非樂土。有些人鑑於香港物價高漲，中國貨幣貶值，生活依賴從內地的匯款難以持久，以至選擇離開香港，有人冒險返回上海廣東，有人前赴中國西南大後方未淪陷的各省市[5]，所以這個時期進出香港的人數處於非常流動的狀態。香港亦是運送物資進入內地西南省份的重要通道。

從圖中廣告可見不少上海的裁縫師傅來到香港，縫製旗袍及外褸。

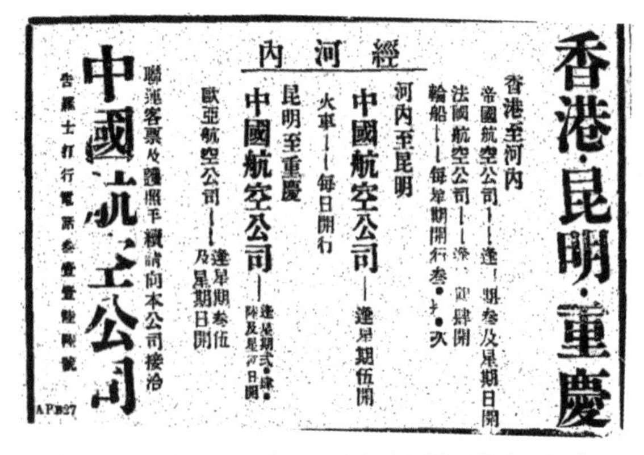

香港是戰時物資運往內地西南省份支援抗戰的主要通道，圖為 1931 年 10 月 25 日的報章廣告，可見香港有固定運輸服務往返重慶、貴陽和昆明。

居住條件差劣

儘管有人離開，但滯留香港的人數仍然佔多，那突然增加的幾十萬人，令香港本來已十分嚴峻的居住問題進一步惡化。難民來到香港，究竟住在哪裡呢？

首先，有親友的自然投靠親友。當時一般華人住的中式唐樓是背靠背排列[6]，中間有一條窄巷隔開，從兩層到四層不等。每棟房屋通常正面闊 15 呎，深 35 呎，每層樓由一個大房組成，再由七呎高的薄隔板間成三間房，每間住一個家庭，室內昏暗，夜間只有火水燈，空氣亦不流通。全層的住客共用廚房，沒有自來水沖廁，糞桶附設於廚房供婦孺用，男性則出外用公廁，「夜香」晚上由專人收集。舊樓一般用磚和木建造，磚大多本地生產，結構價值低，木材通常是杉木，極易受到白蟻的蛀蝕，也易引起火警。由於大量難民湧入，到了 1941 年 7 月，香港難民社會福利會調查發現，有部分唐樓由原來的三間房，再分拆成大小各異的房間、閣樓以至不同數目的床位等組合，每層最多分租給 18 戶，每層的居民最多有 56 名[7]，一個床位最多竟然住 6 人，可見居住環境的惡劣。

有些人連這些擠迫的房屋也住不上，或者無親無故，被迫露宿街頭。以前要睡騎樓底的多半是碼頭苦力或者赤貧的人，抗戰開始之後，連內地來港的中等人家都落得這個下場。他們人地生疏，找不到工作，租不起房子，有些人本來靠家中匯款生活，但是港幣匯率高，在香港住上幾個月，中等人家也無以為繼，只得以騎樓底作為臨時的家[8]。

有些人則跑到山邊，違法搭建簡陋的棚屋、寮屋。例如廣東道與佐敦道交界處的京士柏，在 1938 年便有一幅遼闊的土地，由難民建村而居。大角咀一處荒蕪的平原也成了難民新村，兩處合計起來有接近 6,000 多人[9]。另外有 5,000 名難民住在石硤尾寮屋區[10]，當時有一些記者進入難民村採訪，目的是喚起社會的關注，予以救濟和協助，記者的文字為難民留下了真實的生活記錄。

《孖剌西報》1939 年的一篇特稿，形容石硤尾寮屋位於一片墳地的山腳下，沿一條發臭的水坑而建。村口是狹窄骯髒的泥濘道，旁邊有幾片菜田，還有一家米舖。區內全是一兩層高的簡陋棚屋，以鐵皮、磚、木、三合土、竹、草蓆混搭而建，每間相隔不到兩呎，裡面居住著男女老少，還有豬、雞和狗。區內沒有水電供應，也沒有去水和排污系統。孩子們在散發著惡臭的溪流中玩耍，果皮、貝殼、蓆、錫罐、破碎的瓷器和人的排泄物等等，在溪流中隨處可見。在溪水流不到的另一頭，前幾天下雨漲起來一吋多高的污水仍然淤塞不退，偶爾還有幾隻瘦病的雞踱來踱去。人們在黑暗和潮濕中，從事各種各樣的手工作業，如木雕、製作鈕扣、裁剪、縫紉，也有人搓麻將和玩其他玩意。寮屋區一有人染病，就會被丟棄於村外的大道旁，然後暗中報警，好讓政府帶走。他們清楚知道，只要村裡病死一個人，政府就會強行清拆和焚燒掉他們這個臨時家園。

深圳淪陷之後，有難民從華界輾轉逃到香港，在林馬坑（蓮麻坑）、新屋嶺一帶風餐露宿，有時為數約有幾千人。他們一部分人採集禾草、竹杉、葵蓬等在山邊搭起小棚，一家數口棲身其間，更多人只有露宿於叢林山坑中。年青力壯的每日會跑到上水、粉嶺一帶，替人挑擔賺取一兩毫，買米煮一點粥來吃，年邁的或婦孺等，唯有向附近村民乞取白米或雜糧充飢[11]。

此時社會上的慈善團體如東華三院、露宿者保護協會、救世軍、華人賑災會、戰時兒童保育會，以及不同商會、宗教團體等都紛紛行動起來，協助難民尋找暫時居所，或派發賑災米，或贈予衣物及其他用品[12]，解燃眉之急。

政府在北角、八鄉、粉嶺、京士柏、馬頭涌、荔枝角、錦田、粉嶺、文錦渡等地也設立了難民營[13]，有機會入住的簡直是幸運兒，因為內裡設施很不錯，基本上仿照深水埗軍營設計，木製房屋，每間住 30 人，有廚房廁所，四周以水渠圍繞，方便排走污水，保持衛生[14]。政府曾派出大運輸車，沿皇后大道中及德輔道行駛，遇到露宿的難民婦孺，就安頓他們進入難民營，試過一晚接收到 40 多名難民[15]。政府蓋搭的難民中心以及外展接收難民的措施，均顯示出對人道的關懷，問題是這種高級難民營的數量始終有限，在僧多粥少的情況下，才會出現上述種種畸形居住情況。

治安衛生惡化物價高

難民持續湧入，對香港社會和民生產生了顯著的影響，其中一個現象是嚴重罪案增加[16]，尤其是搶劫、盜竊等。廣東省失陷之後，很多非法軍火流入盜賊和劫匪手中，他們越過香港邊界，打家劫舍[17]。此外有些人因為極端貧窮，從事無牌小販、賣淫、非法砍伐樹木等輕微罪案；而在戰爭的恐懼中，借賭博和吸毒來逃避或麻醉自己的亦大有人在[18]。

根據政府 1939 年行政報告，1937 至 1939 年香港境內嚴重罪案數字比抗戰前顯著增加

年份	總數	涉及財產（元）
1936	9,038	303,497
1937	12,434	531,190
1938	11,388	543,545
1939	11,804	685,216

衛生方面亦急劇惡化，由於住屋過份擠迫，疫症易於傳播，加上廣東被佔領後大量營養不良的難民湧入，帶來各種急性感染，令問題更加嚴重。

1937年初冬，香港便爆發了一場嚴重的天花疫症，至1938年3月達到高峰，曾試過一周內新增236個病例和192個死亡個案。當時政府對所有難民實施強制疫苗接種，對廣州來港的人予以隔離，並為港人免費提供疫苗，結果一年裡接種了過100萬劑疫苗，才令到1938及1939兩年的天花感染個案有所回落[19]。此外在1939年肺癆的傳染情況亦非常嚴重，年內共有4,440多宗肺癆病死亡個案[20]。

當時報章上經常有各種不同的藥物廣告，而治療呼吸道疾病是其中一種普遍的廣告類別。（《香港華字日報》，1939-10-19）

大批內地人逃難來到香港，也帶來積極和正面的影響，就是資金、知識和勞動力。自 1930 年代中，香港的工業受華僑踴躍投資，已經開始萌芽；中日戰爭爆發後，內地有些工業組織搬遷至西南省份，也有一些南遷到香港[21]，加速了香港工業的發展，是香港在戰後 50、60 年代輕工業發展的前奏。

1939 年 11 月份的銀行統計顯示，當時香港坐擁億元資產的人有 3 人，千萬資產的人有 30 人，百萬資產的有 500 人[22]，可以想像新移民帶來了多少資金。他們的資產部分投入到香港的製造業，令到香港輕工業得以發展。1939 年，雖有歐戰爆發的因素影響，香港工業產品的外銷總值仍超過 9,900 萬元（包括內地轉口）[23]，比上一年增加超過 400 萬元。當中以紡織品（包括汗

圖為 1939 年 12 月香港中華廠商聯合會在報章刊登的國貨聯合廣告，宣傳香港製造業的出品。（《香港華字日報》，1939-12-05）

衣、襯衣、襪、手帕、毛巾、白洋布及各種土布等）為最大宗，接著是煙草、膠鞋 、帽業、電筒業、爆竹業、罐頭業、草蓆業、製餅業、家具業。此外，化妝品業、抽紗業、火柴業等的出品為數亦不少。

內地企業來港後，可以繼續生存和發展，並利用當時大量湧入香港的難民，作為廉價勞工。根據政府的資料，在 1939 年 2 月，全港註冊的製造廠及工廠共有 857 間，男女工人共有 50,000 多名 [24]。不少僱主亦提供食宿予難民工人，協助緩解社會上迫切的住屋問題。

巴士先甜後苦

抗戰開始之後，香港人口驟增，除了對「住」構成壓力，對「行」亦同樣帶來很大的影響，最立竿見影的效果反映在巴士的乘客量上。按 1937 年底的統計數字顯示，與開戰前相比，九巴的每月搭客人數平均增加了 30% [25]，盈利非常可觀。

修訂網絡善用資源

為了善用車隊資源，配合大幅度增加的客量，九巴在 1938 年 3 月 1 日實施了自從取得專營權以來最大規模的路線重組 [26]，有七個改動項目，包括增闢新線、取消客量低的路線和變更走線。這次重組的目的是減少資源重疊和浪費，延長路線以開闢新客源，以及因應乘客出行規律變化微調車隊配置，務求令巴士服務更細緻地配合不同時間、不同地區的客量分佈。具體改動方面，頭三項涉及新增及延長路線，第四至六項涉及改道，第七項則是取消重疊的路線，其餘各路線沒有變更。詳情如下：

九巴 1938 年 3 月 1 日實施了自從取得專營權以來最大規模的路線重組

項目	路線	改動	內容
1	2A	新增	由尖沙咀碼頭經彌敦道、大埔道中 、青山道至欽州街，此路線逢一至六行駛，星期日及假日則停駛。
2	3	延長	原行駛佐敦道碼頭至九龍城，改動後伸展至牛池灣。
3	3A	新增	由尖沙咀碼頭至九龍城為止，兩線均經梳士巴利道、漆咸道、蕪湖街、馬頭圍道、太子道、西貢道。
4	7, 8	改道	兩路線至彌敦道與窩打老道交界時，轉入窩打老道，至原終點為止。
5	10	改道	改由佐敦道碼頭（原由尖沙咀碼頭）出發，沿上海街入太子道，經九龍城至牛池灣為止。
6	11	改道	改為來往荔枝角及九龍城（原由深水埗警署至牛池灣），經太子道、馬頭圍道、加士居道、佐敦道碼頭、上海街、荔枝角道、欽州街、青山道，至荔枝角止。
7	12	取消	由荔枝角至佐敦道碼頭
8			其餘各路線沒有變更

此外，在新界方面，九巴與九廣鐵路達成協議，由 1938 年 5 月 1 日開始，改由九鐵派出新的摩打火車兩輛，替代巴士行走大埔、粉嶺上水之間。九巴停走相關路線後，原本來往元朗上水的巴士線，將改以粉嶺為尾站，以便與粉嶺落馬洲的巴士銜接[27]。這次跨交通工具之間的協調是一個良性合作，避免資源重疊構成的浪費，對車隊資源緊張的九巴而言，是理想的安排。

九巴在 1938 年推出路線重組計劃，更好地回應乘客需求，加上早前訂購的巴士亦陸續投入服務，九巴的服務漸漸上軌道，實踐了投得專營權時對優質巴士服務的承諾，更重要的是也賺取了可觀的利潤。上文說過，九巴客量比開戰前上升了 30%，改用柴油引擎也有助大幅減低營運成本，令九巴在 1938 年度的盈利表現十分亮眼。根據該公司在 1939 年 10 月刊登的派息廣

九龍汽車（一九三三）有限公司
開派股息廣告
本公司一九三八年七月至一九三九年六月底之股息（即第六屆股息）定於本月十一日起開派每股一元二毫算即週息分二除星期例假及星期六下晝外每日上午十點至十二點半鐘下午兩點半鐘至四點鐘為派息時間敬請列位股東携備息摺依時前來本公司簽名領取此佈
一九卅九年雙十日
司理雷瑞德謹啓

九巴在 1939 年 10 月 10 日刊登的派息廣告

告[28]，1938 至 1939 年度，股息為全年每股 1 元 2 毫，以當年來算可以想像有多豐厚。

車隊不足怨聲載道

九巴在 1937 年一共引進了 30 多部巴士，至 1938 年共有 133 部[29]，服務得以顯著提升，不過同時間卻碰上難民高峰期，當時的車隊一下子又不夠用了，九巴想繼續買新車，卻碰上二次大戰爆發，英國也無力完成製造巴士的合約。結果在客量不斷上升，但車隊不足的情況下，服務質素顯著倒退。雖然這是客觀形勢使然，但對乘客來說，他們既然付出了車資，自然有合理期望，面對貨不對辦的服務，乘客作為受害者對巴士公司大力鞭撻，也是人之常情。

根據政府行政報告，1933 至 1939 年九龍的巴士數目如下：

年份	九龍巴士數目
1933	115
1934	115
1935	121
1936	101
1937	沒有資料
1938	133
1939	136

1939 年開始，報章版面充斥著大批乘客來函，投

訴乘搭巴士時的慘痛經歷。很多時，一個投訴剛刊出，接著下來幾天就會有不同人和應。他們用上的字眼有抗議、憤怒、抱怨、批評等，這些都是乘客最真實的心聲。社會上甚至有呼聲，要求廢除巴士專營權，恢復良性競爭。他們描繪的景象，可說是當年巴士服務的寫照。

- 有人抗訴巴士超載影響安全。例如署名「家長」的投訴人，描寫了由尖沙咀至九龍塘的 7 號路線如何險象橫生[30]。他說還沒到第二站巴士就滿了，因此以極快的速度駛過每個巴士站等候的人群，到達太子道才不得不停下來讓乘客下車，那裡單是候車人數就超出巴士的載客量。這時他看到另一輛同樣擠滿人的巴士經過太子道，有人站在車門旁拉住扶手，以免掉下車；有個十歲八歲的孩子從後追車，跑著想跳上去，可是他拉不住扶手，跌跌撞撞，幾乎給拖到車輪下。至於投訴人乘坐的 7 號巴士已擠滿了乘客，開始移動，但仍有一些學童爭先恐後，擠上台階一丁點空間。「我不明白，當父母知道他們的孩子在上學的路上可能會死亡或殘疾時，他們能在晚上睡得著嗎？」他說這不是偶然情況，而是每天都會出現。他曾在一輛正在行駛的 7 號巴士上數了數，起碼超載 20 多人。

- 有些投訴涉及衛生。一個署名「反壟斷」的乘客[31]，投訴老是有穿著污穢破布的苦力，帶著骯髒的包裹上車，疾病纏身和結痂的人也會坐巴士，不但沾污他人乾淨的衣服，更令巴士成為疾病傳播的溫床。他認為九巴應阻止不健康和骯髒的乘客坐巴士，也要禁止乘客攜帶髒毯子、殘破被單和雜物上車，否則天花會在冬天再次出現。

- 有些人不滿乘客帶上車的物件太髒。署名「為公益」的乘客抱怨巴士總是被用來運送「行李」[32]，如大箱子大籃子之類，老是阻礙巴士通道，還散發著難聞的氣味，不時更有魚和肉的分泌物滴出，沾滿座椅和地上。還有人盤腿坐著，完全沒有考慮對別人的滋擾。

- 有些投訴集中於新界服務不足。署名「厭惡至極」的投訴人[33]，批評由旺角碼頭至元朗墟，途經青山公路的 9 號線巴士，每天都擠滿大批村民、外籍居民、沿途工廠的生意人、從港島來遊玩的泳客和遠足者，九巴卻只疏落地派幾輛小車來敷衍。在旺角碼頭等候的人中，只有一半「瘋狂絕望的人群」可以衝進巴士找到位置。人們拼命想站穩腳，將別人大包小包的行李踩在腳下，或野蠻地踢開，婦女和兒童更不時被擠至跌倒。這時售票員會大聲呼喝，將十來名多出的乘客趕下車，在幾番擾攘，以及粗口橫飛的詛咒聲中，人們才不情願地離開車廂。另外，從青山公路的中途站想要回九龍可謂難如登天，大抵要在路上等候一到三個小時，因為巴士在總站已滿，掛出「滿座牌」，通常連續四到八輛從啤酒廠開往荃灣和彌敦道的巴士，途中完全不停站。有次到青山 11 咪海灘玩耍後回程時，他只好不停截順風車，結果換了三趟私家車和兩趟貨車，更要與一車苦力俟身而坐。

- 亦有投訴學生濫用優惠。一個署名「購票乘客」的投訴人[34]，平均每天乘巴士六次，曾多次看到學生利用學生票兜風，即使到了總站也不離開，再展開回程旅行。他觀察到某所學校的女生特別喜歡乘渡輪，到了碼頭再換乘巴士，將她們送到柯士甸道學校門口，才幾分鐘路也懶得走。因此他支持限制學生票的使用，確保他們不會佔據月票持有人的座位。

- 有人不滿兒童濫用服務。乘客「巴士用家」[35]不滿一些衣冠楚楚的中國女人帶著兩三個孩子，自己坐二等座，卻把免費乘車的孩子放在頭等，也就是說她只需付 1 毫就能和孩子們旅行。投訴人覺得既然孩子們免費，至少應該讓他們坐在二等。他抱怨九巴的情況明顯惡化，乘客增多，巴士不足。稽查很少要求看月票，所以很多超學齡的年輕男女都拿著兒童票出行。

- 有人批評工作人員態度。乘客「旁觀者」[36]曾多次乘坐往返新界至九龍的早班巴士，目睹司機們在深井購買成捆的木柴。有時巴士又會停在青龍頭，讓司機或售票員去路邊攤買豬肉。有些司機在到達元朗總站前，竟載著一車乘客進入車廠，至少浪費上十分鐘時間入油和做不知什麼檢查。折騰一番後，巴士才緩緩駛入總站。

- 有人埋怨優惠乘車的人佔用空間。憤怒的「九龍人」控訴[37]道，在繁忙時間，每輛行走尖沙咀至荔枝角的2號巴士總是滿座，車上有1/5擠滿了學童；1/5是到荔枝角總站泳棚的泳客；1/5是返回營房的警察；1/5是九巴職員如售票員、司機、維修和工人等（因為九巴總部及修維車廠都在青山道）；最後可能只有不到1/5是「普通乘客」，可是九巴仍然視若無睹，依然派那些又舊又細又殘的巴士行走！

總括來說，批評涵蓋安全問題、車廂擠迫、班次不足、乘客濫用優惠、員工服務態度差等多個方面。歸根究底，不少問題都是由於巴士數目遠低於需求所引起，九巴不是不想投放資源，買更多巴士回來改善服務，無奈時局變化，無能為力罷了。

難為無米炊

雙層巴士拉鋸

對巴士的需求增加是全港性的問題，為了回應日益增長的乘客量，無論九巴和中巴都想到採用雙層巴士這個解決方案。中巴方面，由於英皇道太狹窄，加上店舖伸出路中間的招牌，被政府以公眾安全為理由否決[38]。九巴亦多次向政府申請引進雙層巴士，整個過程足有幾年時間，問題反反覆覆，因不同理由被拒。這反映了一家企業面對外來環境逆轉時承受的壓力及回應的方法，必須有應變的靈活性及抗禦逆境的韌力，還要有承受失敗的胸襟，以及在困境中重新站起來的勇氣。

九巴在1938年甚至已經將計劃付諸行動[39]，打算建造四輛雙層巴士，在繁忙時間行走主要幹道。這個建議很快引起城中的討論，由於引進雙層巴士可能意味著彌敦道兩旁茂密的樹木需要移除[40]，九龍居民協會對此持保留態度，而政府則未有表態，但要求植物及林務部（Botanical and Forestry Department）提交報告，之後卻沒再聽到什麼消息。

到了1939年7月，九巴有兩架雙層巴士底盤已經運到，並且開始裝嵌車身，於是再向政府申請行走雙層巴士作試驗，但仍未得到政府開放綠燈。《南華早報》引述九巴秘書林銘勳表示[41]，當時九龍居民協會已經沒有異議，不過社會上仍有反對意見，擔心高身的巴士在颱風期間或會有潛在危險，九巴認為這個問題不難解決，只要在一號風球掛起後停止雙層巴士行駛便可。然而，如果政府或公眾人士反對試驗計劃，則九巴日後只好繼續採購單層巴士。

由於雙層巴士建議未獲批准，九巴1939年向英國訂購了40部新單層巴士，滿心期待當年11月可以到港[42]，可是1939年9月英國向德國宣戰，意味著一切工業生產進入戰時模式，國家戰略淩駕一切商業考慮，因此香港訂購的所有巴士全都無法付運。這個突如其來的發展，令九巴處於十分被動的位置，在供應無法增加，但需求不斷上升的情況下，難怪市民的不滿到達爆發點，開始出現上文的嚴厲批評。

雙層巴士問題拖延了幾個月仍然毫無進展，到了1940年3月，《士蔑報》[43]記者打聽到工務局、警方和輔政司署在過去一年中反覆討論引進雙層巴士的問題，政府很快便會正式否決，理由是擔心香港的馬路不能承受雙層巴士的重量，所以「政府會否決計劃，直到路面有足夠承托力為止」（The scheme will be turned down until such time as the roads have been strengthened），就這樣雙層巴士的計劃又被擱置了。

如是者又過了一年多，對巴士服務的批評之聲越來越尖銳，九巴接受九龍居民協會的建議，決定兼用以貨車為底盤的小型巴士，補充日常服務。由於預計很容易就能獲得政府批准，九巴預先簽訂了購買十輛 Studebaker 貨車底盤的合約，可是警察交通當局卻回答說「不會考慮這倒退的步伐」（Not prepared to consider such a retrograde step），公司因此不得不取消合同，並被沒收定金。由此可見，九巴其實非常著急，也想盡一切辦法改善服務，可是政府仍然按本子辦事，令九巴恍如啞子吃黃蓮，有苦自己知。

直到 1941 年 10 月底，九巴終於得到政府批准，訂購 20 輛美國肯沃斯（Kenworth）汽車公司製造的貨車底盤[44]。十天之後，政府的態度進一步放寬，採用務實的態度解決日益惡化的交通問題，也不再糾纏於底盤是否英國製造，九巴和中巴獲准各引進 20 輛可供建造雙層巴士的美國製底盤。一個擾攘多年的問題終於露出曙光，這次再沒有人以什麼理由反對，《南華早報》更是以「巴士擠迫的希望」（Bus Crowding Hope）為標題作出報導[45]。可惜這個希望註定要落空，因為在這篇報導刊出之後一個多月，香港便淪陷了。

學生月票風波

由於短期內無法增加巴士供應，九巴於 1939 年決定從管理需求方面著手，解決車廂擠迫問題，矛頭指向為數眾多，又引起很大爭議的學生。為減輕學生佔用巴士座位遊車河的現象，九巴決定在 1940 年 1 月 1 日開始實施新的學生票計劃[46]。這個建議卻挑起了九巴與家長及學生一族的矛盾，引起另外一場風波。

當時九巴兩名負責人雷瑞德和林明勳一起接受《香港華字日報》訪問，解釋學童月票的背景。本來九巴的華人學童月票每張 4 元，然而於 1934 年，有組織透過九龍居民協會表達，若一個家庭有子女五人求學的話，每月單巴士月票的開支已佔 20 元之多，對於中等收入家庭而言難於負擔，故要求發出一種家庭學生聯票。九巴認為言之有理， 於是決定將學童月票售價定為一張 4 元、兩張 8 元、三張 10 元、四張 12 元、五張 15 元，不料後來卻出現冒認家庭聯合買票的情況。而且一般學生放學後，必定相約遊車河，佔用車上座位，阻誤上班人士的公務，因此九巴才決定修改月票使用辦法，由 1940 年元旦日起取消發售家庭聯票，並限制學生票不適用於新界路線，以及只准在上午 6 時至下午 6 時間使用。

可是新政策的效果並不明顯，到 1941 年 7 月中，因學生遊車河而令巴士擠迫不堪的情況依然嚴重，於是九巴考慮進一步收緊學生優惠[47]，從當年暑假後取消學生月票，改用另一種優待券代替，每人每月可買一 本，內有約 100 張票，每張搭車一次，由各學校領取並轉發予學生，可是新方法下，意味著學生每日的優惠乘搭次數會由八次減至四次。而且九巴進一步收緊使用車票的時間，分別是上午 7 時至 8 時半、中午 12 時至 1 時半和下午 3 時至 5 時。

這次嚴厲的修訂引起激烈反彈，報章上有不少父母投訴措施不合理。例如「監護人」在《南華早報》的讀者來函中[48]指出，她的孩子一定要轉車才能到達學校，減少到每天四程，無形中增加了家長負擔。至於限制使用時間則太沒有彈性，假設學生中途生病要從學校回家，卻不能以學生身份乘車，又是否公平合理？「我很震驚，並感到非常失望！」這位家長的處境引起很多人的共鳴，有不少人要求九龍居民協會或政府應該介入。

結果於 1941 年 10 月[49]，九巴決定回應九龍居民協會的要求，再次修訂學生月票的乘車辦法，採取中間落墨的方案，由原定每日限乘車四次增加至六次，乘車時間改為上午 7 時至下午 5 時，提供更大彈性，讓一些要處理特別事務、回家午膳以至轉車的學生亦更方便。

學生月票風波至此告一段落，這場風波歸根究底也是因巴士服務求過於供而引發，九巴承受各方壓力，盡努力從善如流，尋求不同持份者可以接受的方案。不過這時距離香港淪陷只有兩個月，一切爭論在戰火面前都顯得渺小，之前的紛紛擾擾都變得毫無意義了。

小偷大盜橫行

這個時候的九巴，除了要處理服務供應及顧客關係的問題外，也受到外圍社會環境惡化的影響。上文說過，自從日軍攻佔廣東省之後，很多犯罪分子四處流竄，部分更來港犯案，引致嚴重罪案大幅增加。治安問題屬於全港性的社會問題，無論各行各業，什麼人都可能成為受害者，包括巴士職員和乘客。例如 1941 年 5 月，一輛載有乘客的九巴在上水一個十字路口，便無辜變成警匪駁火的戰場。

當日警方接報，大埔發生持械搶劫案[50]，六名手持左輪手槍的男子於凌晨 2 時進入一間食肆指嚇店員，搶走總值超過 2,000 元的現金和珠寶，於是在附近設置路障，檢查所有路過車輛。

不久沙頭角的警察接獲線報，劫匪正前往邊境逃走，便設下埋伏。凌晨 5 時 15 分，警方發現四名可疑男子在附近出現，正打算上前截查，不料該幾名男子拔足狂奔，警察尾追不捨，最後成功拘捕了其中兩人，並在一人身上搜獲一把自動手槍。

另一支巡邏隊駐紮在沙頭角附近的十字路口，在上午 8 時 15 分要求一輛駛近的巴士停車。車輛減速準備停下之際，有人從巴士上向路上的警員開槍。

警察馬上尋找掩護並反擊，雙方展開槍戰。期間槍聲隆隆，子彈橫飛，巴士乘客和職員全都嚇得趴在地板上，不敢動彈。警察一面開火，一面強攻登上巴士。最後警方成功拘捕了車上兩名攜帶武器的悍匪。事件中，一名警探殉職，四名巴士乘客受傷。光天化日之下，警方和匪徒隔著一群手無寸鐵的無辜乘客，以巴士為掩護互相駁火，在今天看來簡直匪夷所思，但在局勢動盪的時代，人命是很沒有保障的。

除了大型槍戰之外，巴士也經常被匪徒登車洗劫，在1938年底至1939年初，曾有九巴在三個月內被截劫兩次，以致人心惶惶[51]。九巴曾經考慮請警方派軍裝或便裝警探隨車保護，但由於新界各區路線均甚為偏僻，若需要每車派員護送，則可能要僱警探十餘人，在人手資源方面難以實行，因此唯有採取消極辦法，限制售票員每日攜帶現款不得超過 20 元，以杜絕匪徒覬覦，如金額超過此數目，則應暫時存放於元朗或粉嶺總站。新界盜匪橫行，對社會民生的騷擾可見一斑，連無辜的巴士也淪為盜賊的目標，令人非常擔憂。

當時很多人沒有一技之長，找不到工作，便會鋌而走險，做些偷雞摸狗的事情，當中一些也與巴士或巴士乘客有關。這一類個案在 1941 年尤其頻密，犯案的都是普通人，可能被環境迫得走投無路，以下是當時幾個典型例子，反映了社會低下階層的苦況。

1941 年 4 月 17 日，一名 43 歲的失業漢因在油麻地佐敦道偷竊巴士站牌[52]，在九龍裁判法院被判一個月苦工監。案發當日，一名警員在街上巡邏時，看到被告在窩打老道附近的上海街鬼鬼祟祟地走過，提著一個布袋，裡面似乎

九龍巴士被截刼後
……九龍公司……
限制多携票銀

週來新界方面、匪風滋熾、械刼傷人事件、不斷發生、即交通工具之長途汽車、三月來亦被截刼兩次、而今後行旅之保護問題、尤值得注意、記者昨以此走詢九龍巴士公司某負責人、據稱、關於此事、公司方面、曾考慮、請求警察當局、每日派出武裝或便服警探一人隨車保護、以策萬全、但新界各區路綫、均甚偏僻、若須每車派員護送、則所需警探、勢必增至十餘人、此時尚難辦到、公司方面、現惟採取消極辦法、對於售票員每日携帶現欵、加以限制、最多不得超過二十元、以杜匪徒之覬覦、如銷票超過此時數、則暫時放存於元朗或粉嶺車站云、

為了避免匪徒登車洗劫乘客，1939 年九巴限定售票員每日攜帶的現金金額。（《工商晚報》，1939-01-30）

裝著重甸甸的物件。警員起了疑心，上前要求他將布袋打開，一看之下，發現竟然是一個巴士站牌。由於站牌是鐵製的，很明顯這名匪徒希望將站牌賣掉換錢。

一名 35 歲的男子因管有剃鬚刀刀片並企圖盜竊一名女子，1941 年 10 月在九龍裁判法院被控告[53]。另一名男子則被控協助、教唆以及持有剃鬚刀片。警長在庭上作供時表示，10 月 24 日，九巴一名稽查在彌敦道登上一輛巴士，快到太子道時，注意到被告用右手舉起報紙，左手剪開坐在他旁邊的乘客的口袋，稽查立即通知乘客，她發現口袋被割開，但沒有被盜竊。當稽查試圖逮捕首被告時，第二被告從首被告處接過刀片扔向窗外。稽查其後著被告坐在頭等車廂加以看管，但在巴士開往深水埗警署途中，被告跳出車窗企圖逃跑。巴士隨即停下，在司機的協助下，成功將他拘捕。

此外，1941 年 11 月 21 日，一名年輕寡婦在九龍裁判法院，被控盜竊一名九龍倉工程師 3.2 元[54]。大約晚上 7 時，事主在紅磡寶其利街的巴士站候車，

感覺到有人在摸他的口袋時，隨即轉身抓住了被告，並在她手中找到屬於自己的錢。被告人有不良記錄，作案時仍在警方監管之下，被告在庭上請求法官寬大處理，因為她有一個六歲的兒子要撫養，並請求法官替她申請小販牌照。最終她被判兩個月苦工監，法官將會在她服完刑期後，再考慮她的請求。

從這些個案，我們看到普通市民如何被生活壓迫以致淪為小偷，以及當時流行的犯案手法，這些都是香港淪陷前夕社會基層的真實面貌。巴士與市民的生活息息相關，每日有幾十萬人乘搭巴士上班上學，容易為匪徒提供犯罪的機會。上述在巴士上發生的事，都是那個動盪時代的獨有寫照。

---

1 *Report on the social and economic progress of the people of the colony of Hong Kong for the year 1939, Administrative reports for the year 1939*, (Government Reports Online), p2.

2 *Report of the commissioner of police for the year 1937, Administrative reports for the year 1937*, (Government Reports Online), K6.

3 *Population and Births and Deaths, Administrative reports for the year 1938*, (Government Reports Online), p6.

4 湯開建、蕭國健、陳佳榮，*香港 6000 年*，香港，麒麟書業有限公司，1998，頁 500。

5 「何處為安樂窩」，*大公報*，1938 年 9 月 20 日。

6 *Housing, Administration reports for the year 1938*, (Government Reports Online, digital Initiatives, HKUL), p14.

7 「港中貧民居處苦況」，*香港工商日報*，1941 年 7 月 13 日。

8 「睡騎樓底在今天和往年一段掌故」，*大公報*，1938 年 10 月 7 日。

9 「半島難民新村巡禮」，*大公報*，1938 年 10 月 29 日。

10 "Visit to Kowloon Village Described: No Electricity Drainage or Running Water" , *Hong Kong Daily Press*, 1939-06-04.

11 「中英邊界難民情況淒慘」，*大公報*，1939 年 9 月 28 日。

12 同上。

13 湯開建、蕭國健、陳佳榮，*香港 6000 年*，香港，麒麟書業有限公司，1998，頁 493。

14「港難民福音」，*大公報*，1938 年 9 月 5 日。

15「港府安置道旁無告婦孺」，*工商晚報*，1939 年 3 月 7 日。

16 *Report of the commissioner of police 1939*, *Administrative reports for the year 1939*, (Government Reports Online, digital Initiatives, HKUL), K9.

17 Ibid, K12

18 Ibid, K6 to K9, p12.

19 *Public Health*, *Administration reports for the year 1938*, (Government Reports Online), p8.

20「醫務署報告書」，*大公報*，1941 年 4 月 26 日。

21 *Wages and the cost of living*, *Administration reports for the year 1938 and 1939*, (Government Reports Online), p33(1938) and p24(1939).

22 湯開建、蕭國健、陳佳榮，*香港 6000 年*，香港，麒麟書業有限公司，1998，頁 500。

23「港工業概況去年外銷九千萬元」，*大公報*，1940 年 3 月 24 日。

24 湯開建、蕭國健、陳佳榮，*香港 6000 年*，香港，麒麟書業有限公司，1998，頁 501。

25「九龍巴士擬改良路線」，*香港華字日報*，1937 年 11 月 21 日。

26「九龍巴士公司更調路線八處」，*香港工商日報*，1938 年 3 月 1 日。

27「新界交通之新姿態」，*工商晚報*，1938 年 4 月 19 日。

28「九龍汽車（一九三三）有限公司開派股息廣告」，*香港華字日報*，1939 年 10 月 10 日。

29 *Police and Fire Brigade*, *Administrative reports for the year 1933 to 1939*, (Government Reports Online).

30 "Perils of Bus Journeys", *South China Morning Post*, 1939-01-13.

31 "Monopoly Bus Services", *South China Morning Post*, 1939-10-10.

32 "Kowloon Buses", *South China Morning Post*, 1940-06-04.

33 Ibid.

34 "Support for Bus Co.", *South China Morning Post*, 1939-11-9.

35 "Kowloon Buses", *South China Morning Post*, 1939-11-18.

36 "Route No 9 Bus", *South China Morning Post*, 1940-06-05.

37 "Kowloon Buses", *South China Morning Post*, 1940-06-06.

38 "Double-Decker Buses for Kowloon Soon", *Hong Kong Sunday Herald*, 1938-09-11.

39 Ibid.

40 "Double-deck Bus Plan Threat to Kowloon Trees", *Hong Kong Telegraph*, 1938-11-15.

41 "Double Deck Buses Two being Built for Experimental Run", *South China Morning Post*,

1939-07-17.

42 "New Premises for Motor-Bus Co.", *Hong Kong Daily Press*, 1939-11-06.

43 "Double-Decker Buses Unlikely", *Hong Kong Telegraph*, 1940-03-12.

44 "Company to Buy Chassis from America", *South China Morning Post*, 1941-10-31.

45 "Bus Crowding Hope Double-Deckers Ordered by Company", *South China Morning Post*, 1941-11-10.

46 「九龍巴士公司發售學生月票新辦法」，*香港華字日報*，1939 年 12 月 28 日。

47 「九龍巴士公司將取銷學生月票」，*香港工商日報*，1941 年 7 月 13 日。

48 "Student Tickets", *South China Morning Post*, 1941-09-05.

49 「九龍巴士學生月票增加乘車次數」，*香港工商日報*，1941 年 10 月 20 日。

50 "Battle in Bus", *South China Morning Post*, 1941-05-08.

51 「九龍巴士被截劫後限制多攜票銀」，*工商晚報*，1939 年 1 月 30 日。

52 "Took Bus Stop Sign", *South China Morning Post*, 1941 -04- 17.

53 "Excitement in Bus Alleged Snatcher Escapes Through Window", *South China Morning Post*, 1941 -10-27.

54 "Foreigner Robbed While Waiting for Bus", *South China Morning Post*, 1941 -11-21.

戰雲瀰漫

由 1937 至 1941 年，世界局勢風雲變幻。中國半壁江山失陷，日軍在與香港一河之隔的深圳虎視眈眈；歐洲亦烽煙四起，軸心國步步進逼，盟軍處境艱難。香港市面被山雨欲來的氣氛所籠罩，人心不寧，擔心狂風暴雨會驟然而至。九巴也和全港市民一樣，一方面支援中國抗戰，另一方面為將要發生的戰爭作準備，可惜最終香港難逃淪陷的命運，九巴車隊被掠奪，服務亦被重創。

本章先介紹抗戰期間，包括九巴在內人們如何全力協助籌募抗戰經費及救濟難民，之後看看政府的備戰策略，要求巴士如何配合，接著回顧戰爭經過及對九巴的悲痛打擊。

同心守土抗敵

各界踴躍捐款賑濟

1937 年「七七事變」之後，逃難來港的人越來越多，無論南北老少，都關心祖國的命運，更將強烈的愛國情懷化成行動，有人參加愛國組織、協助宣傳，有的上前線投入抗戰，有些救援難民，更多人則在金錢上支持。

抗戰一開始，不少商會、團體、組織已經馬上發起募捐，也踴躍認購救國公債。華南失陷後，各種形式的獻金活動更活躍起來，不同行業都自行組織，將某幾天的營業額全部拿出來捐獻，例如藥物小販、九龍報販；香港九龍的酒樓茶室、茶居、西菜飯店亦舉行義賣[1]，戲壇職工聯會舉行義演，茶樓女職工別出心裁售賣「愛國花」[2]，塘西名歌姬多次舉辦義唱[3,4]，各界將自己的心意化成行動，成為一時佳話。

抗戰開始後很多商品都以愛國作招徠，圖為《香港華字日報》1939 年 12 月 24 日刊出的一則廣告，正好反映當時社會氣氛。

圖為《香港工商日報》1938 年 4 月 24 日的廣告，從中可見抗戰時人民透過什麼方式支援前線戰士。

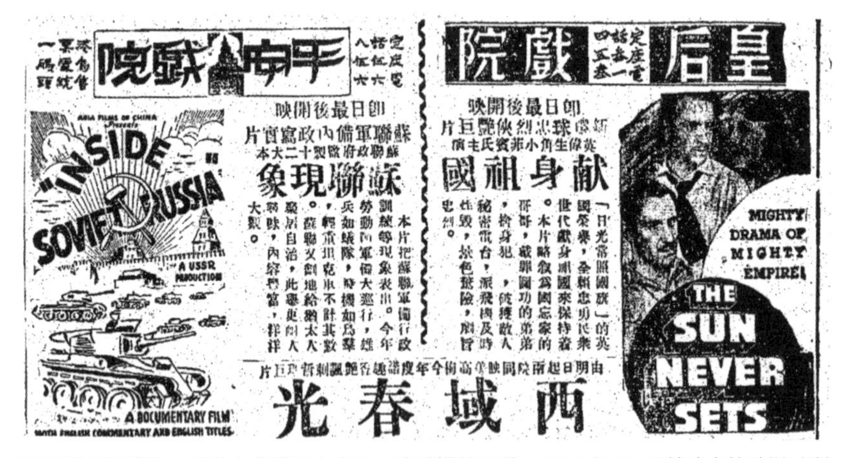

歐洲戰事爆發後，香港人非常關心東西兩邊戰場的互動，1939 年 11 月戲院也放映以歐洲戰爭為題材的電影。（《香港華字日報》）

獻金運動的所得，除了認購救國公債，也有用來捐助救護醫藥，更直接是捐助前線物資，例如購買防毒面具、鋼盔、水壺、飯盒、水杯、雨衣、禦寒棉衣，甚至工兵器材及電子通訊器材等，因為當時中國國力薄弱，很多戰事物資都沒有充足供應，依靠華僑捐助。

在 1939 年英國參戰之後，中英之間合作更密切，無論籌款還是賑濟難民，也有互相支援的情況。例如富商何甘棠等暨八和大集會（全行匯演），為香港英國戰時慰勞會演出粵劇籌款 [5]，慰勞中英軍人。英國籌賑中國難民會香港分會會長港督羅富國（Sir Geoffry Alexander Stafford Northcote），以個人名義呼籲香港富豪捐款救助難民 [6]。1941 年孫中山先生遺孀宋慶齡在香港發起一碗飯運動，支援傷兵和難民，羅富國也是贊助人。當時的香港人對兩邊的戰場同樣關注，會透過報章、廣播及電影，了解歐洲的局勢發展。

九巴出錢出力

在九巴，不管是作為公司或以總經理（或稱司理）雷瑞德的個人身份，都積極支援抗戰，在捐款之餘更協助安頓難民，也組織起區內的商戶，共同推動地區事務。

早在 1937 年 9 月開始，九巴已認購公債，特別之處是它除了一筆過即時認購 10,000 元公債外 [7]，更聯同九巴職員承諾作長期承擔，每月從全體薪金中總共捐出 1,000 元認購公債。當時報章會列出不同機構的捐款額，按順序排列，九巴這次的捐款方式，得到頗為顯著的報導，在芸芸捐款中被放在第一段作點題，更加上「當仁不讓」的形容詞，內文還另起一小段作介紹。此後，隨著戰事發展，九巴亦向英國方面捐助慈善服務及購買軍事物資。單是 1939 年 12 月 12 日，一天內便有兩項各 1,500 元的捐款記錄，分別捐予英國紅十字會及英國戰時慰勞會[8,9]。另外，在 1940 年 8 月，九巴亦支持《南華早報》發起的運動，捐贈 2,000 元，經輔政司電匯予英國政府，供英國空軍購買戰機之用[10]。

不單直接捐款，九巴也因應自家的強項，想出別樹一幟的籌款方法——足球比賽。在 1920 及 1930 年代，一些有規模的機構都會組織自己的足球會。九巴幾個主事人都酷愛足球，公司的足球隊不時會與外隊作友誼比賽，有個別職員更因球技出色，被當時甲組足球會南華及九華會羅致。因此九巴想到進行一場慈善足球比賽[11]，並用收入所得，為前線將士購置雨衣雨具藥物。比賽在 1938 年 4 月 13 日舉行，門票為 2 毫、5 毫及 1 元三種，對手西警會[12]在賽前說，比賽非常有意義，因此派出精銳部隊出戰，令比賽更刺激緊湊。當時報章的體育版也有刊登籌款足球賽的消息，並以「前方將士既然浴血抗戰守土，後方民眾應解囊助雨具與藥料」作為副題，可見透過不同形式支援抗戰，是當時社會的主流價值。

一幕籌欵足球賽
九龍汽車隊會戰西警會
前方將士既然浴血抗戰守土
後方民衆應解囊助雨具藥料

我國自抗戰至今、各界無不踴躍捐輸、九龍汽車公司司理雷瑞德、尤具熱心、自去年九月起、聯合全體職員、長期認購公債、每月一千元、近知各職員中、頗多足球健者、特舉辦足球比賽、籌欵購買雨具藥料等物、送給前方將士、本月十三(星期三)下午五時半、約西警隊會戰于九龍會球場、門劵定收二毫五毫一元三種、查九龍汽車公司之隊員、多係南華及九華之健者、該西警會亦以是場比賽、業有深意、決定選派最精銳隊員會戰、屆時當有一番精彩表演也、九龍足球隊陣勢如下、

李天生
黃翔 麥紹漢
何佐賢
鍾劍輝 錢熾輝
李國威 劉松生
黃瑞華 黃永康
劉慶才 馮景祥
林德譜 楊根保
梁現賢 鄧廣燊

1938 年 4 月 12 日《香港工商日報》報導九巴舉辦籌款足球賽的消息

除了出錢，九巴在救濟難民方面也有盡一分力。上一章說過，日軍推展至深圳之後，大量難民湧進香港邊界，有些被迫露宿荒山野嶺，在中西難民救濟團體努力斡旋和聯絡之下，凡有瓦遮頭的地方，都被借用來安置難民。有部分收容在火車、貨車車廂，有些則收容於廟宇、祠堂。而九巴在新界提供巴士服務，在元朗設有廠房作為新界營運中心，供巴士入油、檢查及停泊。九巴特別在廠房中撥出一片空地，借給婦女兵災籌賑會在此搭建營幕，供難民棲息[13]。九巴再在上面加設上蓋，免難民受到風吹雨打，興建上蓋的費用自行承擔。

自從難民潮以來，旺角一帶的工商界人士各自籌辦賑濟難民活動，及後又因防空問題時常聚首討論，但由於沒有統籌，聯繫起來十分費時失事。在雷瑞德等發起下，1939 年成立了九龍商業總會，成為九龍最大的商業組織[14]，大會推舉鄧肇堅為會長，雷瑞德為主席。商會成立後，達到凝聚力量，增強效率的作用。

由於治安日壞，政府於1939年9月鼓勵成立「港僑自衛團」，分作不同區域，成員須定期出動，協助維持區內治安秩序。雷瑞德擔任了油麻地旺角區自衛團區長。自衛團成立兩個月後，上海街發生大火，慘劇之後，有團員建議設置救生帆布，日後發生類似事件，在消防未到現場以前，團員也可拿來作救急之用。區長雷瑞德二話不說，馬上捐出帆布兩大幅[15]，縫製後存放於區總部，發揮了地區內守望相助的精神，回應了成立自衛團的宗旨。

從以上的種種例子顯示，九巴和總經理雷瑞德自抗戰開始後，除了公司業務外，也熱心社會公益和地區事務。以現代的概念說，就是致力承擔企業社會責任。

戰時動員

加強防禦意識

歐洲戰爭爆發後，日本對東南亞更加虎視眈眈，戰爭陰霾揮之不去。香港已經由純粹支援中國抗戰，轉而自行為戰爭作準備。在香港的防務上，九巴一直配合政府的備戰要求，包括燈火管制期間的巴士運作，以及戰時巴士的徵用安排。

其實由30年代中期之後，國際局勢日趨緊張，各國紛紛擴充軍備，英國對香港的防衛力量亦逐步提升。其軍事部署重點，是強化香港的陸上防衛力量，一旦發生戰爭時可以自保，抵禦一段時間，整個社會正常運作，令香港平民的死傷減至最低。

早在1934年，英國已著手改善啟德機場的導航設備，讓飛機夜間可以升降[16]。1937年2月，香港軍事當局再提升防禦規格，耗資100萬在新界興建範圍更廣闊、更堅固的Pill Box，當時報紙譯作丸箱式機槍堡，以便當發現敵機的時候，可以馬上開火還擊[17]，這就是一般人所稱的醉酒灣防線。

除了一些硬件的裝備之外，港府更在1937年12月起，定期進行燈火管制演習[18]，讓市民大眾熟悉非常時期的應變做法。政府頒佈了多條規則，總原則是在警報響起後，不管室內室外，所有燈火都必須遮蔽或者熄滅。1940年之後演習越來越頻密，希望市民熟能生巧。

政府亦不時舉行關於燃燒彈或毒氣彈的講座，介紹這些武器的特性，以及正確的處理辦法[19]。對於在路面行駛的車輛，政府派出專家向車主講解完全掩

防空處舉行
遮蔽車燈表演

防空處昨（廿八）日下午三時、舉行遮蔽車燈公開表演、前往參觀者、有中西車主及司機等多人、防空處長官分用中英語講解、對於遮蔽車燈所應用之材料及漆油、以及如何可使燈光不致向上透射、均有詳細之講述、

《香港華字日報》1940 年 3 月 29 日報導防空處舉辦遮蔽車燈示範

蔽汽車燈光的技巧[20]，包括應準備何種材料及漆油，亦示範令車燈不向上透射的實際操作，避免他們不慎成為敵人的目標。

隨著 1939 年歐戰開始，戰爭大有一觸即發之勢，政府對香港的防務轉趨積極，1940 年之後各種防禦戰爭的措施及訓練頻密出台，例如推出以成本價購買防毒面具[21]計劃，市民訂購時，還有專人協助量度購買者的面部尺寸，確保面具大小適中。市民還可以選擇自行帶回家中，還是暫時由政府統一保管，有需要時才發放。

港府亦大量建設掩護性設施，減低空襲期間市民的傷亡，並鼓勵各界人士在新建住宅、工廠、公共設施、教會、學校等時，要準備一個地底暗室，作防毒避彈室，又或者在現有設施改建。

到 1940 年，所有通衢大道每 500 碼距離都堆積沙包，方便空襲時來不及走避的市民可暫作掩護[22]。另外防空處從同年開始，在香港不同地區山邊開鑿

防空洞，全部完成後可容納 40 萬市民在空襲期間進洞內躲避，被形容為攻不破的堡壘[23]。

由燈火管制演習起，香港已經進入全民備戰階段，作為普通百姓，戰爭來臨時最要緊的是保命。當時港府很多措施都是圍繞這個目標而展開，宣傳講座、示範都是為了教育市民如何在緊急情況下不要驚惶失措，懂得自保；而供應防毒面具、堆沙包、起防彈室、挖防空洞就是為了緊急時有地方讓市民逃命、減少傷亡。

強化後勤支援

戰爭策略其中一個重點固然是要保障百姓，但更重要的是前線有精銳而充足的兵力，然而很明顯，香港的正規武裝實力是不足的。所以隨著國際局勢迅速惡化，英國亦加強香港的軍事編制及訓練，招募華人參與各種防衛隊和義勇軍。到 1941 年 6 月，即戰事開展前半年，除正規軍及警察外，由受過訓練的民眾組成的義勇服役部隊共有 11 種，約有 30,000 餘人。

1941 年 5 月，港府的人手調配已經到了很仔細的執行階段，後勤支援的需要都有所準備。比如港府要求酒樓茶室商會招募煮飯工友 1,000 名、雜役 500 名[24]，一旦戰事爆發，他們便需為疏散離港的居民提供沿途膳食，及為華藉的參戰人員做飯。同時，為穩定戰時糧食供應，大米出入口均由政府專賣，列為公價品，分七級價格出售，避免商人囤積，引起社會恐慌[25]。

為確保緊急情況下的物資供應，政府在 1940 年 6 月頒佈了徵用民間物資的法令，隨時可以香港總督的名義，徵用所有水陸交通工具和設備[26]。就是根據這一條法例，在日軍入侵之後，香港所有巴士都被香港政府徵用，淪陷後則繼續被日軍佔用，直至 1945 年日軍投降後，九巴才獲發幾輛已經殘破不堪的巴士，重新出發。

燈火管制全民演習

上文說過自 1937 年以來，香港舉行了很多次燈火管制演習，還特地訂立了演習期間遮蔽燈火的法例，違反者會被罰款。演習有時只為期一天，有時連續數天，有的預先通知，也有臨時舉行，以測試市民反應。這是個全民活動，就連在戶外的船隻和汽車，警報一到時也要馬上行動。究竟整個演習是怎樣進行呢？當中巴士需要做什麼呢？當年報紙的現場記錄給我們留下了一些參考。

每次演習，都會預設香港及九龍遭遇敵機空襲，不同地點被投彈燃燒。開始時，警報會發出時高時低的嗚嗚聲，持續三分鐘，期間居民需要即時將不必要的燈光熄滅，用黑色或深色的布遮蔽其餘的燈光，拉上窗簾或用深黃色厚紙裱貼窗門玻璃。交通工具方面，私家車應馬上停放路旁，巴士、電車及小輪需完全停駛，車頭及車內的燈光需熄滅，車旁及車後的燈光應用兩層深藍色布遮蓋。人力車、單車、舢舨的燈光也需要熄滅[27]。

其時路上只准消防車、警隊衝鋒車、救護車及童軍單車隊[28]出動搶救，包括撲滅燃燒彈以及進行消毒等。

到了 1941 年，由於各種防衛隊及義勇軍已經成立，燈火管制的演習亦要考驗各隊伍之間的配合。當年 7 月份便進行了一次為期三天的大型演習[29]，記者描述警報發出後，「天際間黑暗如漆，繁榮市面轉入沉寂世界，只有各大建築物稍微見其輪廓」。防空工作人員戴著鋼盔，分班輪流出巡，監視住戶及汽車的燈火，勸告各商號住戶熄滅燈火及做好遮蔽等工作。防空瞭望哨隊則在各制高點，報告敵方戰機行蹤；消防隊與民眾義勇救火隊 2,000 餘人亦分區動員，駕駛備有救火衣、特種鐵鏟、鋼盔等的新型「救火救護發掘車」救災。而中、英、葡後備員警隊、保衛團隊等共 5,000 餘人，則與配備盔甲的正規警員和便裝警員在市面巡邏。

公共巴士則裝上新製成的「鐵套掩蔽燈火器」，代替之前沿用的藍布袋。九龍巴士各線於警報發出後要全部暫停，待解除後才繼續開行。一般商舖、街邊小販及零食店多已關門休息，不過燈火管制下也不是一片死寂的，可以做到完全遮光的酒樓、娛樂場所仍照常營業，大批食客高興地打麻將，電影院、戲院、按摩院、私寨等亦十分興旺，甚至擠迫得水洩不通。也有部分看熱鬧的市民，仍在街上到處遛達，有的更在大街大巷劃火柴燃點香煙，可見有些市民仍然覺得這是一場演習，所以掉以輕心。

類似的燈火管制定期舉行，最後一次是 1941 年 11 月 29 日，即日軍入侵前九天，參與的軍隊及民眾部隊總動員 60,000 人以上。這亦是首次在白晝舉行的防空演習，報章形容演習的規模之大與逼真程度，前所未有[30]。特別之處是，那次演習在上午 7 時多至 8 時多舉行，竟與數天後日軍入侵的時間巧合地接近，怪不得有些幸存者戰後憶述，還以為日軍入侵那天是另一次演習！可惜由於香港守軍與日軍實力太懸殊，縱使民間作出許多動員和準備，最後也無補於事。

終極開戰

守土之戰第一天

1941年12月8日，日本在偷襲珍珠港之後幾個小時，終於發動對香港的侵略。日本基於香港的戰略價值，早就有覬覦的野心，因為只要侵佔香港，就可以切斷對中國內地的物資供應，亦可作為日本與英美爭霸太平洋的跳板[31]。

香港保衛戰只打了18天，首階段由12月8日至13日，以新界和九龍的失陷結束；次階段由17日至25日決戰港島，結果以香港投降告終。頭幾天，政府還希望盡量維持市面秩序，一切按照演習時的部署而行，報章也如常出版，所以我們可以看到頭一天雙方的部署。

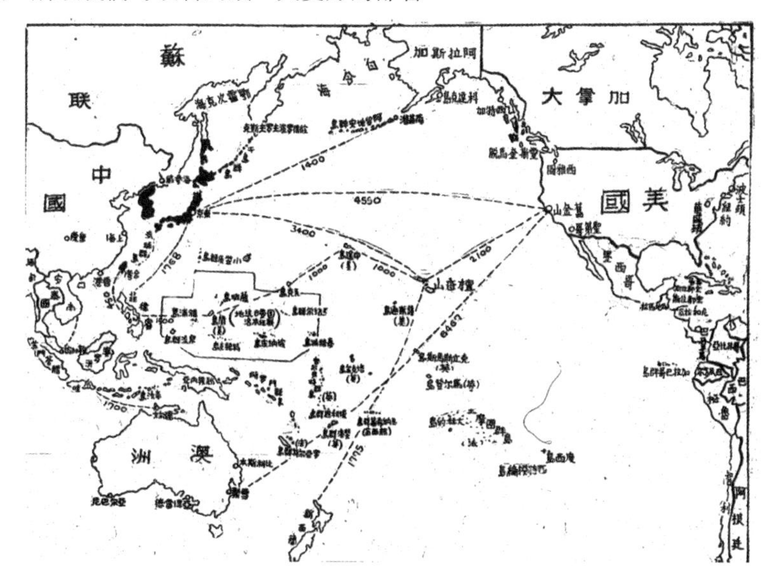

1941年12月10日《香港工商日報》刊登太平洋戰爭第二天日本登陸及空襲的地點，可見在九龍淪陷前香港的報章仍繼續運作。

12 月 8 日上午 8 時，日本軍機首先轟炸啟德機場以及港九多個軍事目標，然後渡過深圳河，兵分兩路入侵新界[32,33]。

政府馬上宣佈進入戰爭狀態[34]，動員所有正規軍隊、義勇軍隊及其他民防部隊。海軍封鎖香港的港口，並拘捕日本僑民，政府機關全面劃為禁區，持有特許證才能通行。港府發出緊急通告，實施長期燈火管制，期間貨船或舢舨不可在指定海面停泊，九龍居民想渡海也必須領取許可證。所有學校即時停課，學生全部回家。

政府著西營盤、堅尼地城及灣仔一帶人煙稠密地區的居民，攜帶碗筷被鋪及輕便衣物，去太古船塢對上的疏散地點暫避，該處已準備有糧食、食水、醫藥等設施。

發出首次空襲警報之後，香港各大銀行如常營業[35]，但都有警員把守門口。飲食商店也照常營業，而一般戲院舞廳等，則因為顧客減少自主停業。

各個民防部隊的隊員都依照其預先指派的崗位執行職務。防空救護員分佈在市面，指揮行人躲進騎樓底或附近的避彈牆後。陸上交通停止後，防護員協助指導車輛擺放在路旁，巴士及電車停駛之後，由救護員指導各乘客向騎樓底躲避。

由於糧食是重要的戰時物資，直接影響人民生計及社會秩序，因此開戰後柴薪統一由政府直接配給[36]，並指定 185 間米店為糧食供應站，要求各米店不得關門停業，以免影響市民購買。

港督亦宣佈執行緊急法令，有權拘留、驅逐任何人，有權徵用任何物業及各種車輛，包括的士、貨車以及巴士等。被徵用的巴士和汽車全被髹上黑灰色作保護色[37]，以增加行走安全。部分汽車則鋪上樹枝、樹葉等加以偽裝，避免成為敵人的目標。由於巴士被徵用[38]，為市民服務的班次頓時大減，乘客擠擁不堪。為方便人們返家，巴士公司限制乘客量，在當天亦彈性處理。

徵用車輛 施以僞裝

本港當局徵用車輛、大部巴士、均爲當局徵用、前日被徵用之巴士汽車、爲增加行走安全起見、特髹以黑灰之保護色、此種已髹色之車、已於昨晨派出行走、又各被徵用之汽車、亦用樹枝樹葉等施以僞裝云、

《香港工商日報》1941 年 12 月 10 日報導巴士被髹上黑灰色作保護色

港督昨晚播講

港督楊慕琦爵士、昨晚八時、在播音台廣播重要演講、原詞譯錄如下、本督今晚欲慰告諸君、戰爭雖已蔓延世界各處、而本港人士、須緊急加入服務、但余之所以欲慰告諸君者、以本督能向諸君保証、吾人能堅強應付敵人、對於戰事結果、毫不加以疑問、英美領袖、幾月來努力防止此次戰爭之發生、但此方面已歸失敗、故吾人不得不參加作戰、日本從未放棄其惡毒目標、謀取鄰邦主權、並欲破壞中國及其他國家之自由博愛及正義、因此吾人目前對日作戰、或更進一步對德作戰、此次戰爭之結果、對諸君將有重大影響、諸君家人之生命、自由、財產、不爲日軍所蹂躪之自由、諸君盡知吾人友邦中國多年來繼續抵抗侵略者所担任之光榮任務、吾人今日與中國人民及其偉大領袖蔣委員長、駢肩作戰、彼此互爲同志、吾人有偉大協約國、吾人當好自爲之、彼等之抗戰、乃吾人之抗戰、彼此一致前進、此戰爭或需時甚久、且甚爲艱辛、本督請諸君努力、加以協助、在此次敵機空襲中、本港已表現極佳之勇氣精神、民團已加入大軍、準備作戰、本督得與諸君共赴、深覺榮幸、並最後向諸君重申前言、諸君可自相告慰云、

港督楊慕琦在日本入侵香港的 12 月 8 日晚發表廣播呼籲市民同心抗敵（《香港工商日報》）

港督楊慕琦（Sir Mark Aitchison Young）在 12 月 8 日日本入侵當晚還發表廣播，呼籲市民同心抗敵[39]：「吾人能堅強應付敵人，對於戰事結果毫不加以疑問。英美領袖幾月來努力防止此次戰爭之發生，但此方面已歸失敗，故吾人不得不參加作戰。……此戰爭或需時甚久，且甚為艱辛，本督請諸君努力，加以協助。在此次敵機空襲中，本港已表現極佳之勇氣精神，民團已加入大軍，準備作戰，本督得與諸君共赴，深覺榮幸。」

楊慕琦的演說聽起來冠冕堂皇，政府也很努力想維持有效管治，無奈事與願違。戰爭開始後，警方無法分出人手到市面巡邏，到處出現糧食搶購，禁而不止，有的商舖乾脆關門，政府的法令根本無從執行。由於政府的整個防務重點是固守香港島，因此九龍的治安更急劇敗壞，幾大黑社會集團甚至私議劃分勢力範圍，以勝利為號，被稱作「勝利友」[40]，在幾天裡有系統地洗劫深水埗、油尖旺以至紅磡一帶的商舖和住宅，甚至殺人放火，這種肆無忌憚、無法無天的行為，港府也無力阻止。

戰事失利

由於英日雙方的軍力以及戰前部署有太大距離，香港守軍雖然奮勇抗敵，仍然傷亡慘重，從一開始便只有節節敗退。

從準備方面看，雖然英國在 1940 及 1941 年開始加緊香港的防務，並進行過多次防空演習，不過顯然英國沒有想過戰爭會早在 1941 年發生。新任港督楊慕琦 9 月份才獲派到香港，新的預防空襲總指揮官及駐港海軍司令則是 11 月才委任。兩個加拿大步兵營也是在開戰前約三星期才抵達，新任輔政司更在日軍進攻前一天才到任[41]。這些重要崗位都是倉促就任，防守力量無疑大打折扣。

軍力方面，在日軍進攻前，全港守軍只有 10,000 人左右[42]，當中包括英兵兩營、印籍軍隊兩營以及剛於 11 月 16 日才從加拿大增援的兩個新兵營，還有由退伍軍人和志願軍組成的休斯敦兵團[43]。

海軍方面，有驅逐艦三艘、魚雷快艇八艘、炮艇四艘和武裝巡邏艇多艘，空軍方面只有三架魚雷轟炸機、兩架水陸兩用戰鬥機，均為過時款式。英軍最大的希望，便是設置在新界由西到東的醉酒灣防線，以及境內幾百門大炮。

至於日軍的戰鬥力則強大得多，有 1,300 多架飛機、2,300 多輛運輸車和 500 艘登陸艇[44]。而且由於日本有很多商人及僑民一直在香港生活，他們向日本軍方提供最精準的英國地圖，巨細無遺地標示邊界、火車站、道路、電

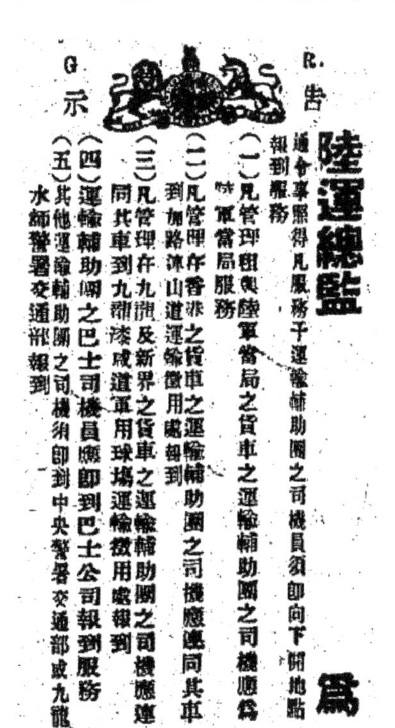
G. R.

告示

陸運總監 為

通令事照得凡服務于運輸輔助團之司機員須即向下開地點報到服務

（一）凡管理租與陸軍當局之貨車之運輸輔助團之司機應為陸軍當局服務

（二）凡管理在香港之貨車之運輸輔助團之司機應連同其車到加路連山道運輸徵用處報到

（三）凡管理在九龍及新界之貨車之運輸輔助團之司機應連同其車到九龍漆咸道軍用球場運輸徵用處報到

（四）運輸輔助團之巴士司機員應即到巴士公司報到服務

（五）其他運輸輔助團之司機須即到中央警署交通部或九龍水師警署交通部報到

1941 年 12 月 10 日，守軍仍在九龍奮戰，《香港工商日報》刊登陸運總監的通告，要求運輸輔助團的巴士司機到巴士公司報到。

訊設施、海底電纜、警局、郵局、醫院甚至濕地、沼澤、山河等地貌。相反英國對日軍的具體部署、裝備戰略等卻一無所知，低估了日本軍隊的數量及作戰能力[45]。

戰爭在12月8日開始後，日軍轟炸啟德機場，五分鐘已經奪取了香港的制空權。12月10日，兩艘驅逐艦被日軍擊沉，制海權也落到日軍手中。到12月13日醉酒灣防線被攻破，九龍淪陷，英軍全面退守香港島。

日本由12月17日開始兵分三路進攻香港島[46]，包括東面進攻鯉魚門炮台、筲箕灣；中路進攻太古船塢；西路進攻北角沿岸的政府倉庫、電廠，結果三路大軍都成功登陸。18日北角發電廠受到破壞，電力供應中斷，19日上午港島東面的柏架山、渣甸山都已失守，19日晚上和20日下午，日軍分別開到跑馬地和淺水灣，20日控制了大潭水塘，切斷食水供應，23日攻陷英軍淺水灣據點。同日，灣仔峽和摩利臣山區域也失陷，最後港督在25日宣佈投降，結束歷時18日的香港保衛戰。

黑暗歲月

無辜遇難

自日軍開始進攻香港之後，九龍很多人都撤退到香港島，尋找安全的地方暫避。九巴創辦人之一林銘勳及一眾家人亦躲到了跑馬地。

當時一般估計日本軍隊會登陸港島中央繁盛的商業區，然而日軍進攻港島的路線卻是在東部登陸，然後翻山越嶺，逐一與守軍交戰，掃蕩港島東面各個據點後，再往西面進攻港島心臟地帶。根據林銘勳姪兒林國富（現已過世）

早前向筆者表示，到了 12 月 22 日晚，林家不幸遇上日軍，林銘勳及多名家人均遇害。

林國富表示，林家在九龍塘根德道的住所亦被日軍工兵團佔用，該團的任務是維修獅子山隧道的鐵路，他們不屬於戰鬥部隊，態度較為文明，允許林家其他成員繼續窩居在屋內一間儲藏室。

淪陷期間，林家靠縫補日本工兵團的制服維持生計，林國富的姑姐更坐巴士來往元朗和市區之間，擺擋買賣豬肉，補貼一家人。

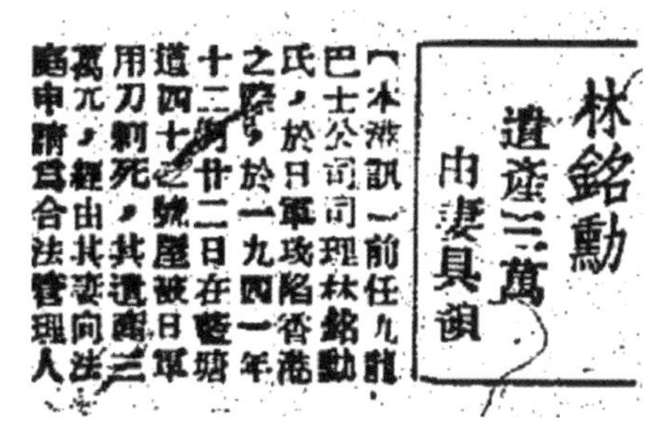

林銘勳
遺產三萬
內妻具領

〔本報訊〕前任九龍巴士公司司理林銘勳氏，於日軍攻陷香港之際，於一九四一年十二月廿二日在[illegible]塘道四十之號屋被日軍用刀刺死，其遺產三萬元，經由其妻向法庭申請為合法管理人

1947 年 8 月 4 日《香港工商日報》，報導林銘勳 1941 年 12 月 22 日死於日軍刺刀下。

戰後，受害人才得以入土為安，林家亦取回九龍塘的房產及遺產[47]。

鬱鬱而終

九巴另一創辦人雷亮，一家住在深水埗雷生春大宅，後來捐贈予政府，於 2012 年活化成浸會大學中醫藥保健中心。

根據浸會大學出版的《活化重生——雷生春的故事》[48]一書介紹，當時雷亮一家人住在樓上，地下一層有三個舖位，其中兩間租予洋服舖，另一間用作開設藥店，售賣雷家自家生產的跌打藥水。由開戰直至九龍淪陷的幾天，雷家目睹了「勝利友」在九龍大肆劫掠的情景，幸好由 1937 年中日戰爭爆發之後，由於難以購買中藥，藥水已經停產，而另外兩間洋服店亦已經停業，因此雷生春沒有成為目標，避過一劫。

日本佔領香港之後兩個月，香港佔領地總督部重新登記英方管治時期的樓宇業權，業主需提交業權證據。1942 年 10 月，雷亮獲日方確認雷生春的擁有權，不過他經營的萬信隆金山莊業務已停頓。雷亮眼見半生辛勤努力換來的成就一下子被戰火摧毀，令當時近 80 歲的他更感落寞，精神大受打擊，內心痛苦不已，最後患上了抑鬱症，身體健康每況愈下，結果患上腸痔病[49]，在家中離世，時為 1944 年，距離香港重光還有一年，只可惜他已無緣看到九巴在戰後如何在灰燼崛起，進一步發展壯大。

苦苦支撐

根據雷亮的孫兒雷中元聽回來的情況，日本佔領香港之後，將仍開得動的巴士全部運走，只剩下數部正在維修不能動的。之後維修員工將這些車維修好，繼續行駛。由於日本政府要九巴繼續經營，於是那幾架巴士既載客又運貨，也有人搭巴士去元朗買東西來轉賣。

他說：「當時九巴仍然運作，架構是主席鄧肇堅、總經理雷瑞德。祖父雷亮過身後，我父親雷福康做司庫，當時負責交通部的有雷瑞德弟弟雷瑞熊，另外有一個工程部主管，由他們幾個維持九巴運作，每天都在青山道總部上班。日本政府會給他們軍票，有糧出，可以拿去買東西吃，起碼不用餓死。」

就這樣，九巴幾個核心成員只能以幾部殘破的巴士苦苦支撐，在困難時默默守住本業，日復一日地捱過了困難痛苦的戰爭歲月，靜待和平來臨。

1「九龍報販義賣兩日成績獲 8,000 元」，*大公報*，1938 年 9 月 8 日。

2「茶樓女職工 戶內賣花」，*大公報*，1938 年 9 月 25 日。

3「四次義唱」，*大公報*，1938 年 9 月 30 日。

4「美麗麗榮膺歌國皇后」，*香港華字日報*，1939 年 1 月 16 日。

5「何甘棠等演劇籌得七千元」，*香港華字日報*，1940 年 2 月 2 日。

6「英賑華會在呼籲賑濟」，*大公報*，1938 年 11 月 29 日。

7「九龍汽車公司」，*香港工商日報*，1937 年 9 月 23 日。

8「英紅會戰時募捐處收到捐欵將達卅萬元」，*香港工商日報*，1939 年 12 月 12 日。

9「華人踴躍捐助英慰勞會」，*香港工商日報*，1939 年 12 月 12 日。

10 "The War Fund: Further instalment Sent to Government. Bus Company' s Support" , *South China Morning Post*, 1940-08-13.

11「九龍巴士足球隊舉辦籌款賽」，*天光報*，1938 年 4 月 8 日。

12「九龍汽車隊會戰西警會」，*香港工商日報*，1938 年 4 月 12 日。

13「九龍汽車公司借地收容難民」，*工商晚報*，1938 年 12 月 12 日。

14「九龍商業總會今日正式開幕」，*大公報*，1939 年 12 月 28 日。

15「油麻地自衛團縫製火災救生帆布」，*大公報*，1939 年 12 月 8 日。

16 陳昕、郭志坤主編，*香港全紀錄卷一遠古至 1959 年*，香港，中華書局（香港）有限公司，1997，頁 198。

17「港府未雨綢繆強化防禦工事」，*大公報*，1939 年 4 月 4 日。

18「燈火管制成績佳」，*香港華字日報*，1937 年 12 月 10 日。

19「防空演講　燃燒彈及毒氣彈防禦法」，*香港華字日報*，1938 年 4 月 20 日。

20「防空處舉行遮蔽車燈表演」，*香港華字日報*，1940 年 3 月 29 日。

21「市民認購防毒面具本月 18 日開始登記」，*香港華字日報*，1940 年 1 月 13 日。

22「加速完成防空工作　通衢大道均堆沙包」，*香港華字日報*，1940 年 7 月 14 日。

23「香港為難破之堡壘　各防空洞可用容 40 萬人」，*大公報*，1941 年 3 月 1 日。

24「煮飯工人　登記逾千」，*大公報*，1941 年 6 月 25 日。

25 陳昕、郭志坤主編，*香港全紀錄卷一遠古至 1959 年*，香港，中華書局（香港）有限公司，1997，頁 228。

26 湯開建、蕭國健、陳佳榮，*香港 6000 年*，香港，麒麟書業有限公司，1998，頁 508。

27「燈火管制演習　今晚大規模舉行」，*大公報*，1939 年 7 月 27 日。

28「昨晚管制燈火　假想敵機進襲」，*大公報*，1939 年 7 月 28 日。

29「燈火管制第一晚　一切進行尚順利」，*大公報*，1941 年 7 月 22 日。

30「保衛香港大演習　成績□屬良好」，*大公報*，1941 年 12 月 1 日。

31 陳昕、郭志坤主編，*香港全紀錄卷一遠古至 1959 年*，香港，中華書局（香港）有限公司，1997，頁 231-232。

32 湯開建、蕭國健、陳佳榮，*香港 6000 年*，香港，麒麟書業有限公司，1998，頁 519。

33 陳昕、郭志坤主編，*香港全紀錄卷一遠古至 1959 年*，香港，中華書局（香港）有限公司，1997，頁 231。

34「敵機昨日兩度襲港　大埔元朗英陸軍與敵接戰」，*香港工商日報*，1941 年 12 月 9 日。

35「本港居民鎮靜如恒　銀行照常營業學校一律停課　港九巴士被徵　乘客異常擠擁」，*香港工商日報*，1941 年 12 月 9 日。

36「當局注意戰時民食　柴薪將施行全部統制」，*香港工商日報*，1941 年 12 月 9 日。

37「徵用車輛　施以僞裝」，*香港工商日報*，1941 年 12 月 10 日。

38「徵用巴士　搭客擠擁」，*香港工商日報*，1941 年 12 月 9 日。

39「港督昨晚播講」，*香港工商日報*，1941 年 12 月 9 日。

40 湯開建、蕭國健、陳佳榮，*香港 6000 年*，香港，麒麟書業有限公司，1998。

41 同上。

42 John M. Carroll, *A Concise History of Hong Kong*, Hong Kong University Press, 2007, p120-121.

43 陳昕、郭志坤主編，*香港全紀錄卷一遠古至 1959 年*，香港，中華書局（香港）有限公司，1997。

44 同上。

45 John M. Carroll, *A Concise History of Hong Kong*, Hong Kong University Press, 2007, p120-121.

46 湯開建、蕭國健、陳佳榮，*香港 6000 年*，香港，麒麟書業有限公司，1998。

47「林銘勳　遺產三萬　由妻具領」，*香港工商日報*，1947 年 8 月 4 日。

48 郭淑儀，*活化重生——雷生春的故事*，香港，浸會大學出版社，2012，頁 310-311。

49 同上。

後記——戰後重生

日本在 1945 年 8 月 15 日宣佈無條件投降，慘痛的三年零八個月日佔時期終於結束。9 月 1 日，英軍重返香港，太平洋艦隊司令夏慤（H. J. Harcourt）少將成立軍政府，開始為期八個月的軍事管治，香港進入了戰後復員時期。直至翌年 2 月，中巴和九巴才恢復巴士經營權，但是車隊已遭受到嚴重破壞，一切接近從零開始。重建過程艱巨，既要解決巴士不足、乘客過度擠迫、黑市貨車入侵的問題，又要面對員工工潮，劫後重振之路挑戰重重，是對智慧和魄力的考驗。

本章先描述戰後九龍市面情況，介紹巴士如何恢復運作，然後看看戰後第一次薪酬談判，以及將貨車由競爭對手吸納為夥伴的過程。

在廢墟中重建家園

戰後香港百廢待興，人口由戰前的 160 萬人降至 60 萬人，通貨膨脹、失業、治安、健康和衛生問題嚴重，資金、食物短缺，約八成人口營養不良[1]，經濟活動停頓，無船隻、無工業、無商業。市面所見，樓宇被爆彈打中，蒙受不同程度損毀的達 20,000 多幢，到處破爛不堪，千瘡百孔。曾經繁忙的街道人去樓空，一片死寂[2]。

我們先看看戰後九龍的市面情況。

在尖沙咀，漢口道和彌敦道的房屋都被黑社會非法佔據。除非付 3,000 至 4,000 元的「鞋金」（shoe money），否則幾乎不可能在九龍找到住所。由於房屋的需求旺盛，租戶寧願付錢也不敢向當局舉報。此外，加拿分道、柯士甸道和亞士厘道，有不少樓宇被由黑社會操控的妓女霸佔，作賣淫之用。亦有一些樓宇的業主瘋狂加租，由戰前的 90 元加到戰後的 300 元。某些樓宇雖已經嚴重破損，卻有 300 多名難民棲身其中，這些房屋有用的木材都被洗劫一空，排水管和其他配件都被拆走，亦完全沒有衛生設施，散發出難聞的惡臭，隨時會爆發瘟疫或有倒塌危險[3]。

以前上海街是九龍最繁榮的商業中心，書店、食物店、布店、鞋店、銅鐵業、海味店、金銀鐘錶店林立。戰後直到 1946 年 2 月，有的店舖仍沒有開業，就算開業也沒什麼貨可賣，唯有布料店較為蓬勃，始終「衣」是生活必須之一，這是可以理解的。反而旺角至佐敦一帶則遍佈地攤，售賣各種產品，如化妝品、頭蠟、日用品、「故衣」（舊衣服）等，全屬臨時性質，成本低廉，這種商業形式在戰後興旺一時。深水埗及長沙灣只有幾家小織造廠復工，深水埗軍營一帶很多樓宇在戰時被炸毀，市面冷清。九龍城的工業區亦只有

20多間布廠復工，紅磡是船塢所在，戰時基本上被完全炸毀，損失嚴重[4]。

軍事政府由1945年9月起管治了香港八個月，面對百廢待舉的狀況，優先要解決糧食問題，穩定社會民生，因此實施價格控制、配給糧食和恢復漁業，務求盡快恢復社會秩序、經濟生產和貿易[5]。經過幾個月的復員，市面漸漸穩定下來，人口亦急速反彈，至1946年2月，已由60萬恢復到大約90萬[6]，也就是說在五個月間增加五成，升勢十分凌厲。

巴士車隊損毀嚴重

市民出行亦是社會的基本需要，尤其人口再度急升，自然增添交通壓力，然而戰後汽車短缺，不是一時三刻可以恢復。當時，巴士服務由軍部暫時安排一間名為香港九龍公共車公司統一接管，由於很多巴士或被日軍運走，或被拆走引擎或其他零件，甚至已經損毀，剩下殘骸擺在路邊，所以戰後行走香港島的巴士僅得四部，另有一輛後備車；九龍方面則有車八部，後備車一部，另有壞車一至兩部，即使維修後亦不能上斜路，只限於平地使用[7]。連壞車都如獲至寶地搶救回來使用，可以想像巴士短缺到了怎樣嚴重的一個程度。

及後，中巴和九巴終於在1946年2月15日從軍政府手中取回巴士營運權，亦一併取回當時行走巴士的擁有權[8]。軍政府有鑑於巴士短缺，便設法從印度運來軍用車輛一批，撥出一部分改裝成巴士，供市民使用[9]。九巴創辦人雷亮孫兒、前總經理雷中元接受訪問時表示，他也曾聽說：「日本投降，英軍回來接手後，好像送了幾十輛軍車給九巴改裝做巴士。」

比對戰前九巴申請採用美國製底盤和雙層巴士的反覆過程，就更能體會到軍政府在戰後重建階段的果斷性。也許由於一切制度都已被戰爭摧毀，重建時必須採取一些非常手段，以目標為本。

中華九龍兩公司

今日恢復行車權

【專訊】戰前港九公共長途車行走，向由中華及九龍兩公司聯理，港土光復後，當局爲維持市面交通，暫命香港九龍汽車公司派車行走港九，後中華 龍兩公司負責人返港，進行公司復員工作，并向當局中請恢復原日在香港九龍之長途車行走權。現公司得幾當局復示，由今日十五起，決將香港方面之行車交回中華公司辦理，九龍方面，交回九龍公司，現在行走各議之車輛，亦一併交回原有公司，因此港九兩地之行走，亦不受影響。

九巴和中巴在 1946 年 2 月 15 日起恢復巴士專營權（《香港工商日報》）

非法運輸商圖利

至 1946 年 4 月 11 日，由於沒有車隊資源，九巴能勉強恢復的只有兩條九龍的市區巴士路線，一條由尖沙咀至九龍城，另一條由尖沙咀至深水埗，總共才八輛巴士；另一條為九龍至新界的元朗線，每兩小時開行一次，車輛全部由政府供給的貨車改裝。當時報導九巴還計劃盡快恢復紅磡經漆咸道至尖沙咀的路線，並有三輛巴士在裝嵌中，可是要等車胎來到才可開辦[10]。戰後重建是全球要務，在世界各地同時爭奪資源下，生產車輛所需的組件十分緊絀，由於供應鏈緊張，九巴和中巴重建車隊的進展依然緩慢。九巴方面，到了 6 月底，再有尖沙咀至九龍城的 5 號線和尖沙咀至九龍塘的 7 號線恢復，可見當時是逐條巴士線處理，能湊得足夠車輛走哪條線便復辦哪條，一切只能見步行步。

由於巴士嚴重不足，當時不論在香港島和九龍，巴士總是超載，擠迫到了危險境地，時常成為報章的投訴主題，從以下幾封讀者來函可見端倪：「一輛載客量36名乘客的巴士，竟可以擠進100人！」[11]「等巴士等了20分鐘已經夠討厭了，最後迎來一輛不停站的巴士，天啊！還有乘客騎在擋泥板和坐在引擎蓋上，真夠嚇人！」[12]「現時高峰時段幾乎無法乘坐巴士，到處是人滿為患，乘客擠得像沙甸魚。情況危險極了！特別是一些人在巴士行駛時，踮著腳站在地台邊緣一丁點位置上，或只是死命拉著車門的扶手，半邊身懸掛在車外。」[13]

有讀者說每一艘從香港島駛來的渡輪，都載著超過250名乘客前往尖沙咀，其中只有100名強壯的人能設法擠上往九龍城和深水埗的巴士。一些年輕人或可截停過路的吉普車、卡車來坐，但其他人只能在疲憊不堪時，目送數十輛空吉普車和卡車呼嘯而過。讀者還妙想天開地建議，與其浪費軍車空載的汽油和人力，不如讓軍車收取2毫車資，協助接載乘客到深水埗或九龍城也好。這樣一來，軍方除可以賺點零用錢之餘，還能博得九龍市民千恩萬謝[14]。以上的讀者意見反映出在非常時期，人們創意無限，也顯示出人們對自動交通工具的無限嚮往。

事實上，由於缺乏公共巴士，整個運輸市場可謂混亂不堪，但凡有車輪的東西都可變成載客交通工具，例如貨車、汽車、三輪車、人力車等。很多腦筋靈活的商人，馬上從不同渠道，例如政府拍賣或者海外進口，找來一些貨車或其他汽車，自行收費載客。更甚的是連單車載客也盛極一時，至1946年7月，市面上大約有3,000名單車車夫[15]，由於需求大，又沒有規管，這些無牌交通工具都能牟取暴利。有讀者向報章說，有單車司機每天工作五小時，便賺到10元[16]，可見戰後公共交通供求失衡的程度。為了重建秩序，政府一直積極協助巴士恢復營運，並漸漸取締載客量少的單車，三輪車則要領有牌照才可載客。

巴士員工爆工潮

此時的巴士公司，一有足夠資源便逐一恢復路線。然而除了恢復營運，他們亦面對自身機構內的問題——就是員工工潮。由於戰後通貨膨脹嚴重，勞工階層陷入水深火熱之中，以致1946年中，即和平後不夠一年，多個行業均出現工潮，包括中電、天星小輪，九龍船塢、消防隊、郵務員等，勞方紛紛要求改善薪酬待遇，這一波工潮，九巴、中巴也牽涉其中。

首先，中巴員工在1946年6月中，向資方要求改善待遇12項，多輪談判後仍未取得共識。至6月底，九巴員工亦要求其待遇與中巴員工最終談判的成果看齊，至此，兩間巴士公司的管理層及員工在薪酬問題上各自連成一線，共同進退。

兩巴勞資雙方的終極談判於1946年7月24日在九龍巴士公司總部舉行[17]，參加者包括九巴總經理雷瑞德、中巴總經理顏成坤、各勞方代表、摩托車總工會代表等，港府副勞工司亦有出席，最終達成各方接受的協議，並在9月22日正式簽署。協議內容包括工資、補薪、津貼、例假、花紅、病假、告假、因公受傷以及辭退各方面的內容[18]，涵蓋前線車務和維修員工，各工種的工資均以日薪計算，要點如下：

1946年工資調整後巴士前線及維修工資及其他待遇

工種	薪金(日薪)	註
司機	2.85元	
稽查	2.95元	
站長	2.5元	

工種	薪金（日薪）	註
售票員	1.85 元	
修理 A	3 元	超過 A 的人照原薪支付，另加 1 毫至 2 毫
修理 B	2.8 元	
修理 C	2.6 元	
修理 D	2.4 元	
修理 E	2.1 元	
		九巴新界線的工作人員薪金加一計算

超時補水：超過 10 分鐘者以半小時計；40 分鐘作 1 小時計；1 小時作 1 小時半計；8 小時工作之後，連續再 8 小時工作者，第二次 8 小時需加五計；第三個 8 小時雙倍計。

津貼：照政府規定辦理。

假期：每月假期兩天，每年假期 18 天，假期工作薪金雙倍，但無津貼。

花紅：每年撥 15 天時間為雙工，即農曆初一前後七日；年底增發每人全年總工資百分之五作為花紅。

病假：依電車公司辦法處理。

告假：假期內無薪津。

工傷：藥費由公司負擔。藥費 500 元以下，另支三個月薪水；重傷致殘廢或死亡，補助藥費 1,000 元，並按在公司任職期內總工資 5% 作為撫卹。

辭職或解僱：一個月前通知。

這種計法與1933年的月薪制有顯著不同，而且員工總收入由多個部分組成，更見複雜。

此外，這次協議的特別之處是九巴和中巴管理層、員工代表、工會代表，加上政府代表同枱討論。時至今日，雖然各巴士公司大致會在相近的時間與員工開展薪酬談判，但談判由每間巴士公司與其轄下的工會員工各自舉行，勞工署代表或會在某個階段接受邀請開始參與，各公司的薪酬架構均有所不同，總加幅及各調整項目也不盡相同。對方公司的加幅或薪酬條件可作參考，但不會追求一致性。

現時，九巴不同工種有不同底薪及其他組成部分，這種計算方式原來早有傳統。當然具體的薪酬福利條件，已經隨著時代改變。工作時間方面，政府亦有嚴格監管，並定出車長（司機現已統稱車長）工作指引，為了讓員工有充分時間休息，任何一個車長都不可以「追更」，即不可以連續兩更工作，每日最長工作時間，及兩更之間最短相隔時間亦有規定，可見時代的進步。

不過這次工潮，只不過是40年代多次工潮的序幕，幾個月後，工會又發動另一次工潮，爭取更高的薪酬和待遇，但畢竟雙方都理解對方的苦況，最後都能靠互諒互讓去解決。

貨車入侵巴士市場

1946年中，全港工潮此起彼落，8月份到油麻地小輪，勞資雙方多番談判不果，最後觸發罷駛。這次事件為九龍市民帶來不便，亦造成了一個契機，讓黑市貨車入侵九巴的地盤。

由於船隊停駛後，不能再以油麻地作為過海的分流點，所有過海乘客只能集中使用尖沙咀碼頭。當時九巴由九龍塘、九龍城及深水埗開往尖沙咀碼頭的三條線，總共才只有 11 輛巴士，平日已經擠迫不堪，此次再增加大批乘客，九巴單薄的車隊根本無法承擔。工潮持續數個星期仍未有解決跡象，一些私人貨車開始在碼頭經營收費載客服務，漸漸更組成兩條路線，分別由尖沙咀至深水埗及九龍城。由於深受歡迎，以致加入載客行列的貨車越來越多，漸漸竟有 46 輛，多於九巴巴士總數，收費則比巴士貴一毫，即不論長短途，一律收 3 毫，更舒適的車頭位則收 4 毫[19]。

由於貨車大量加入搶客，九巴的利益被蠶食，於是要求政府取締。經過多番討論，最後在警方介入下，終於在 1946 年 9 月 10 日，九巴與代表貨車業界的「九龍汽車同業協會」達成協議，九巴容許 30 輛貨車加入巴士車隊，由九巴派出服務，以輔助巴士，貨車收費需與巴士看齊，即 2 毫。每部貨車每天需交 10 元予巴士公司，車票亦由九巴公司提供，而貨車則負責僱用售票員及汽油支出，另需繳交每日收入 14% 作為政府稅款[20]。超過 30 輛的貨車，則由業界輪流安排參與巴士合作計劃。然而由於參加巴士線的貨車獲利甚豐，每日平均有 100 元純利，因此報名參加的越來越多，協會需安排貨車每五日換班一次，其他時間由它們自由行走或代客運貨，但不准在市區載客。

就這樣，九巴開啟了與貨車協會的合作關係，這種安排其實非常有創意，亦是個多贏局面，無論九巴、乘客、政府及貨車都有得益，反映了特定時空之下解決問題的靈活性。

然而到了 10 月中，又再有協議外的黑市貨車加入九龍交通市場，行走新界各區的貨車亦非法載運大量乘客，影響九巴及原有 30 輛貨車的生意。經與警方及貨車業協會討論後，九巴要求被認可的 30 輛貨車必須改裝成九巴式

防止魚目混珠

專准載客貨車 裝成巴士彩色

1946 年 10 月 24 日九巴與貨車協會達成協議，協助九巴接載乘客的 30 輛貨車需髹上九巴的顏色。（《香港工商晚報》）

樣，包括車身顏色、座位，車旁更要寫上「九龍汽車 1933 有限公司管理」字樣，以資識別。同日起，警方亦開始拘捕黑市車輛，幾天之內被檢控的貨車已經有 50 多輛[21]。一周後，九巴為保障利益，再更改合作條件，要求所有參加的車輛均需為新車，並要事先交按金 500 元，每日再繳交權益費 10 元，如果每日營業收入超過 160 元，則超過之數需與九巴對分等等。

九巴容許指定貨車充當巴士，只是權宜之計，最大的希望當然是盡早收復江山，不願利益被分薄，因此加快訂購大批新巴士，總數達 80 輛，以應付需求。九巴告訴記者，這次訂購的巴士全為 32 座位單層巴士，上下車只有一道門，設在巴士左前方。車廂佈局方面，所有座位為雙人座，設有墨綠色沙發坐墊，記者試坐時覺得很舒適[22]。不過由於訂購數量大，廠方的生產線無法同時製造，需要分批交付，第一次來港的只有三部，而九巴只能夠保留兩部，另一部交由政府撥給中巴使用。因為當時無論香港島和九龍都缺乏巴士，所有新車到港，都要由政府統一分派，分別撥予九龍或香港行走。

其時中巴也從英國訂購巴士，買到的原屬於寒冷地帶使用的類型，只有三個車窗，因此需要在香港自行改裝，增加車窗，以適合香港的天氣。很明顯在英國市場能即時供應的車款中，沒有適合香港潮濕酷熱環境的型號，中巴才會退而求其次，有車便買。看到中巴這一種寧濫勿缺的買車態度，可以想像當時巴士資源如何貧乏。

無論如何，1946 至 1947 年間，九巴努力克服種種困難，擴充車隊，重建服務網絡，盡快令巴士服務回復正常。至 1947 年 8 月，九巴已恢復 12 條巴士路線[23]。

1947 年 8 月 26 日《工商晚報》資料顯示九龍巴士行走路線如下：

路線	目的地	途經地點	服務時間	班次	票價
1	尖沙咀至九龍城	梳士巴利道、彌敦道、太子道	尖沙咀：上午 6 時 27 分至午 夜 12 時 57 分 九龍城：上 午六時 02 分至午夜 12 時 32 分	每 5 分鐘	2 毫
2	尖沙咀至深水埗	梳利士巴利道、彌敦道、荔枝角道	尖沙咀：上午 6 時 27 分至午夜 12 時 57 分 深水埗：上午 6 時 07 分至午夜 12 時 37 分	每 5 分鐘	2 毫
5	尖沙咀至牛池灣	梳士巴利道 、漆咸道、馬頭圍道、譚公道、太子道	尖沙咀：上午 6 時 27 分至午夜 12 時 27 分 牛池灣：上午 6 時 02 分至午夜 12 時 12 分	每 15 分鐘	2 毫

路線	目的地	途經地點	服務時間	班次	票價
6	尖沙咀至荔枝角	梳士巴利道 、彌敦道、大埔道、青山道	尖沙咀：上午 6 時 27 分至午夜 12 時 57 分 荔枝角：上午 5 時 57 分至午夜 12 時 27 分	每 7 分半鐘	2 毫
7	尖沙咀至九龍塘（森麻實道）	梳士巴利道、彌敦道、窩打老道	尖沙咀：上 午 6 時 27 分至午夜 12 時 27 分 九龍塘：上午 6 時 11 分至下午 11 時 56 分	每 15 分鐘	2 毫
8	尖沙咀至九龍塘	梳士巴利道 、彌敦道、太子道、勵德街、金巴倫道	尖沙咀：上午 6 時 34 分至午夜 12 時 九龍塘：由上午 6 時 04 分至午夜 12 時 04 分	每 15 分鐘	2 毫
9	尖沙咀至牛池灣	梳士巴利道、 彌敦道、窩打老道、太子道	尖沙咀：自上午 6 時 27 分至午夜 12 時 27 分 牛池灣：自 上午 5 時 57 分至下午 11 時 57 分	每 15 分鐘	2 毫
10	尖沙咀至紀念碑（加士居道）	梳士巴利道道、 彌敦道、加拿芬道、金巴利道、加士居道、佐敦道	尖沙咀：上午 7 時 12 分至下午 9 時 27 分 紀念碑：上午 7 時至下午 9 時 15 分	每 15 分鐘	2 毫
11	佐敦道碼頭至九龍城	佐敦道、加士居道、馬頭圍道、譚公道、 太子道	佐敦道：自上午 6 時 20 分至下午 10 時 10 分 九龍城：自上午 6 時至下午 9 時 50 分	每 10 分鐘	2 毫
12	佐敦道至荔枝角	梳士巴利道 、彌敦道、大埔道、青山道	佐敦道：上午 6 時 20 分至下午 10 時 10 分 荔枝角：上午 5 時 55 分至下午 9 時 45 分	每 10 分鐘	2 毫

路線	目的地	途經地點	服務時間	班次	票價
13	佐敦道至牛池灣	經佐敦道、彌敦道、太子道、西貢道	佐敦道：上午 6 時 20 分至下午 10 時 10 分 牛池灣：上午 5 時 55 分至下午 9 時 45 分	每 10 分鐘	2 毫
16	佐敦道碼頭至元朗	佐敦道、彌敦道、大埔道、青山道	佐敦道：上午 6 時 20 分至下午 7 時 元朗：上午 6 時 40 分至下午 7 時 20 分	每 20 分鐘	1.1 元

到了 1947 年 11 月，九巴的車隊已增至 127 輛巴士[24]，回復到接近戰前的規模，當中 90 輛行走九龍市區，27 輛行走新界，車隊中有不少仍屬貨車改裝，待早前訂購的大量新巴士從英國運抵香港後，巴士擠擁的情況才會真正改善。另外九巴在彌敦道的維修廠亦於 1947 年 11 月全面遷往深水埗，那是當時全港最具規模的維修車廠，單是維修技工便有 400 多人，成為了支持九巴在 50、60 年代發展的基地。

至此，三年零八個月的惡夢漸漸遠去，戰時的印記已被簇新的建設取代，九巴的戰後復員工作在內外重重挑戰底下亦大致完成，巴士運作漸漸重回正常的發展軌道。

承載城市發展

九巴在戰時與香港每家企業和每個人一樣，經歷了苦難和無情的摧殘，無論人力和資產都損失慘重，到了戰後，它也和香港一起走出陰霾，重新奮發。

香港極速在廢墟中重建，無論社會經濟和民生，不單急速反彈至戰前的水平，更有過之而無不及，百業騰飛。香港很快便踏上高速增長之路，隨著更大量的人口遷入，城市一直向外推進，在往後幾十年裡，九龍及新界進入更高速的新市鎮發展時代，一座一座新市鎮崛起，從界限街伸展至獅子山腳，再翻過獅子山，在廣袤的土地上繼續推進。無論城市的邊緣擴展到哪裡，九巴都會相伴相隨，一條一條縱橫交錯的巴士路線，將每個獨立的點連成網絡，九巴穿梭其中，源源不絕灌注發展所需的動力。

---

1 John M. Carroll, *A Concise History of Hong Kong*, (Hong Kong University Press), 2007, p129.

2 陳昕、郭志坤主編，*香港全紀錄卷一遠古至 1959 年*，香港，中華書局（香港）有限公司，1997，頁 246。

3 “Kowloonites' Grievances Long List of Complaints Brought before First Post War Meeting of KRA”, *South China Morning Post*, 1946-06-15.

4「九龍商業店舖無業可營擺攤繁盛」，*工商晚報*，1946 年 4 月 10 日。

5 John M. Carroll, *A Concise History of Hong Kong*, (Hong Kong University Press), 2007, p129.

6「全港人口已逾九十萬」，*香港工商日報*，1946 年 2 月 9 日。

7「港九公共車暫未能增加」，*香港工商日報*，1946 年 2 月 8 日。

8「中華九龍兩公司今日恢復行車權」，*香港工商日報*，1946 年 2 月 15 日。

9「印度軍車將運港改作長途車」，*香港工商日報*，1946 年 2 月 14 日。

10「九龍巴士公司呈請　設置雙層巴士　紅磡線短期內將可恢復」，*香港工商日報*，1946 年 4 月 11 日。

11 “Kowloon Bus Service”, *South China Morning Post*, 1946-7-27.

12 “Homuntin Buses”, *South China Morning Post*, 1946-06-07.

13 “Kowloon Bus Routes”, *South China Morning Post*, 1946-04-10.

14 “Transport Suggestion”, *South China Morning Post*, 1945-11-10.

15「取締單車搭客決定九一實行」，*香港工商日報*，1946 年 8 月 3 日。

16 “Transport Inadequate”, *South China Morning Post*, 1945-12-15.

17「港九巴士工友　改善待遇辦法　勞資談判已獲協議」，*香港工商日報*，1946 年 7 月 25 日。

18「巴士職工　加薪問題　九龍已獲協議」，*香港工商日報*，1946 年 6 月 30 日。

19「小輪工潮仍未解決　九龍貨車代替巴士」，*香港工商日報*，1946 年 8 月 16 日。

20「九龍卅輛貨車　輔助巴士載客　雙方談判成立協議」，*香港工商日報*，1946 年 9 月 11 日。

21「防止魚目混珠　奉准載客貨車　裝成巴士形色」，*工商晚報*，1946 年 10 月 24 日。

22「新型巴士　九龍明日首先行走」，*工商晚報*，1946 年 10 月 27 日。

23「九龍巴士」，*工商晚報*，1947 年 8 月 26 日。

24「九龍新界現有巴士　百廿七輛　九十輛在九龍市面行走」，*華僑日報*，1947 年 11 月 15 日。

跋

人類在 20 世紀初段經歷了一次又一次驚心動魄的變動，無論從政局、經濟社會、科技領域都出現波瀾壯闊的發展。比如歷史上摧毀性最強，人命和財產損失至鉅的兩次大戰；作為東方大國的中國，綿延二千多年的帝制走到盡頭，不旋踵又經歷軍閥割據及日本侵華，造成無數生靈塗碳，留下許多哀痛的回憶。從積極的角度看，這個時期的科技突破，諸如汽車、飛機、電燈、電話、廣播、電影的發明或普及，令人類享受現代生活帶來的便利。

一世紀後回頭看，有些事情我們已習以為常，視作理所當然，無法體會當時當地身處其中者的震撼和錯愕；有些前事卻被後事淹埋，或由於當事人已各散東西，在歲月流逝中再無人知曉，埋沒在時間的荒野裡，灰飛煙滅。

我們今日同樣身處國際風雲變幻，科技一日千里的大變局，正將人類推向不可知的未來，我願藉此書與讀者共勉，期望共同緊抱日日進步的精神，無懼挑戰，馭風浪前行。

責任編輯　寧礎鋒
書籍設計　Kaceyellow

書名　九巴初創 20 年——1920s–1940s
著者　冼潔貞

出版
三聯書店（香港）有限公司
香港北角英皇道 499 號北角工業大廈 20 樓
Joint Publishing (H.K.) Co., Ltd.
20/F., North Point Industrial Building,
499 King's Road, North Point, Hong Kong
香港發行
香港聯合書刊物流有限公司
香港新界荃灣德士古道 220-248 號 16 樓
印刷
美雅印刷製本有限公司
香港九龍觀塘榮業街 6 號 4 樓 A 室
版次
2023 年 6 月香港第一版第一次印刷
規格
特 16 開（150mm x 210 mm）288 面
國際書號
ISBN　978-962-04-5287-1

三聯書店
http://jointpublishing.com

JPBooks.Plus
http://jpbooks.plus